PPP
模式养老项目的
投资决策研究

Research on Investment Decision
on Elderly Care Projects in PPP Mode

廖剑南 著

中国社会科学出版社

图书在版编目（CIP）数据

PPP 模式养老项目的投资决策研究／廖剑南著. —北京：中国社会科学出版社，
2023.6

ISBN 978 - 7 - 5227 - 1911 - 5

Ⅰ.①P… Ⅱ.①廖… Ⅲ.①政府投资—合作—社会资本—应用—养老—
社会服务—投资—研究—中国 Ⅳ.①D669.6 ②F726.99

中国国家版本馆 CIP 数据核字（2023）第 085441 号

出 版 人	赵剑英	
责任编辑	党旺旺	
责任校对	李　莉	
责任印制	王　超	

出　　版	中国社会科学出版社	
社　　址	北京鼓楼西大街甲 158 号	
邮　　编	100720	
网　　址	http://www.csspw.cn	
发 行 部	010 - 84083685	
门 市 部	010 - 84029450	
经　　销	新华书店及其他书店	

印　　刷	北京明恒达印务有限公司	
装　　订	廊坊市广阳区广增装订厂	
版　　次	2023 年 6 月第 1 版	
印　　次	2023 年 6 月第 1 次印刷	

开　　本	710 × 1000　1/16	
印　　张	16.25	
字　　数	251 千字	
定　　价	88.00 元	

序

    本书是廖剑南同学在其博士学位论文基础上进一步修订完善而成的。在论文选题时，我和剑南多次沟通，选题直击了养老这一社会热点问题，也结合了其个人的学术兴趣。通过自身不懈努力，剑南如期完成了这篇高质量的博士论文，于 2020 年 6 月圆满通过论文答辩。博士毕业后，剑南入职南昌航空大学经济管理学院，在此基础上继续深入研究，以新素材和新成果对其博士论文进行了拓展，最终形成了这部专著与读者见面。作为其导师，我由衷地感到欣慰。

    本书研究了 PPP 模式养老项目的投资决策，为我国人口老龄化问题和日益蓬勃发展的养老产业提供了很多新思路。作为世界上人口大国，我国人口老龄化的程度越来越深，截至 2021 年年底，60 岁以上老龄人口达到了 2.67 亿人，占全国人口比例 18.9%；65 岁及以上人口为 2 亿多人，占全国人口的 14.2%。根据国际通用的老龄化指标，我国已进入重度老龄化行列。"如何老有所养"成为日益重要的社会议题，党的二十大报告中，习近平总书记指出："实施积极应对人口老龄化国家战略，发展养老事业和养老产业，优化孤寡老人服务，推动实现全体老年人享有基本养老服务。"在我国老年人口数量迅速增长的大背景下，社会对养老的需求由单一逐步转化为多元。与之相对应的，却是地方政府财政由于收入来源不足，在社会多元化养老需求面前捉襟见肘。在此现实困境之下，市场化 PPP 养老模式应运而生，成为完善我国养老服务体系的重要手段之一。

    "PPP"是英文 Public-Private-Partnership 的缩写。虽然学术界对 PPP 模式的定义不甚相同，但在本书中将其定义为"政府部门和社会资本通过建立伙伴合作关系提供准公共产品或者服务的一种方式"，是公共基础设施建设中发展起来的一种优化项目融资和管理的方式，也是一种以"合作多赢"为理念的现代融资模式。在我国，"社会资本"不仅包括民营企业和外资企业的资本，还包括中央国有企业和地方国有企业的资本。养老产业是通过市场机制为老年人口提供产品和服务的行业，作为一个产业，其投资具有长期性、稳定性、高安全性三大特点，这些特点与 PPP 模式的特点高度吻合。目前 PPP 模式和养老产业正处在快速发展的阶段，但 PPP 模式养老还有很多问题亟须梳理解决。本书注意到社会资本虽然拥有资金、技术、人才、管理和服务等优势，但其在参与 PPP 模式养老项目中也面临不少风险。如"在社会资本决定参与投资 PPP 模式养老项目时，项目在各阶段存在何种风险因素？政府与社会资本对于各项风险因素的责任如何划分？如何做好 PPP 模式养老项目的投资定价与投资收益决策？项目以何种方式融资？"等。本书从"投资决策"这一视角切入，形成了一定的理论体系和分析框架。在学理上融入了经济学的"公共产品理论""利益相关者理论""项目管理理论"和"投资决策理论"；在研究方法上，运用了实证分析、模糊综合分析和蒙特卡罗模拟方法，对 PPP 模式养老项目的风险因素、政府和社会资本风险分担情况、项目的投资定价决策、投资收益决策和投资融资决策等问题进行了较为深入的研究，最后还提出了切实可行的政策建议。

　　总体而言，本书研究角度新颖，提出了更合适的 PPP 模式养老项目投资决策中的定价与收益模型，并基于 PPP 模式养老项目投资决策之现状，提出了与之相适配的项目融资方式，具有很好的理论意义和重要的现实价值。阅读完本书后，对该领域有兴趣的读者有望受到一定启发，也祝愿剑南在今后的研究道路上多出成果、多出精品，是为序。

廖卫东

江西财经大学经济学院教授

二〇二二年十月

目　录

第一章 绪论

第一节 研究背景与研究意义

一 研究背景

在党的十九大报告中，习近平总书记强调指出："要积极应对人口老龄化，构建养老、孝老、敬老政策体系和社会环境，推进医养结合，加快老龄事业和产业发展"[①]。党的十八届三中全会提出全面深化改革的总目标之一是国家治理体系和治理能力现代化。加快老龄事业和产业的推进无疑是国家治理体系和治理能力现代化一个重要内容。

据国家统计局统计，作为世界人口第一大国的中国，至 2021 年年底，60 岁以上老龄人口为 2.67 亿人，占全国人口的 18.9%。其中 65 岁及以上人口为 2 亿人以上，占全国人口的 14.2%（王萍萍，2022）。按照国际老龄化指标，我国已经进入重度老龄化国家的行列。正如图 1.1 所示，从 2008 年至 2017 年的老年人口数量变动来看，我国 60 岁以上的人口及其占比均呈现较为快速的增长趋势，同时，家庭的小型化和"421 养老"负担的家庭结构趋势已经逐渐显现。2018 年以后，中国老龄化程度进一步加深。

[①] 习近平：《决胜全面建成小康社会夺取新时代中国特色社会主义伟大胜利——在中国共产党第十九次全国代表大会上的报告》，人民出版社 2017 年版，第 48 页。

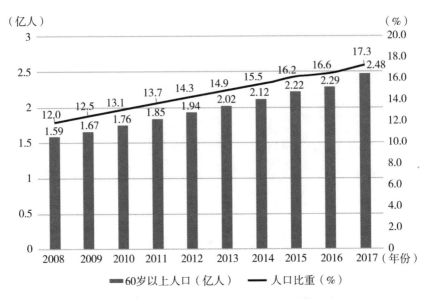

图 1.1 2008—2017 年我国 60 岁以上人口及其比重

资料来源：国家统计局。

　　在新时代的背景下，虽然我国经济总量持续增长，地方财政的收入来源逐渐优化，但是在产业结构调整和转型过程中，地方政府的支出也在不断扩大，原本依靠政府兜底的养老设施已经难以满足老年人的养老需求。具体而言，我国社会养老需求已经从简单的基本养老需求逐渐转变为在此基础上的差异化养老服务需求，而不断提高的养老服务边际成本也决定了引入市场化是构建和完善我国社会养老服务体系的必然要求。PPP 模式和养老产业项目具有诸多相同特点，因此，基于 PPP 模式养老项目投资决策研究也由此应运而生。

　　推广运用 PPP 模式，鼓励社会资本深度参与养老产业，既符合现代财政制度优化资源配置、促进社会公平的要求，也与现代财政制度建设的要求相一致。PPP 模式能够将政府的战略规划、市场监管、公共服务与社会资本方的管理效率、技术创新有机结合在一起，这是加快转变政府职能，减少政府对微观事务的过度参与，提高公共服务的效率与质量，提升国家治理能力的一次体制机制变革①。

---

　　① 《国务院办公厅转发财政部发展改革委人民银行关于在公共服务领域推广政府和社会资本合作模式指导意见的通知》，《中华人民共和国国务院公报》2015 年第 16 期。

全球养老产业研究中心提出："养老产业是针对不同个体所提供生命保障的产业"（谢意浓、谢荣华，2017）。业内专家认为，"养老产业是通过市场机制为老年人提供产品和服务的行业的总称，是由人口老龄化的消费需求推动形成的基于第一、二、三产业分类从而细化延伸的新兴产业"（朱建江，2018）。随着与 PPP 模式相结合的融资模式的健康发展，基于该模式的养老产业的优势也日益体现，其中，养老服务产业投资的长期性、稳定性和安全性这三大特点与 PPP 模式所具有的特点不谋而合，因此，PPP 模式可以与养老产业互相融合，有机结合。

作为 PPP 模式养老项目重要参与者的社会资本，在决定与社会公共部门共同构建我国社会养老服务体系时，首先需要认识到我国养老服务体系具有一定的公益性质，该类型项目的获利能力可能会低于社会上一般的投资项目的收益水平，但是由于其具有准公共物品的性质，通过政府部门的政策支持和财政补贴等，社会资本方依然可以获得社会的平均收益水平。就此而言，社会资本方需具长远的眼光，在项目投资决策时综合考虑养老项目带给企业的社会效益和社会美誉，而不是仅仅将收益多少作为唯一的考虑目标。

目前，国内外基于 PPP 模式养老项目投资决策的研究较少，本书首先以我国人口老龄化为背景，将 PPP 模式与养老项目投资决策相结合，对目前养老项目投资决策的现状进行全面的分析；其次，对政府与社会资本合作的养老项目进行投资决策中的风险分析、定价分析、融资分析与收益分析；最后，应用具体的案例对 PPP 模式养老项目投资定价与投资收益模型进行分析，提出基于该选题的政策建议及展望。

二　研究意义

本书是基于 PPP 模式的养老项目投资决策的研究。首先，对项目投资决策过程中政府资本和社会资本所需要承担的风险因素进行划分及对双方承担的风险大小进行量化，确定项目主要的风险影响因素；其次，通过对 PPP 模式养老项目投资决策的定价进行分析和制定，并基于风险要素的角度构建 PPP 模式养老项目的投资定价决策模型；再次，提出 PPP 模式养老项目投资融资的方式；再其次，基于风险要素的角度，构建 PPP 模式养老项目的投资收益决策模型；最后，针对上述问题，提出完善 PPP 养老项目投资决策的政策建议。因此，本书具有较强的理论意义和现实意义。

（一）理论意义

第一，本书通过较为系统的理论与实践分析，构建了立足我国国情的 PPP 模式养老项目投资决策理论研究框架。该研究框架是对具有中国特色的 PPP 模式养老项目的投资决策理论的探索和丰富，为社会资本方更加方便有效地分析养老项目的实际价值和投资精准度等方面提供了较大的理论价值。

第二，本书通过对现阶段我国 PPP 模式养老项目投资决策现状的审视，构建了有效的 PPP 模式养老项目投资决策模型。该模型在优化 PPP 模式养老项目投资决策中不同抉择的基础上，也为项目定价理论和蒙特卡罗模拟理论在 PPP 模式养老项目投资决策中的应用和发展做出了贡献。

（二）现实意义

第一，本书通过对我国各类养老项目的研究发现，将 PPP 模式引入养老项目可以减轻当地政府的财政负担，同时也可以提高社会资本参与养老项目的积极性和参与性，最终提高我国养老服务水平。具体而言，我国政府现阶段处于职能转型期，提高老年人的养老和生活水平是政府公共服务的重要举措，因此，尝试将 PPP 模式与养老项目的结合可以达到双方共赢的局面，该类养老项目具有长期性、稳定性和安全性的特点可以满足 PPP 模式的需求。通过调查发现，我国政府部门可以为养老项目提供政策、土地和税收等多方面的支持，同时社会资本方则拥有技术、资金和管理等方面的优势。因此，本书可以为我国经济结构转型、新型城镇化建设、加快政府职能转型以及提升社会资本参与养老项目创新等方面提供一定程度上的智力支持。

第二，本书能够为社会资本参与 PPP 模式养老项目的投资决策方面提供技术参考。现阶段，国内大多数的 PPP 模式项目均含有一定的公益成分且盈利能力较弱，同时存在因风险划分的不合理造成项目失败的现象，为了避免问题重现，本书拟对养老项目在投资决策中的风险进行合理划分以降低项目的失败率。此外，合理的风险划分有利于保护社会资本参与方的利益，激发其参与积极性，长远来看，对于完善我国养老产业链和推广优质养老服务都大有裨益。

第三，本书期待可以为我国政府更好地决策和参与养老项目提供切实可行的实践指引。党的二十大报告对我国养老事业和养老产业发展提出了新的要求，服务型政府养老服务供给侧结构性改革亟须与老年群体多元化、多层次的养老需求深度对接。及时可靠的养老服务、健康舒适的生活环境和温馨体贴的医护人员等都是政府的民生责任，而本书发现 PPP 模式可以为养老项目提供智力、资金等多方面的保障，在保证社会资本方盈利能力的同时，找准政府定位，推动实现全体老年人享有多层次的优质养老服务。

第二节　相关研究综述

随着人口老龄化程度的加深和出生人口率的下降，我国已经进入老龄社会，养老产业受到越来越多的重视。养老产业提供的产品和服务原本属于政府提供的准公共产品范畴，即属于政府提供给国民的基本社会保障产品和服务，但由于我国作为世界上最大的一个发展中国家，在养老产品和服务的提供方面受到资金、管理和技术等多方面的约束。同时，我国经济处于中高速增长阶段，居民的生活水平同期快速上升，从而衍生出了诸多养老方面的服务需要，因此，立足我国目前的国情和现状，基于 PPP 模式的养老项目投资决策研究应运而生，学术界对此也进行了多角度多层次的研究。另外，西方国家更早地进入老龄社会，西方学术界对养老产业、基于 PPP 模式项目的投资决策等方面进行了较为深入的研究，"他山之石，可以攻玉"，西方学术界的相关研究成果在一定程度上也可以为我们所借鉴。为了更加全面地理解和把握目前国内外学术界有关 PPP 模式应用于养老项目投资决策的研究概况，笔者分三个方面对相关研究成果进行梳理。

一 PPP 模式的理论研究

（一） PPP 模式的定义

PPP 模式的理论研究首先离不开 PPP 模式定义的问题。PPP 模式的定义最早由英国提出，其本身具有较为宽泛的概念，欧盟委员会、IMF 等世界组织机构和众多学者都给予了 PPP 模式不同的定义，尽管他们强调的角度不同，但是在核心内容上基本一致。E. S. Savas（1999）、野田由美子（2003）、贾康、孙洁（2009，2014）、贾丽、徐振宇（2014）总结道，PPP 是基于英文词汇 Public-Private-Partnership 的缩写，指政府与社会资本之间，基于提供产品和服务为出发点，达成特许权协议，形成具有"利益共享、风险共担、全程合作"三大特点的伙伴合作关系。

需要强调的是，王天义（2016）认为，在我国，"公共部门"基本指的是政府，但是参与项目建设的，除了民营企业、外资企业，还有具有重要骨干作用的中央国有企业和地方国有企业，这些都统称为"社会资本"。因此，在 PPP 模式中，政府部门与社会资本的平等合作伙伴关系体现为合作参与的各方在权利、义务、风险担当和获益等方面是平等的，各尽其职，承担并完成自己的任务，PPP 模式的优势在于使合作中参与的各方达到比单独一方的行动预期更具有优势的结果，同时，政府部门的财政支出会减少，企业的项目投资风险也会变小。亚当·斯密（1776）在其《国富论》一书中指出，基础设施应由政府投资建设和运营，但是，同时应当适当地限制政府的作用，他认为，看不见的手可以凭借最为可行的方式生产出社会最需的产品和服务①。从中可以看出，亚当·斯密在当时已经发现了由政府单独建设和运营公共产品的优点和弊端。通过对以上问题的分析，我们可以认为，PPP 模式是指政府部门和社会资本通过建立伙伴合作关系提供准公共产品或者服务的一种方式，是公共基础设施建设中发展起来的一种优化项目融资和管理的方式，是一种以合作多赢为理念的现代融

---

① ［英］亚当·斯密：《国富论》，杨敬年译，陕西人民出版社 2006 年版。

资模式，通过这种伙伴关系，合作的各方可以达到比单独一方行动更加有利的结果。

（二）PPP 模式在我国的发展

PPP 模式虽然有着久远的历史，但是在我国运用比较晚，该模式起源于 17 世纪英国收费公路的建立，20 世纪 90 年代，PPP 的概念在西方发达国家得到进一步推广并广泛地应用于医疗、教育和工程等基础设施建设方面。20 世纪 90 年代 PPP 模式在我国尚处于起步阶段，此后经历了不断探索的阶段，至今，在与基础设施相关的众多领域已经取得了良好的成绩。正是 PPP 模式成效逐渐凸显，学术界展开了对 PPP 模式理论的研究。

郭燕芬（2017）总结道，我国在 20 世纪 90 年代初积极开始探索和发展 PPP 模式，虽然目前还处于初级阶段的模式，但是已经从最初的经济基础设施的建设（交通、能源和电力等）逐步发展到社会基础设施领域（教育、医疗、养老等），其中，最有代表性的成功项目是：北京地铁四号线项目、深圳沙角电厂项目和 2008 年北京奥运会国家体育场主场馆项目等。在对众多 PPP 项目的总结研究中，学者们认为，成功与失败的 PPP 项目都大量存在，失败的项目有深圳梧桐山隧道项目和杭州湾跨海大桥项目等，学术界通过对这些项目的研究，为探索 PPP 模式积累了丰富的经验，也为将来的 PPP 项目的开展提供了更好的参考依据。

白雪华、吴次芳、艾亮辉（2003）于 2003 年 1 月发表的《土地整理项目融资 PPP 模式》一文是我国学术界最早对 PPP 模式进行研究的文章之一，此后许多学者将 PPP 模式广泛运用于土地开发、融资和公共基础实施等方面的研究。其中，研究 PPP 模式的学者主要在以下几个方面展开研究：（1）研究 PPP 模式的合作机制：如，边立明、杨建基（2007）对调水工程公私合作机制的研究，王经绫、华龙（2014）将 PPP 机制应用于我国养老机构建设的研究，孟春、王景森（2014）总结了国际上推广和应用 PPP 的经验，提出完善我国 PPP 体制机制的建议；（2）研究 PPP 模式的合作关系：如，张喆等（2009）对医疗卫生单位公私合作控制权的分析，鲁庆成、马健（2008）对政府、私人投资者和利益相关者和消费者之间的互动关系做了详尽的分析；（3）研究 PPP 模式的项目应用：如，李长军、高存红（2014）将 PPP 模式在国家体育场（鸟巢）项目的应用分析，曾祥渭、冯德安（2014）就中外基础设施建设中 PPP 模式应用状况进行了对比研究；（4）研究 PPP 模式的合作经验：如，黄腾、柯永建、李湛湛、王守清（2009）比较分析了中外 PPP 模式的政府管理，李飞龙（2010）阐述了国外基础教育 PPP 办学的实践模式对我国基础教育公私合作的重要启示和借鉴意义，蔡今思（2014）探讨了借鉴国际 PPP 运用经验支持公共基础设施建设的问题。通过以上研究，我们发现，根据世界各国的国情和经验来看，PPP 项目的特许经营期限存在很大的变化范围，国外的项目合同期限普遍是 15—60 年，甚至更长，而我国的现行规定的 PPP 项目特许经营期限则为 10—30 年。

（三）PPP 模式的优势

不少学者的研究表明，基于我国的国情，PPP 模式有其独特的优势。比如刘薇（2015）认为，该模式可以通过日益壮大的民间资本和社会资本，有效地化解地方融资平台的债务，使市场主体更好地发挥创造力。陈志敏等（2015）学者也认为，PPP 模式可以给社会带来更多的投资就业的机会，有利于扩展民营企业的市场规模和培育现代市场体系。廖振中等学者（2018）指出，PPP 的定位，不仅是一个组织形态问题或是一个学术问题，其本身也受到法律政策定位的影响，因此，具有很强的实践价值。总体而言，PPP 的定位经历了从简单财政工具到公共品供给模式的转换过程。金荣学、魏晓兰（2017）指出，按照世界银行和亚洲开发银行等机构关于 PPP 模式项目应用范围的界定，我国地方政府债务支出中的市政建设、交通运输和保障性住房等项目都可以引入 PPP 模式，其规模可占地方政府负有偿还责任债务的 71%，如果政府在这些领域引入 PPP 模式，将会减轻地方政府将近 71% 的债务负担，从而较大程度上减轻地方政府的财政压力。

二 关于 PPP 模式的养老项目研究

（一）养老产业的定义

目前，国内学术界有关养老产业的概念尚无公认的定义，不少专家学者均给出了自己的定义，如，谢意浓、谢荣华（2017）指出，全球养老产业研究中心的定义是："养老产业是针对不同个体提供生命保障的产业。"刘昌平、殷宝明（2011）认为，养老产业是指"以市场化机制为老年人提供产品或者劳务，满足老年人衣食住行用等各方面需求业态的统称"，它涉及生产、经营和服务等领域。朱建江（2018）也赞同将养老产业称为银发产业和老龄产业，是"通过市场机制为老年人提供产品和服务的行业的总称，是由人口老龄化的消费需求推动形成的基于第一、二、三产业分类从而细化延伸的新兴产业"。杨逢春（2004）认为，养老产业的核心内容是以商业化运作手段为老年人提供各种必需的服务，其外延极其广阔，涉及房地产、医疗服务、休闲娱乐、心理咨询和生活服务等多种行业，家庭养老、社区养老和福利机构养老等就不是养老产业，只有以市场为导向，以盈利为动机，以竞争为制约的商业化养老（但不排除政府给予优惠补贴）才属于养老产业。杨立雄、余舟（2019）认为，养老产业从学科的角度应该包括社会学、经济学和历史学等多门学科；从理论基础看，研究的主题主要包括福利多元主义理论、公共物品理论、新公共管理理论和产业经济理论等。因此，养老产业包含许多经济理论，其中大部分理论都属于制度经济学范畴。

（二）PPP 模式养老项目的发展

学术界有关养老项目的研究起始于 20 世纪 90 年代，由于我国老年人口发展水平的特殊性，目前整体的研究发展水平还处于较为初期的阶段。在 1997 年举行的全国第一届老龄产业理论与实践研讨会上，张文范首次阐述了老龄产业的概念与定义。2001 年和 2004 年分别举行的第二、第三届老龄产业理论与实践研讨会，又进一步推动了我国养老项目研究的发展。

在国外成熟的经济体中，政府部门或者社会资本单独进行项目建设已经成为主流模式，所以目前有关国外的 PPP 模式养老项目较少。就国内而言，由于 PPP 模式养老项目的快速发展，相关的研究逐渐增多，具体而言，2006 年 3 月，南京大学的学者尚长风（2006）开始进行将 PPP 模式运用于养老产业的研究。

自 2010 年以后，越来越多的国内外学者致力于此方面的研究，这些学者主要围绕 PPP 模式下养老服务有效供给与实现路径、PPP 模式养老项目中存在的问题等方面进行研究。Zhang NJ 等（2008）依据 2003 年的 OSCAR 数据库中有关医疗保险和医疗补助计划的数据，通过采用多项逻辑回归法得到了养老项目中人员配置、产品与服务市场需求和竞争都与养老项目的质量相关，而心理护理质量与产品购买方的地位和市场力量相关的结论。Eskildsen M 等（2009）通过对大量的资料统计研究，指出，目前阶段，美国的老年人口数量仍然呈现增长的状态，其中，85 岁及以上的群体是增长最快的部分，同时也是保健费用花费数量和养老机构使用率最高的群体。美国的养老机构主要提供给老年人群体长期和亚急性的护理两种服务方式，在 20 世纪 80 年代的养老机构中，护理的服务质量成为最为重要的影响因素，通过运用最小数据集（MDS）作为综合评价工具，美国政府每年调查和监督养老机构，并且对于不符合要求的机构给予一定程度的经济处罚。徐英姿（2008）以上海浦东新区的养老产业项目为研究对象，调查了老年人群体对养老项目的要求及其存在的问题，同时参考了国外养老机构项目的运营经验，立足我国的养老国情，提出了诸多对我国养老项目的改进建议。吴敏（2011）收集了济南市的多个养老样本，着重分析了这些养老项目的服务需求、供给情况、床位的利用率、服务的质量和效率，在得出相应的结论基础上对养老项目提出了一些建议。姜向群（2011）、吴玉韶（2015）等学者根据目前我国养老项目的特点、类型和需求情况等现状，分析了存在的问题，并同时提出了促进养老项目发展的建议和措施。

国外的 PPP 模式养老项目研究成果表明，西方发达国家由于其进入老龄化国家的时间较早，养老机构的设计、建设、管理和运营各项机制相对比较完善。而从我国的 PPP 模式养老项目发展的现状来看，我国仍处于初期发展阶段，存在诸多困难与不足，因此，我国的学者当前的研究大多数侧重于 PPP 模式养老项目的建设、运营和管理以及发展的困境与政策建议等方面。

三 PPP 模式养老项目的投资决策研究

PPP 模式养老项目的投资决策研究包含投资决策中的四个过程，分别是投资决策中的风险研究、定价研究、融资研究和收益研究。

（一）PPP 模式养老项目投资决策的风险研究

风险研究是 PPP 模式运用于养老项目投资决策研究中重要的组成部分，有不少学者参与该方面的研究。1994 年，学者 Sawides（1994）通过运用基于概率论的蒙特卡罗模拟方法对 PPP 模式项目的风险因素进行了划分，并确定了影响项目的主要风险因素构成。此后，Francesco（2014）对不同类型 PPP 模式下的项目风险进行识别并分析，预测项目中风险发生的概率，认为应该通过对项目收益的分析来决定项目投资模式。基于我国现阶段的国情，郝涛等（2017）、陈佳丽（2017）、梁舰（2018）认为，我国养老服务供给中还存在供给总量不足、供给结构不合理、供给责任主体单一、资金筹集机制不合理等风险因素，在此背景下，政府大力倡导的 PPP 模式对接养老服务产业，通过政府部门与社会资本之间的取长补短，有利于增加社会资本养老服务的有效供给效率。除此之外，以下学者提出了各自的建议：如，李静等（2017）总结概括了 PPP 模式下养老项目投资决策中风险化解的四条理论原则：公平与效率统一化、制度与管理规范化、模式与决策差异化、合作与监督多元化。陈佳丽（2017）、沈芷薇、杨浴澄（2018）、高嘉华（2018）提出了我国养老业推广 PPP 模式的对策，认为要注重权责分立、风险管理计划、竞争体制等多项体系的建立，完善 PPP 模式养老项目的协调机制，实现精准养老。同时，苗阳（2016）总结了养老机构 PPP 模式的风险因素，按照宏观、中观、微观的分类方式建立了风险因素集，并根据相应的风险分担原则给出了合理的风险分担方案。刘娇、李红艳（2016）认为，股东的优化组合及其权益的合理配置，可以提高 PPP 模式养老项目在不同阶段的风险应对能力和实施效率。穆光宗等学者（2014）从国家、家庭和个体三个不同的视角对我国现阶段所面临的养老项目风险进行了分析和探讨。

从研究成果看，国内外的学者对 PPP 模式养老项目的风险研究，先从项目的风险因素识别开始再到对项目进行定性分析，随着 PPP 养老项目数量的增加与发展，与此相关的项目经验在逐渐丰富的情况下，PPP 模式养老项目的风险研究因此也从定性分析的模式逐渐转变为定量的模型分析，项目的研究方向与视角也渐渐丰富多元。

与传统的方式相比，PPP 模式是否能给项目带来更低的风险以及更高的投资效率，这些都是学者争论的焦点。Michael Gerald Pollitt（2000）、Mott Macdonald（2002）和 Graeme Hodge（2004）的研究认为，与传统模式相比，PPP 模式能及时完成项目，实现风险转移，节约建设成本，能以更节约的方式建设基础设施。而 John Hall（1998）的研究则认为，私人资金参与基础设施建设，并没有减轻政府预算压力，也没有提高资金投资效率。例如，Shaoul（2004）对英国 PPP 的案例研究也显示：在 PPP 合作中，政府预算不降反升，私人企业获利丰厚，而项目的低效率招致公众差评。国内学者刘晓凯、张明（2015）基于马蒂·希米亚特 1987—2009 年的 PPP 项目数据也认同 PPP 项目产生了正反两面的效率，认为 PPP 项目的各方多次合作可以减低各项交易成本和鼓励创新，但是，过于稳定的合作关系也可能会减少项目参与方之间的竞争，从而导致项目成本的上升和质量的下降。姚东旻、李军林（2015）也认为根据不同的项目在成本、质量及期限等方面的不同，PPP 模式并没有在任何方面都优于传统的模式，因此需要结合项目的具体特质和其他外部因素共同考量。以上一些研究在 PPP 模式投资风险和效率问题上存在两种截然不同的观点，这可能与 PPP 效率影响因素复杂有关，效率高低是决定 PPP 模式成功关键，影响 PPP 模式效率的因素复杂，许多问题有待进一步深入研究。目前，国内外的 PPP 模式应用并不成熟，尚没有一套标准的程序和合同文件，致使双方谈判时无章可循，这无疑影响了项目风险分担的合理性。

一些学者指出，根据国情，将 PPP 模式运用于我国养老产业还存在自身的一些问题。如，温来成等学者（2015）认为，一些政府部门出于政绩的考虑和领导班子的更替，有可能造成过度追求政府部门的政绩和自身的利益而忽略了社会资本方的资金投入和其利益需求，这样的行为很可能较大程度上地降低了社会资本对养老产业的投入热情。胡美玲（2017）认为，在我国，PPP 模式下的养老产业的管理机构是属于多部门交叉性管理的机构，由财政部、发改委、民政部、人社部和老龄委等部门联合管理，但是，在项目的实际操作中，多部门的管理容易造成互相之间推诿和难以协调，最终影响项目执行的局面。闫竹等学者（2017）认为，目前我国 PPP 相关法律还不完善，这一定程度上造成政府与社会资本之间的互相不信任，政府担心社会资本难以完成合约，而社会资本则担心政府的领导换届和政策不可持续性，其面临较大的政策风险。与此形成对比的是，景婉博（2017）指出，日本在 PPP 项目推进过程中高度重视立法的工作，1999 年颁布了 PFI 法律，此后一共修订了六次，以政府文件形式明确了"民间能做的事交给民间去做"的改革指导原则，这给予社会资本良好的项目投资信心。仲熠辉（2017）以合肥养老机构为考察对象，提出 PPP 项目的产权包括所有权、使用权、占有权、收益权及处置权，是一系列财产权利的综合，所以产权归属需要明确。

此外，风险的识别与控制是 PPP 模式运用于养老产业项目投资成功与否的重要因素。众多的学者基于过去的数据和经验得出了多方面的影响因素，其中，制度因素作为重要的因素之一，影响着项目的成功与否，外部的监管也是不可缺少的组成部分，它为公私双方保障了项目的公平性。罗煜等学者（2017）提出，社会资本在项目中承担的风险越多，项目就越可能失败，但是制度的质量可以通过影响社会资本的风险分担程度从而影响 PPP 的成效，制度质量主要包括法治水平、政府效率、政府控制腐败程度和促进私人部门发展的能力等。李文琴、史元茹、李玲（2017）认为，与狭义的 PPP 模式相比，BOT 模式更能强调政府和社会资本之间的合作关系，其显著的特点是社会资本方从项目开始的论证阶段参与项目，并且在项目的初期能够实现风险在政府和社会资本之间的分配，合理的风险分担机制可以较大程度降低项目的融资难度，更能提高项目成功率。David（2014）提出，降低养老项目的投资风险，需要建立优化养老产业资源配置的养老投资组合。贾丽、徐振宇（2014）认为，PPP 模式运用于我国养老服务业，重点需要解决好风险和收益的问题，其文章运用了 Shapley 值的方法求解出政府和社会资本双方的项目贡献程度，以此来确定双方的风险分担程度，从而实现项目的总收益最优。韩喜平、陈茉（2018）提出，项目前期规划不合理、后期监管不到位、养老服务业需求与社会投资资本不匹配、社会资本承担的责任和利益不对称等都是需要考虑的问题。

笔者认为，在有关 PPP 模式养老项目投资决策的风险研究中，大多数学者认为 PPP 模式养老项目和其他诸多的 PPP 项目一样，具有很多相同的风险特征，但是，PPP 模式运用于养老项目也具有其自身的某些有别于其他 PPP 模式项目的特征。关于投资决策效率方面，大多数的学者认为 PPP 的模式结合了政府和社会资本两者的优势，对于项目投资效率具有明显的提升，可以通过更低的成本实现更好的效果，对于项目的参与方来说，可以达到合作共赢的局面。但是，基于 PPP 模式的养老项目实际效果来说，依然存在着不少问题，例如，有关政府部门政策的持续性，政府对待项目的控制力和政府的扶持力度等方面，这些因素都决定着项目的成功与否。PPP 模式运用于养老项目投资中具有其独特的优点，通过社会资本所具有的自有资金、成熟的管理经验和各种专业性人才，不仅缓解了政府部门的公共投资资金压力，降低了社会资本的投资风险，也优化了养老项目内部的管理运营结构，PPP 模式养老项目的发展可以为社会带来更多的投资和就业机会，长远而言，有利于扩大民营企业的市场规模和培育我国的现代市场体系。

（二）PPP 模式养老项目投资决策的定价研究

有关 PPP 模式项目的定价研究是最近几年才刚刚兴起，现有的文献主要与 PPP 项目的定价方法和价格的影响因素相关。对于 PPP 项目的价格监督和价格绩效评价方面的研究都比较匮乏，涉及 PPP 模式养老项目投资决策中定价研究的文献较少。由于我国尚未制定专门的法律为 PPP 模式项目服务，所以目前阶段公共服务法律体系是否适合应用于 PPP 项目的定价值得探讨。付大学（2016）认为，现行的 PPP 项目价格的构建是依据公共服务的方向制定而非按照市场行为制定的，从而 PPP 模式的项目价格难以达到市场供求均衡，尤其是使用者付费类型的项目价格需要重新构建。叶晓甦等（2012）通过研究表明 PPP 项目的产品服务的定价作为影响政府部门与社会资本方合作重点，而现行的 PPP 模式项目产品服务的定价缺乏理论依据和科学的定价规律，同时，项目的价格监管机制也不完善，目前仍存在政策性调价与经营性原因调价互相混淆、公共产品与服务的定价过程中政府部门和社会资本对利益分配的不合理和定价原则与目的不明确等问题。Scott JT（2009）在 PPP 项目中拓展了成本收益法的运用，认为将 PPP 模式项目的成本收益比和传统的项目收益比在同一数值基础上进行对比，以此论证 PPP 模式的有效性。姚鹏程、王松江（2010）在社会福利最大化的视角上，从市场的供求关系出发，将 PPP 模式项目的定价方式视同为公共产品与服务的最优投资决策问题，同时，构建了 PPP 模式项目的双层目标规划模型，最终制定 PPP 项目价格。何寿奎、孙立东（2010）指出，在信息不对称的情况下，PPP 模式项目的价格制定存在矛盾，具体表现为 PPP 项目的高价格会减少消费者剩余，而低价格则会降低生产者的积极性，在对具体的 PPP 项目市场化程度的明晰下，可以对竞争性的 PPP 项目采用市场化价格制定方式，对垄断性的 PPP 项目采用规制的定价方式。杨卫华（2008）从项目风险管理的视角，对 BOT 模式的项目价格制定和调整所涉及的相关风险因素和周期进行了详细的分析，设计了基于项目风险因素的价格调价方式。Evenhuis E. 等（2010）在探讨社会边际成本法在 PPP 项目中的应用情况，主要分析了该种定价方法对项目回报机制、提前终止和项目移交的影响，作者提出需要给予社会资本方可以弥补长期平均成本的收入才能激励企业持续运营，但是，这样可能会造成企业的逆向激励。蔡丽婷（2016）在比较福建省两个公共基础设施 PPP 项目基础上，认为 PPP 项目的初始定价可以选择"合理的成本+合理的利润"、招标定价法和模拟市场定价法等，并在考虑项目风险分配的基础上进行价格的调整，同时加强 PPP 项目的绩效评价方法的完善。邓小鹏等（2009）总结了 PPP 项目价格的影响因素，并以此为基础设计了较为全面的价格指标框架，该指标框架为实现政府、社会资本和公众的目标从而对三方的价格影响程度进行了研究，通过构建定价权重模型并以实际案例证明其有效性。孙桂祥、杜静（2009）从 PPP 项目投资决策中影响收益的角度出发，论证了 PPP 项目特许经营期、投资回报率和现金流的稳定性对项目价格的影响程度。段世霞、朱琼、侯阳（2013）构建了基于 PPP 项目政治环境、经济环境、投资者和技术水平等七个层级的 PPP 项目价格驱动因素体系，并指出 PPP 项目价格形成的关键是消费者的支付能力和支付意愿。在 PPP 模式养老项目定价补贴方面，贾康、孙洁（2014）认为 PPP 凭借项目风险共担、利益共享和合理利润为基础优化利益调节机制，具体表现利益的合理分配，一般不宜用涨价方式实现必要的利益调整，需要综合考虑通过其他的方式（如财政补贴）做出必要的替代。此外，刘旭辉、陈熹（2015）在江西省的调研中指出，PPP 项目的实施前需要考察项目的适用性、合作伙伴选择及项目定价三个决定项目成败的因素。

不少学者认为，目前在我国 PPP 模式的养老项目定价中也存在一些问题。例如，王朝霞、曹婉莉（2017）认为，随着市场经济的发展，老年人口中产生了不同层次的养老需求，目前，我国无论是公办还是民营的养老机构都集中在偏低端或者高端领域，中端层次定价的养老项目供给难以满足现有以及未来预测的需求。对此问题，一些学者进行了具体的调研，如，巢莹莹、张正国（2016）在对上海养老服务业的数据进行了分析的基础上，认为从养老服务结构看，上海普遍存在养老机构护理型和生活型结构不合理，换言之，一般性定价的养老床位多，而针对失智失能老人定价的护理型床位少。刘新颖（2014）在研究日本养老项目中发现，日本富裕家庭更倾向于雇用保姆来承担老年人的照顾功能，日本的企业则逐步提供中高端定价的家庭专业护理服务项目。赵欢（2016）则认为，造成公办养老机构床位供不应求而民办机构空置率高的原因是政府将定价补贴重点放在了公办养老机构，而社会资本经营的民办养老机构由于缺乏政府的支持等因素，只能建设在位置较为偏远的地方，导致项目的配套设施比较缺乏，最终使得有养老需求的老年人群体对民营养老机构的服务质量和项目便利性等方面产生质疑。

（三）PPP 模式养老项目投资决策的融资研究

段洪波、杨竹晴（2015）调查表明，随着与 PPP 模式相结合的融资模式的健康发展，该模式的优势也日益体现，其中，养老服务产业投资的长期性、稳定性和高安全性这三大特点与 PPP 模式所具有的特点不谋而合。李远成、孙穗、覃婧（2017）从政府的融资政策建议、房地产开发商融资渠道和养老地产开发建设三个方面进行分析研究，提出 PPP 融资模式的优化设计有助于提升 PPP 项目的效率。但是，朱凤娇（2018）认为，民营养老机构在融资方面对政策和财政性融资较为依赖的话，可能导致企业与政府关系"捆绑"，一旦失去政府的相关的政策支持，项目将无以为继。

PPP 模式养老项目资金的来源也是养老项目投资决策中的重要方面，对此学者们也进行了研究。郜凯英（2015）在涉及 PPP 模式应用于养老产业的资金来源研究中发现，政府对养老服务业的资金来源主要有中央和地方的公共财政支出、彩票公益金的收入等方式，其中，地方政府基本负担本地养老服务业的主要支出，超过了总金额的 95%，因此，地方政府财政压力巨大。根据胡祖铨（2015）的相关模型推算，我国每年需要在养老服务领域投资约 1000 亿元左右的人民币，而近年的公共财政支出中的老年福利支出和福利彩票的支出无法满足每年的实际需要。虽然"十三五"时期政府将总计投入 2908 亿元，年均 581.6 亿元，财政支持的力度明显加大，年均增长 18.2%。但是，公私合营下的养老产业还处于起步阶段，截至 2016 年 6 月 30 日，我国养老产业项目的投资总额为 1411 亿元，仅占公私合营模式下的项目总额 10.6 万亿元的 1.33%。面对 PPP 模式养老项目资金方面的不足，我国的社会资本方具有较为雄厚的资金实力。胡贵祥、王倩（2012）指出，改革开放 30 多年，私人企业积累了大量可以投资的资金，目前我国的经济增长速度由高速增长转变为中高速增长，国内的不少行业都出现了产能过剩的现象，很多资金却没有良好的投资渠道。国家统计局数据显示，在过去的十几年时间里，城乡居民的储蓄额稳步增长，年均增长速度达到 30%，2008 年城乡居民储蓄额约为 22 万亿元人民币，2017 年初的城乡居民储蓄额约为 60.65 万亿元人民币。因此，公私合营模式下的养老产业为广大的投资者提供了一条安全稳定的投资渠道。

然而，周正祥等学者（2015）根据现状指出，银行等金融机构缺乏对 PPP 模式的了解，企业的 PPP 项目也难以获得银行的贷款支持，源于银行等金融业对 PPP 项目的风险认识不足，另外，PPP 项目风险的预测和管控能力也不能达到银行的要求。杨良初、万晓萌（2018）指出，养老产业政策性金融目前阶段存在区域资源配置不平衡、养老产品扶持项目平衡和缺乏对 PPP 模式养老项目的跟进监督等问题，并提出了统筹资源配置、加强对养老企业的扶持和完善养老项目的信用担保及贷款贴息政策等建议。王媛媛（2017）提出，面对资金方面的缺乏，政府应该鼓励 PPP 养老模式与互联网金融相结合，鼓励互联网金融由普通的融资平台变为融资服务机构，同时积极参与 PPP 养老项目的设计与咨询，由此可以更好地促进 PPP 养老项目发展。朱圣渊（2015）从养老项目融资工具的优势进行对比分析，列出了保险融资模式、信托投融资基金和银行贷款等六种投融资模式。陈华、边玉晶（2017）认为，可以通过银团贷款保证 PPP 项目融资顺利实施，银团贷款的优势之一是贷款的操作形式多样，项目风险则由提供贷款的各家银行机构分担，因此，这也是 PPP 项目融资中分散风险最有效的方法。正如闫竹等学者（2017）指出的，在 2013 年 10 月，日本政府和民间机构各出资 100 亿日元成立了民间资金活用推进公司，该公司通过以优先股份或次级债券的形式参与从而给予 PPP 项目资金上的支持，进而发挥杠杆作用，推动民间资本参与项目融资。

不少学者强调，养老专项基金的重要性不可忽视。闫秋利、孔夏宁（2017）认为，政府应当加强政策支持，比如建立养老机构专项基金和建立违约金担保制度，增强社会资本的信心和积极性。张昊（2016）通过对养老基金的研究，建议扩展以养老基金为代表的长期资金投资养老基础设施的建设，这样的话，既可以满足我国庞大的基础设施的资金需求，又可以满足养老基金的长期稳定收益以及保值增值的需求。事实上，目前我国养老项目资金方面有较大的需求，所以，养老专项基金需要尽快建立，同时，我国的养老社保基金也需要给予养老项目上一定程度的支持。

（四）PPP 模式养老项目投资决策的收益研究

冀晓敏、刘星悦（2017）根据中国老龄产业发展报告预测，到 2050 年，中国老年人口的消费潜力将由于老年人口的增加而增长到 106 万亿元人民币左右，占全国 GDP 的 33% 左右，因此，养老项目的投资势必具有良好的经济前景。

在有关 PPP 模式的养老项目投资决策的研究中，众多学者提供了自己的研究路径或结论。Dang（1999）通过运用实物期权法，对项目的需求不确定情况下的 PPP 项目的风险和选择进行了研究和分析，确认了最优投资模型。Oliver Hart（2003）、Elisabetta Iossa、David Martimort（2008）认为，分析 PPP 模式需要对项目合约特性和实施条件进行成本收益分析，当项目合约能降低运营成本且提高服务效率时，PPP 模式具有激励优势；当建设和运营阶段存在正外部性时，才能提高其相对效率。Thomas Ng（2007）通过建立仿真模型对 PPP 模式的项目在特许期的投资进行分析，并运用综合模糊多目标分析法对决策模型进行分析。国内学者计月华（2015）则对通过 PPP 模式建设的基础设施项目的经济效益进行分析，提出了按照投资收益结果判断可行的实施方案。刘薇（2015）认为，PPP 项目一般具有很强的公益性，同时也具有较高的垄断性，所以 PPP 模式的养老项目的风险和收益是并存的。

乔盼盼（2016）通过运用风险理论、合作博弈理论等，建立基于合作博弈理论的 Shapley 模型对基础设施项目进行收益预测，为其项目提供参考。事实上，正如学者孟佳娃、韩俊江（2015）所指出的，政府部门与社会资本的利益诉求在项目进行的过程中始终处在博弈的状态，政府部门追求的是公共利益最优化，而社会资本追求的是经济利益最大化。刘莉、耿军（2016）认为，无论是基于 BOT 或者是 TOT 的 PPP 模式，目前建设的养老项目尚处于识别或建设期，盈利模式、收益水平都有待观察，如采取这两种模式，都可能面临由于社会资本方过度追求收益而导致项目失败的风险。楚阳（2016）分析了 PPP 模式在养老机构中的运用的必要性以及养老机构在 PPP 项目中的基本运作框架，并且构建了养老机构的 PPP 项目 VFM 评价体系，同时对这类项目的经济可行性也做了评判，并利用 Shapley 值法构建利益分配模型，最后作者运用某市的养老机构实际项目案例验证了 PPP 模式在养老机构项目中的可行性。

不少学者的研究表明，作为养老项目中的另一重要的产业，养老地产具有一定的福利性，可以为老年人提供舒适的环境。例如，王占坡提出，可以采用 PPP 模式建设医养结合的平价养老院，利用存量房地产建设平价养老机构。通过地产这个平台与养老产业相结合，可以为老年人创造出舒适绿色的生活环境和新型多元的生活方式，同时丰富了老年人的精神世界。

然而，许白玲（2017）认为，在我国养老社会保障制度不健全的背景下，亟须寻求产业化的协同解决路径。杨博维、薛晓（2013）指出，迄今为止，国内大部分地区仍然把养老事业定义为公益性的事业，这无疑束缚了中国养老业的健康发展，而以新加坡和美国为代表的西方发达国家早就把养老事业的福利化和产业化融合的理念发扬光大，吸引了社会投资人的眼光，扩大了养老服务市场的规模，因此，在国内要广泛宣传福利化与产业化协同发展的理念。刘军林（2017）指出，将 PPP 模式引入社区居家养老，私人部门参与运营，由于私人部门作为"经济人"，具有"趋利性"，这也必然促使私人部门引入市场机制，加大对社区居家养老服务质量提高。具体的案例是刘启慧（2017）等学者以北京朝阳区政府率先将 PPP 模式引入恭和老年公寓为例，提出采用特许经营权模式，鼓励社会资本参与养老机构的建设。王巍（2016）的研究认为，我国公办养老机构的改革试点工作于 2014 年初正式开始，旨在完善机制，创新发展模式，丰富服务内容，发挥其在保障基本养老服务中的功能和作用，使服务对象由保障性人群转变为目标人群，从而提升养老产业的服务性、专业性和社会性。因此，对于养老产业，在我国具有合适的土壤，政府给予了相关的政策势必会促进该产业的健康发展。但是，吴珊珊（2016）认为，目前建成运营的民办养老机构面临着严峻的市场形势，亏损的占 40%左右，基本持平的占 51%，能够自负盈亏略有盈余的仅仅占 9%。

由上可知，目前我国的养老产业面临诸多问题，这些问题既有内部自身的管理问题，也有外部存在与市场脱节的情况，导致企业收益面临着巨大的不确定的风险。屈志（2015）则通过在长春市的调查中总结道，虽然针对私人部门而言，养老产业的投资风险较大、回本慢、利润低、高门槛等问题，导致不少企业不愿意进入养老市场，但是 PPP 模式在一定程度上分担了社会资本方单独投资养老产业的风险，因此，对于一些已有的场地和设施，可以通过出租的方式来减少社会资本方的前期投入，帮助其提高利润率。

综上所述，学术界已经从不同角度对 PPP 模式进行了多角度多层次的研究，给后来的研究者提供了一些理论和方法上的借鉴和启示，因此，具有筚路蓝缕之劳。但总体而言，学术界目前对于 PPP 模式运用于养老项目投资决策的研究也存在以下不足：（1）PPP 模式的定义、PPP 模式的优势、PPP 模式的基础设施项目研究等相关的研究已经存在不少，但是 PPP 模式应用于养老项目以及 PPP 模式养老项目投资决策的相关研究成果数量总体上还比较少，现有的成果基本上是以论文形式出现，尚无相关专著出版；（2）就研究内容而言，不少学者的选题较为宽泛，缺乏精细的论证，因此涉及具体行业类型的研究有待深入；（3）研究方法较为陈旧，现有的学术界有关成果大部分仍然停留在对各种理论的介绍与描述上，甚至仅仅停留在对现行政策的解读上，缺乏对一些较为科学的研究方法的运用，一定程度影响了研究结论的可信性。笔者认为，对于 PPP 模式运用于养老项目投资决策的研究必须结合制度经济学、管理经济学以及产业经济学等学科的知识进行实证研究，才能使研究不断深入。

第三节　本书的研究思路、研究方法与研究内容

一　研究思路

本书基于现状分析、实证分析、模型构建以及政策建议的研究路线，确定研究思路：首先，立足我国的国情，分析 PPP 模式的特点，通过数据证实将 PPP 模式与养老产业的项目相结合是符合我国日益壮大的老年人群体多元的养老需求，并对我国 PPP 模式养老项目投资决策相关的各种理论及现状进行介绍并分析；其次，确定我国 PPP 模式养老项目中的多利益群体，运用模糊综合评价法对养老项目投资决策中的风险进行划分并量化政府部门与社会资本双方的风险分担；再次，对养老项目的投资决策进行细致分析，从风险要素的角度，构建 PPP 模式养老项目的投资定价决策模型；再其次，提出与 PPP 模式养老项目投资决策相关的融资方式，并基于风险要素的角度构建 PPP 模式养老项目的投资收益决策模型，为项目提供合理的收益分析；最后，提出完善 PPP 养老项目投资决策的政策建议。

本书研究框架如图 1.1 所示。

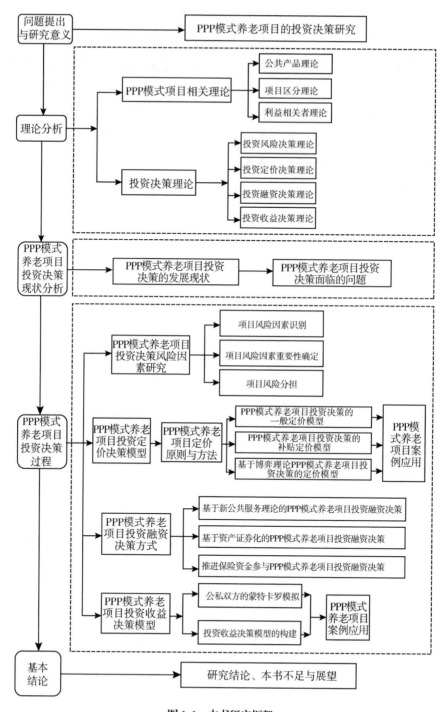

图1.1　本书研究框架

二 研究方法

（一）文献分析法

通过阅读文献的方式，运用中国知网、万方数据库、EBSCO 外文数据库、Emerald 外文数据库和 Science Direct 数据库等相关数据库收集相关资料，除此之外，还要查阅政府相关网站、国家出台的相关法律与政策及统计年鉴等，通过对主题 PPP 模式养老项目的投资决策研究及相关数据资料的分析，总结前人在相关领域研究的成果，从创新角度寻找本书的研究视角。

（二）模糊综合评价法

在 PPP 模式养老项目投资决策中的主要风险因素的分析及风险分担的研究中，模糊综合法是在模糊数学的基础上，运用层次分析法等多种方法，对项目投资决策中不确定性的风险因素定性问题转化成定量问题进行解决的方法。在论证中，相对于其他定性分析方法，模糊综合评价法具有结果较为清晰，系统性较强的特点，对于解决 PPP 模式养老项目投资决策中与风险相关的复杂程度高、模糊程度高、制约因素较多及量化难度较大的问题具有一定程度的优势。

（三）蒙特卡罗模拟法

蒙特卡罗模拟法，又被称为统计模拟法，是 20 世纪 40 年代由于科学技术的发展和电子计算机的发明，而被提出的一种以概率统计理论为指导的一类非常重要的数值计算方法。主要是通过对项目的随机变量进行随机抽样产生随机数来进行观测，依据项目的观测值确定随机变量的概率分布。本书通过建立的 PPP 模式养老项目的投资决策模型为基础，运用蒙特卡罗模拟法，检验项目的相关数据并做出拟合模型，以此来验证模型的准确性和适合性，该过程可以为参与 PPP 项目的社会资本方提供准确性较高的投资参考，从而提高 PPP 模式运用于养老项目投资决策的成功率。

三 研究内容

基于目前我国 PPP 模式下的养老产业现状，以合作博弈论、利益相关者理论、投资决策风险理论、投资决策定价与收益理论等为支点，围绕基于 PPP 模式的养老项目的投资决策为主题展开具体的分析。第一，基于 PPP 模式的养老项目进行现状分析，阐述将 PPP 模式与我国养老产业相结合是目前阶段最适合我国国情的选择；第二，通过对 PPP 模式养老项目中的多利益群体确定，运用模糊综合评价法对养老项目投资决策中的风险进行划分；第三，对养老项目的定价进行分析，并基于风险要素的角度构建 PPP 模式养老项目投资定价决策模型；第四，提出与 PPP 模式养老项目投资决策相关的融资方式并基于风险要素的角度构建 PPP 模式的养老项目的投资收益决策模型，为项目提供合理的收益分析；第五，国内外一些 PPP 模式养老项目的特点与启示；第六，提出完善 PPP 养老项目投资决策的政策建议。本书研究内容分为九章，具体如下。

第一章绪论。主要介绍选题的研究背景与意义，对国内外相关文献进行总结与述评。在梳理我国 PPP 模式养老项目投资研究的学术史的同时，吸收学术界相关研究成果和研究方法，从创新的角度，提出本书的研究方向、研究目标和研究的主要内容。

第二章 PPP 模式养老项目投资决策的相关理论。包括公共产品理论、项目区分理论和利益相关者理论等 PPP 模式项目相关理论以及与项目投资决策相关的风险、定价、融资和收益理论等，为研究对 PPP 模式养老项目投资决策的现状分析、模型构建和实证分析打下基础。

第三章 PPP 模式养老项目投资决策的现状及问题分析。从目前我国面临严峻的老年人养老需求问题入手，介绍我国目前养老产业项目投资决策的现状和 PPP 模式养老项目投资决策面临的一些相关问题。

第四章 PPP 模式养老项目投资决策的风险因素研究。通过对 PPP 模式养老项目的风险进行分解，运用模糊综合评价法，对项目投资中的风险影响因素进行识别和分析，把从定性分析的风险转化为基于指标构建的定量方法分析风险因素，确定 PPP 模式养老项目可能面临的风险因素，最后得出 PPP 模式养老项目投资中主要的风险因素以及政府和社会资本关于风险因素的责任分担比例。

第五章 PPP 模式养老项目的投资定价决策模型。立足养老项目政府与社会资本双方风险的承担与主要风险影响因素，依据我国现实的经济水平对项目的价格进行定价。从价格构成、需求导向定价和基于博弈的角度设计 PPP 模式养老项目投资决策的定价模型，同时计算有政府补贴和没有政府补贴时的项目市场定价，最后将构造的投资定价决策模型应用于财政部政府和社会资本合作中心全国 PPP 综合信息平台项目的案例。

第六章 PPP 模式养老项目投资决策的融资方式。目前我国在 PPP 模式养老项目投资的实施中面临着融资困难的问题。论文从基于新公共服务理论的 PPP 模式养老项目融资、基于资产证券化的 PPP 模式养老项目融资供给和推进保险资金参与 PPP 模式养老项目建设三个角度，阐述了构建全生命周期角度下的 PPP 模式养老项目投资融资方式的创新理念，期望能对 PPP 模式养老项目投资决策中的融资问题提出适当的解决思路。

第七章 PPP 模式养老项目的投资收益决策模型。首先，通过运用基于概率论思想的蒙特卡罗模拟方法，并确定 PPP 模式养老项目中的变量，测量其概率分布，由此建立合理的模型参数；其次，从项目收益率、投资年限和净现值三个角度对项目在土地风险、调价风险和需求风险三个条件下的 PPP 模式养老项目进行模型设计，并寻求对该类型的项目更合适的投资收益分析方法，同时，政府对 PPP 模式养老项目的财政补贴也是作为该项目是否可行的重要依据；最后，将构造的投资收益决策模型应用于财政部政府和社会资本合作中心全国 PPP 综合信息平台项目的案例。

第八章 国内外 PPP 模式养老项目的特点与启示。在这章中，介绍了国内外一些 PPP 模式养老项目，从中总结其特点与启示，为我国 PPP 养老事业发展提供经验与借鉴。国内 PPP 模式养老项目的案例告诉我们，要打通 PPP 养老产业链、发展多元化的融资模式、完善法律法规和协调机制、健全市场体系等。国外 PPP 模式养老项目案例给我们的启示是要充分发挥政府的主导作用、建立养老 PPP 项目的专门管理机构、动员社会资本积极参与等。

第九章 研究结论与政策建议。基于全文总结的基础上，提出了一些政策性建议；并指出本书研究的不足之处以及提出未来的研究展望。

第四节　本书创新之处与不足

本书围绕选题，比较全面地论述了与 PPP 模式养老项目投资决策相关的理论基础，并对 PPP 模式的养老项目投资决策的现状进行了分析，识别了 PPP 模式养老项目投资决策中的风险因素，并从风险要素的角度构建了 PPP 模式养老项目投资决策的定价模型和投资决策的收益模型，同时，提出了全生命周期视角下的 PPP 模式养老项目投资决策的融资方式，期望能对 PPP 模式养老项目的投资决策问题提出适当的解决思路。本书的创新点如下。

1. 研究角度较为新颖。养老项目是未来热门的研究方向，但是基于 PPP 模式的养老项目投资决策的研究成果目前还比较少，现有的研究成果大部分是研究养老产业的模式、养老项目目前存在的问题以及提出相关的政策为主，但是涉及通过风险的角度来划分政府和社会资本投资 PPP 模式养老项目需要承担的风险的研究成果较少。本书主要侧重于 PPP 模式养老项目中的社会资本方，明确 PPP 模式养老项目投资决策中的政府资本和社会资本的风险分担方式和程度，由此确定不同的风险因素对 PPP 模式养老项目投资决策的影响。

2. 确定了更加合适的 PPP 模式养老项目投资决策中的定价与收益模型。通过模糊综合评价法确定项目主要风险并建立基于 PPP 模式养老项目风险因素的投资定价与收益决策模型。本书立足养老项目公私双方风险的承担及主要风险影响因素，依据我国现实的经济水平对 PPP 模式养老项目的产品进行定价，设计出符合政府部门、社会大众和社会资本三方诉求的养老项目产品价格，然后，通过运用蒙特卡罗模拟方法，建立基于 PPP 模式养老项目投资决策中项目收益的变量和测量其概率分布，并建立合理的模型参数，在此基础上对 PPP 模式养老项目的投资收益进行模型设计，最终寻求出对该类项目更合适的投资收益分析方法。

3. 立足 PPP 模式养老项目的投资决策现状，为其提出该类项目合适的项目融资方式。PPP 模式的养老项目融资方式与一般的项目不同，也与大多数的 PPP 模式项目的融资方式有不同之处。在目前阶段，处于新兴发展时期的 PPP 模式养老项目面对自身和外部环境的风险，传统的融资方式还难以与该类项目完全接轨并提供项目融资，基于 PPP 模式养老项目自身的性质和特点，为其提出能较好地适用于 PPP 模式养老项目的投融资方式。

虽然本书对 PPP 模式养老项目投资决策中的多方面进行了研究，但是仍然有以下不足。

1. 本书通过对基于 PPP 模式养老项目投资决策中的风险因素进行了研究，但是对项目的政府和社会资本的分担程度和风险大小的实证分析结果，在我国不同的地区，可能会因为其自身所具有的特点而产生不同的风险分担结果和风险程度大小的不同，本书所得出的结论在其他类型的项目是否具有普遍性依然有待更多的数据支持。

2. 在 PPP 模式养老项目投资决策的研究中，构建项目的投资收益模型时，对于未来不同年份的折现率的估计存在一定程度上的误差，虽然本书通过对该项目的折现率进行了估计，也尽可能地依靠主流的估计方式对其数值进行确定，但是，如果多使用几种方法无疑可以提高模拟的准确性。

第二章　PPP 模式养老项目投资
决策的相关理论

　　PPP 模式养老项目投资决策的相关理论涉及公共产品理论、项目区分理论、利益相关者理论、投资决策理论和 PPP 项目的流程等。虽然 PPP 养老项目难以为社会资本带来完全正向的收益，但是它所具有的潜在收益的可能性和一定的排他性，可以依据公共产品理论中公共产品的特征将 PPP 模式养老项目界定为一个准公共产品。根据项目区分理论中关于投资主体、资金来源、运营方式和权益归属的定义，PPP 模式养老项目应属于准经营项目，既包含营利性，也具有部分的公益性特征。PPP 模式养老项目的利益相关者除了包括政府部门、社会资本、PPP 项目公司、金融机构和使用者等主要利益相关者外，还包括项目的运营方、保险公司和咨询公司等利益相关者。投资决策理论包括投资风险、投资定价、投资融资和投资收益等理论，运用投资决策理论可以更好地对 PPP 模式养老项目进行有效的项目分析和实施。

第一节　PPP 模式养老项目的相关理论

　　PPP 模式养老项目相关理论主要有公共产品理论、项目区分理论和利益相关者理论。通过这些理论，我们可以较好地把握 PPP 模式养老项目的特点，并为观察 PPP 模式养老项目的设立和运行提供了新的视角。

一 公共产品理论

根据美国经济学家萨缪尔森于 1954 年发表的《公共支出的纯理论》一文所定义的，公共产品是指一种产品可以进行群体性消费，同时，每个人的消费并不会影响他人对该产品的消费。与私人物品不同的是公共产品具有以下的特征：公共产品的产品效用的不可分割性、公共产品在消费者进行消费时不具有排他性和竞争性。不具有以上三个特征的产品被称为私人产品，而准公共产品则被认为是介于公共产品和私人产品两者之间的产品。下面简单叙述公共产品的三个特征。

（一）公共产品的产品效用不可分割性

公共产品不像私人产品一样，可以对效用进行分割，使得交易双方可以达到交易产品的目的，实现产品的利益最大化。而公共产品的交易不可分割，交易对象也限定在特定群体中，例如，城市基础设施、医院、养老机构、学校等。

（二）公共产品的消费不具有排他性

公共产品在进行了买卖双方的交易后，虽然买方为此付出了一定的费用，但是，消费者对产品本身却不拥有独自的占有权，不能阻止他人享受该产品的使用。而私人物品却与此相反，具有很强的排他性，买方为产品付出了一定的费用后，则对该产品享有独自的专用权。

（三）公共产品的消费不具有竞争性

公共产品的非竞争有两个特点：第一是产品的边际成本为零，对于公共产品每增加一个新消费者，产品的提供者并不需要提供给额外的成本；第二是产品的拥挤成本为零，每个消费者的消费都不会影响其他消费者对产品的消费数量，同时也不会降低其他消费者对产品消费的质量，新增的消费者不会增加产品的成本。边际成本为零是作为公共产品和准公共产品区分的重要参考指标。

从公共产品的角度分析 PPP 模式的养老项目，对于老年人来说，PPP 模式养老项目的服务不具有排他性和竞争性，老年人都可以参与此类项目，并且新增参与者引起的 PPP 模式养老项目边际成本为零。但是在项目的实际观察中发现，如果一个养老项目的参与者人数超过了其合适的最大容纳人数，就会产生有些人无法入住养老项目和难以获得预期的养老服务的情况，同时，也会造成现有养老项目个体服务水平和质量的下降，此外，养老机构的支出成本也会出现明显的上升。所以，PPP 模式养老项目所提供的产品与服务具有一定程度上的排他性与竞争性，具有一些私人产品的特性。在市场经济中的公共产品可以为社会带来诸多益处，但是，私人部门依然不愿意提供这种公共产品的主要原因是其所具有的非排他性和非竞争性特征，而每一个消费者却不愿意为该产品付出相应的代价，因此，社会资本方无法从消费者的偏好和效用中去测量消费者真实的消费意愿，这造成了公共产品无法由私人部门来提供。

总体而言，PPP 模式养老项目虽然没有明显的偏向公共产品或者私人产品的特征，但是具有获得潜在收益的可能性。由于项目的收费价格和政府政策的暂时缺位，从而无法回收项目的全部成本；又因 PPP 模式的养老项目具有改善和提高社会福利的功能而附带一定程度的公益性，这是市场失效的部分，从而无法产生明显的经济效益；再者，市场运行的结果会产生资金需求的缺口，因此需要政府部门的适当补贴或者颁布相关政策优惠来维持项目的运行。可见 PPP 模式养老项目是一种介于公共产品与私人物品之间的属于准公共产品的产品。因此，公共产品理论为 PPP 模式与养老项目的结合提供了理论上的支持。

二 项目区分理论

在项目区分理论中，依据项目自身的性质及特征，可以将其划分为三种类型：经营性项目、准经营性项目和非经营性项目。正如表 2.1 所示，类型不同的项目，其投资主体、资金来源、运营方式和权益归属均有所不同。

表 2.1   项目类型区分

项目类型	项目案例	项目投资主体
经营性项目	发电厂、收费公路和收费桥梁等	政府部门或社会资本
准经营性项目	轨道交通项目、水厂、养老项目、垃圾焚烧项目等	社会资本投资，同时政府部门根据项目的具体情况给予一定程度的财政补贴
非经营性项目	城市的绿化项目、免费道路等	政府部门投资为主

经营性项目具有收费机制和资金流入，其投融资主体不受限制，既包含国有企业，也包括了社会资本。投融资主体拥有项目的权益归属权，项目的最终结果需要由投资方独自承担，政府一般只对项目的定价、服务和数量等方面进行一定程度的限制。

准经营性项目与经营性项目都具有相同特征，两者共同之处在于均包含了收费机制和资金流入，但是，准经营性项目不仅具有营利性，还具有部分的公益性特征。与此同时，准经营性项目的收益可能无法满足项目的正常运营，从而导致项目产生资金上的缺口，因此，政府可能需要在特定的情况下给予该项目一定程度的补贴来维持其可持续运营。

非经营性项目与前面两者具有不同的特征，表现为非经营性项目不具有收费机制和资金流入，因此，对于社会资本方来说，无法盈利的局面将会导致社会资本不愿意参与此类的项目。而非经营性项目是为社会上不同的群体提供了普遍的福利，其资金来源于政府的固定税收和各类收费，所以，非经营性项目属于政府的投资领域并且其所有权益归属于政府。

项目区分理论主张，应随基础设施性质的不同来选择合适的投融资模式，要因时因地制宜。非经营性项目应由政府公共部门独自建设运营。经营性项目则比较适合采用市场化的经营运作模式，即授权给私人部门自行进行投资建设。准经营性项目则比较适合公私部门之间进行共同出资建设，PPP 模式是其应该采用的较理想的投融资建设模式（赵琦，2017）。采用项目区分理论可以解决现有的投融资问题及所引起的各种矛盾，又可以为深化改革提供理论依据（胡丽，2013）。

项目区分理论对政府部门和社会资本参与的项目性质进行了区分，并划分了不同的项目参与方，从而为政府部门和社会资本在充分地利用好各种政策及优势资源的基础上，有效发挥政府部门和社会资本各自的职能优势，以达到资源互补，实现社会总体效益最大化的目标。PPP 模式养老项目拥有收费机制、资金流入和政府财政补贴等特征，属于准经营性项目，社会资本在获得一定收益的同时也为社会上的老年人群体提供了良好的养老服务。为了保证 PPP 模式养老项目的可持续经营，政府给予了社会资本方一定程度的补贴，因此，PPP 模式是政府部门和社会资本为老年人群体提供多元养老服务最为合适和有效的合作方式。

三 利益相关者理论

利益相关者理论产生于 20 世纪 30 年代，随后在 60 年代斯坦福研究所的相关研究中扩大了其影响。20 世纪 80 年代，利益相关者理论影响力迅速扩大（褚祝杰、张凌、田煜，2020），开始对欧美众多公司的治理模式产生较为深远的影响，并促进了西方国家企业的管理方式的改革。利益相关者理论揭示了各个利益团体间的关系，不仅包括由政府、市民和规划师组成的社会利益相关者，还包括由自然环境、人类后代组成的非社会利益相关者（褚祝杰、张凌、田煜，2020）。美国学者弗里曼（1984）在其著作《战略管理：利益相关者管理的分析方法》中，提出了利益相关者的理论，并将其定义为："能够对组织的目标达成产生影响，或者能够被组织目标实现的过程所影响的个体或者群体。"目前，有关利益相关者的定义和分类，学术界主要存在两种划分方法，分别是"多锥细分法"和"米切尔评分法"。

"多锥细分法"是流行于 20 世纪 90 年代的一种理论。"多锥细分法"是指利益相关者可以被企业从多个不同的角度进行细分，不同的利益相关者对企业的影响是不同的。国内外很多专家和学者采用多锥细分法从不同角度对利益相关者进行了划分（段红艳，2017）。学者 Frederick（1988）基于利益相关者所处的企业产生的影响方式来对其进行分类，将其划分为直接利益相关者与间接利益相关者两大类别。前者是指与企业直接发生市场交易关系的利益相关者，包括企业股东、企业债权人、企业员工、产品消费者和竞争对手等，后者是指与企业发生非市场关系的利益相关者，包括政府部门、社会活动团体、媒体和一般的公众等。而 Charkham（1992）按照是否与企业存在合同关系为标准，将利益相关者划分为契约型利益相关者与公众型利益相关者。除此之外，Wheeler（1998）基于相关性群体是否具备社会性及其与企业的关系是否直接由现实中真实的人来构建两个维度，将利益相关者划分为四个类型：（1）主要的社会性利益相关者，指具备社会性和直接参与性的显著特征的群体，如，企业股东、企业员工和消费者等；（2）次要的社会利益相关者，指通过社会性活动与企业发生间接联系的利益相关者，如，行政部门、社会活动团体和企业竞争对手等；（3）主要的非社会利益相关者，指对企业有直接影响，但却不作用于具体的人，如，自然环境等；（4）次要的非社会利益相关者，指不与企业有直接的联系，也不作用于具体的人，如，环境保护集团和动物利益集团等。

美国学者米切尔（Mitchell）和伍德（Wood）独辟蹊径，给出了基于利益相关者特征属性的定量化评分法——米切尔评分法。米切尔评分法认为利益相关者理论应当明确的两个核心问题：一是利益相关者的确认，即谁是企业的利益相关者；二是利益相关者的特征，即依据什么来给予特定群体关注。此后，许多学者在借鉴米切尔评分法的基础上，结合实际情况，提出从不同的维度特性对利益相关者进行划分（段军等，2020）。"米切尔评分法"是将项目的各参与人的特征进行分析后排序以此确定利益相关者的方法，这些特征一般包括社会影响力、项目的情况紧急性和项目的影响力等因素。因为米切尔评分法属于定量分析，所以其相较于多锥细分法更具有科学性，目前，更多的学者使用该方法对利益相关者进行分析与界定。

PPP 模式养老项目的利益相关者包括政府部门、社会资本、PPP 项目公司、金融机构和使用者，以上这些都属于项目的主要利益相关者，除此之外，还包括项目的运营方、保险公司和咨询公司等利益相关者。下面对 PPP 模式养老项目的主要利益相关者做简单介绍。

政府部门是 PPP 模式的养老项目的发起人、授权人以及项目全周期的监管人。公共部门通过项目的招标选择合适的社会资本参与该项目并且共同组建项目公司，同时，政府部门需要根据实际情况为 PPP 模式的养老项目提供比如政策、土地、资金、担保等方面的支持。

　　社会资本是项目的投资方，通过其资金、技术、管理等方面的优势参加到该项目的合作中来。社会资本与政府部门共同组建 PPP 项目公司，为 PPP 模式的养老项目提供设计、建设、运营等方面的支持，协调和促进项目的进展，最后获得了相应的收益。

　　项目公司是经过特许经营授权成立的独立法人，其股东是公共部门和社会资本。在 PPP 模式的养老项目中，项目公司作为甲方，通过招标选定其他的项目参与人并且需要协调各参与人之间的关系，此外，需要对项目的各大事项进行判断和决策，比如项目的设计、建设、运营等。

　　金融机构作为 PPP 模式养老项目资金的主要提供者，参与项目的全生命周期的项目融资。金融机构一般包括银行、证券公司、保险公司、信托投资公司、基金管理公司等。采用 PPP 模式的养老项目一般情况下对资金的需求量都比较大，项目公司需要向金融机构通过贷款等筹资手段满足项目的现金流，在资金筹集的过程中，政府部门通常会为 PPP 项目公司提供信用担保使得项目的融资顺利进行。

第二节　投资决策的相关理论

　　投资决策过程是对投资方案进行评估、甄选，并最终确定是否投资，何时投资，采取何种方式投资的过程。把握好投资决策理论、投资风险决策理论、投资定价决策理论、投资融资决策理论以及投资收益决策理论，有助于推动 PPP 模式养老项目投资决策的科学化。

一　投资决策的理论

　　现代投资决策理论的兴起是以 1951 年美国学者迪安出版的《资本预算》一书为标志。随后，马科维茨发表了《投资组合选择》一文，提出了投资组合理论的基本原则，即通过组合投资而不是投资个别资产，投资者可以在不减少收益的情况下降低投资的总风险。1964 年，夏普、林特纳等在马克维茨理论的基础上，创立了资本资产定价理论。20 世纪 70 年代以后，关于投资决策的理论又有了新的发展。珐玛提出了有效资本市场理论。20 世纪 80 年代，罗斯提出了套利定价理论，该理论认为，某项资产的期望收益源于该资产对一项或多项系统因素的敏感性，而不是像资本资产定价模型中所描述的那样，只源于资产、对平均投资组合收益的期望这一个因素（贺志东、梁桂臣，2018）。

投资决策是指在对项目充分地调查、分析和论证的基础上，对拟建工程项目进行最后的决断。项目投资决策涉及建设时间、地点、规模和技术上是否可行，经济上是否合理等问题的分析论证和抉择，是项目投资成败的首要环节和关键因素（何盛明，1990）。社会资本方的投资决策是为了实现企业投资目标而进行的一系列重大活动，从投资的角度来说，PPP 项目投资决策中的"风险""定价""融资"和"收益"四个环节同样重要，正如图 2.1 所示，本书的 PPP 模式养老项目投资决策中包含投资风险决策、投资定价决策、投资融资决策和投资收益决策四个过程，通过对投资决策中四个过程的有效分析，提高社会资本方投资 PPP 模式养老项目决策的准确性。

图 2.1　PPP 模式养老项目投资决策的四个过程

二　投资风险决策理论

"风险"一词来源于意大利语，最早出现于 17 世纪的西班牙船只在航海中遇到的礁石、风暴等事件或者其他些非正常的自然现象。人们对于风险的理解和定义是随着人类文明的进步而不断发展和变化的。大约到了 19 世纪，经过两个多世纪的发展，风险的概念与人类的决策和行为后果有了更为紧密的联系。"风险"一词的使用，也从早期的航海贸易行业和保险业渐渐衍生到其他行业之中（张剑，2016）。

依据结果的不确定性，风险可以划分为投机风险和纯粹风险。其中，投机风险指可能产生收益也可能造成损失的风险，属于广义风险，说明风险产生的结果可能带来损失、获利或是无损失也无获利；纯粹风险指只有损失机会，而无获利可能的风险，属于狭义风险，说明风险产生的结果只有损失或者不损失两种可能，而没有获利的可能性（万峰，2018）。综合以上风险的定义，项目风险是指在具体的项目中，由于某些因素存在的不确定性，导致项目的结果与项目预期存在一定程度的差距。风险分担的目的是使参与项目的合作方，在承担项目风险的过程中承担最优的风险比例，最终各方能获得各自合理满意的收益分配。

PPP 模式养老项目作为存续时间较长的准公共项目，在建设和运营的过程中会发生较多不可控的因素，使得项目存在各种项目风险，由于 PPP 模式的养老项目比之于普通的项目其资金成本的回收也会经历一个较长的过程，项目的投资决策方会面对较多的风险和不确定性，因此，项目的风险管理过程不可缺少。在项目投资决策期间，涉及项目风险管理的过程通常被划分为三个阶段：第一个阶段是风险的识别；第二个阶段是风险的评估；第三个阶段是风险的分担。通过对项目风险全面准确的分析，项目的投资决策中的风险和不确定性才能较大程度降低。

（一）项目投资决策中的风险管理过程

1. 风险识别

风险识别阶段作为风险管理中的首要阶段，是对 PPP 模式养老项目所包含的所有风险因素进行分析与归纳总结的阶段。风险识别过程包含发现风险源、感知风险和分析风险等环节（闫东玲、刘俊，2020）。项目的风险因素是在项目全周期内对项目的干扰因素或者不确定性的因素进行判断，同时对项目风险可能发生的环节也进行分析。只有在对项目的风险因素进行识别前提下获得准确的风险清单，才能为接下来的风险评估和风险分担做准备（尹志军、陈立文，2009）。风险识别是建立在经验总结、数据分析和调查研究等基础上，通过收集大量的项目资料及结合相关的经验方法，为 PPP 模式养老项目的投资决策过程减小风险，在尽可能的情况下提高项目的成功率。目前较为常见的风险识别方法有：流程分析法、德尔菲法（专家调查法）、案例分析法和文献调查法。

2. 风险评估

风险评估是指通过运用一定的评估方法对项目各个风险因素的风险程度大小进行评价。风险评估通常分为三种方法，分别是：定性研究法、定量研究法、定性与定量相结合的研究方法。其中，定性与定量相结合的方法是较为常用的一种风险评估方法，除此之外，在研究中常用的风险评估方法还包括敏感性分析法、层次分析法、问卷调查打分法和蒙特卡罗模拟法等。影响项目经济评价指标的不确定性因素很多，这些不确定性因素称为敏感因素；反之，称为不敏感因素。敏感性分析法是通过分析、预测不确定性因素发生变化对经济评价指标的影响程度，从而对投资方案承受风险的能力做出判断（赵维双、宋凯、田凤权，2020）。层次分析法（简称BHP）是美国运筹学家西著（T. L Seary）在 20 世纪 70 年代初提出的，是一种定性、定量分析相结合的多准则决策分析方法。这种方法将决策者的经验判断给予量化，特别适用于目标结构复杂且缺乏必要数据的情况（王文秀、祝远华，2020）。

问卷调查打分法是社会科学研究过程中的一种常用方法。该方法通过编制问卷、发放问卷、回收和统计问卷等基本步骤，有针对性地获取被调查对象的相关信息。作为一种较为客观的风险评估方法，本书主要通过运用该方法对 PPP 模式养老项目投资决策中的风险因素进行评估。

3. 风险分担

风险分担是 PPP 模式的核心环节，是决定项目能否成功最主要的因素。在 PPP 项目中，政府公共部门作为社会公共利益的代表，它参与项目的出发点最主要是为了维护公共利益；其次是资金的使用效率与资源的配置效率。对社会资本方来说，它之所以参与项目是为了追求一定的资金回报，因此资金回报率和资金的投资安全是其风险分担所关注的（李秋东、江小燕，2019）。风险分担是对项目中的风险因素的承担方进行分析，分析各项风险因素是由一方承担还是由多方共同承担，并在分析单方承担的风险因素、多方共担的风险因素以及多方共担风险因素的基础上，为 PPP模式养老项目的投资决策设计具体的项目风险因素分担方案。

风险分担的基本方法主要有以下几种：（1）模糊综合评价法。模糊综合评价就是以模糊数学为基础，将一些概念不清、边界不清、不易量化的因素定量化，再运用模型关系和隶属关系进行综合性评价的一种方法（谢科范、王红军、刘星星，2020）。在 PPP 项目风险分担中，是指通过构建对项目投资决策产生影响的风险因素，采用层次分析法对风险因素分析并确定其风险大小，再通过专家打分获得项目风险分担方案。（2）流程分析法。一般而言，流程分析具有如下作用：一是分析一个复杂的系统，确定其工作流程的有效性与合理性；二是分析步骤环节，确定项目或事务中存在的各种风险；三是对各种风险因素进行归集，确定风险重点。在 PPP 养老项目中，流程分析法是指在确定项目风险分配最优分配原则的基础上，构建风险分担的框架流程，按照流程将各个风险因素输入并输出，最终获得风险最优分配。（3）问卷调查法是指通过咨询或访问相关领域专家及工作人员，制定李克特量表风险分担的调查问卷，在回收问卷并分析数据的基础上获得项目的最终风险分担方案，以协助 PPP 项目的投资决策。

（二）项目投资决策与风险管理的关系

1. 风险管理为投资决策提供依据

项目具有客观性、偶然性、规律性和多样性，形成项目风险的根源有两个：其一是人们在主观上对项目发展与变化的认识不足，从而在应对决策方面出现了问题；其二是客观上项目的环境和条件发生了意想不到的变化（马海英，2017）。因此，在投资决策中要注意风险管理。投资决策是指在 PPP 模式养老项目现有资源的基础上进行资金的有效合理使用，其目的是为了未来获得更多的投资收益，而风险管理本身就是围绕着项目投资决策中的选择、实施和监督等过程中对各项风险因素进行的分析，从而提出有关规避项目风险的管理模式。项目的风险管理是对项目的外部经济环境和企业所处的内部环境进行风险因素分析，该过程是项目投资决策的重要依据，风险管理对于风险的评估和投资过程中风险与收益的判断及风险的限制要求，是社会资本方进行 PPP 模式养老项目投资决策中的标准，也是对项目投资的有效保障。

2. 风险管理伴随项目投资的始终

有学者分析认为，任何投资项目都是有风险的，或者说项目营利性是不确定的。营利性的不稳定性来自以下原因：一是在项目整个寿命期限内，未来经营现金流入发生非预期的变化；二是在项目整个寿命期限内，资本成本会发生变化；三是项目的相关产品的寿命可能短于预测；四是政府对现存法律的修改和颁布新的强制性规定；五是通货膨胀、经济衰退；等等（涂必胜，2019）。项目的风险伴随投资活动的始终，因此，投资活动在进行的过程中也伴随着社会资本的风险管理。为了降低和分散投资决策过程中的风险，保障社会资本的安全，企业在项目投资的不同阶段，不断地对各项风险进行分析，通过权衡各种机会成本和收益，保证投资的有效性。在 PPP 模式养老项目的投资过程中包含诸如政治风险、法律风险和经济风险等，系统化的风险管理模式可以较大程度地降低投资者所面临的风险，目前，国内不少 PPP 项目在进行投资决策时仍然存在较为主观的意念，缺乏对风险因素的客观评价，对风险估计严重不足，从而造成不少 PPP 模式项目难以落地。所以，有效的风险预测是风险管理的前提，可以避免项目投资决策的随意性，充分的风险预测有助于提高社会资本方的风险意识，从而保证决策的科学性。

3. 投资决策需要科学的风险管理

PPP 模式养老项目投资决策的实施需要投入大量的资源和资金，由于 PPP 项目的长周期性，这对社会资本方而言在投资决策初期就需要考虑各种项目风险。通过对项目风险进行系统化的优化，对项目的内外部风险进行科学、客观的分析，制定合理的投资方案。社会资本方制定的投资决策方案需要符合企业自身的发展水平和资金实力，在企业的资金、财务和内部结构上保证对 PPP 模式养老项目进行投资，并将项目的最大风险控制在社会资本方的接受范围内，同时，社会资本方需要选择合适的风险评估指标，如内部收益率、投资回收期和盈亏平衡点等，通过科学的风险管理，从风险的识别、评估到分担等过程，为社会资本方参与 PPP 模式养老项目的投资决策和项目的长远利益提供决策。

三　投资定价决策理论

PPP 模式养老项目不同于市场上一般项目，它具有准公共产品的性质，因此，不能依据市场化定价方法来给 PPP 模式养老项目定价，而是需要综合考虑社会资本方、老年人群体和政府部门三者之间的利益均衡，在尽可能满足老年人支付能力的水平上实现政府补贴的最小化和社会资本方的收益最大化"三方合理"的目标。作为投资决策方的社会资本，需要考虑老年人的价格接受水平、项目的合理预期收益和政府部门给予项目的补贴等因素，从而选择是否投资该项目。图 2.2 是 PPP 模式养老项目投资决策中的一般定价流程。

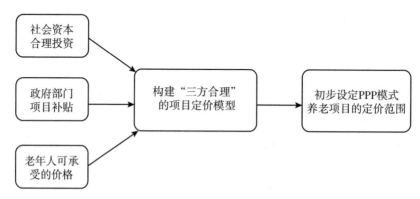

图 2.2　PPP 模式养老项目投资决策中的定价流程

（一）投资决策中的拉姆齐定价方式

拉姆齐定价方式是英国科学家弗兰克·拉姆齐在 1927 年提出来的，此后得到经济学家和经济工作者的广泛承认和接受。拉姆齐定价方式认为，如果一机构同时提供若干种服务，那么对于每一种服务的人应当作适当的调整，不能将所有的服务都等于其边际成本。如果该机构需要收回其全部成本，提供的两种服务中至少有一种服务的定价要高于相应的边际成本。但是，任何边际成本的偏离都会造成资源配置的效率降低（文华，2003）。

拉姆齐运用数学原理与模型研究自然垄断领域的产品定价问题，其主要内容包括：在基于边际成本定价法企业亏损的情况下，通过制定一个偏离的价格使得企业至少能够达到盈亏平衡点，而价格的偏离程度取决于该产品的需求弹性绝对值大小。若该产品的需求弹性越大，则偏离度就越小，反之，偏离度就越大。以上方法得出的一组价格就是拉姆齐价格，也被称作次优价格。

　　拉姆齐定价方式是尽量在少影响产品资源配置效率的情况下使企业不亏损，因此，该定价方式在项目的投资决策中得到了较为广泛的运用。在基础设施领域的 PPP 项目中，投资决策方通过拉姆齐定价方法对用户实行递增价格阶梯，既满足了普通用户的基本使用数量，也让多用者多支付，该方式有利于弥补社会资本方在边际成本价格水平下的亏损。但是，基于 PPP 模式养老项目的具体情况，无法对老年人使用者制定依据服务需求的增加而设计递增的价格。

（二）投资决策中的弱激励定价方式

　　基于产品成本的定价方式是一种弱激励定法方式，当成本在价格中占有较大比例时，企业就会有扩大项目投资、增加生产规模等计划。基于成本的定价方法主要包括边际社会成本定价法和两部制定价法。

　　1. 投资决策中的边际社会成本定价法

　　在福利经济学中，价格被视为一种资源的分配方式。监管者认为价格制定的最终目标是达到社会福利最大化，而不是生产者福利最大化。所以，在不考虑盈亏平衡点的情况下，社会福利最大化的定价方式是边际成本定价法，在将外部性等因素纳入定价约束条件下，则是边际社会成本定价。边际社会成本定价法可以保证所有项目外部成本内部化，最大限度地减少产品的负外部性。

　　但是，政府部门和社会资本方在对项目的价格进行制定时，由于 PPP 模式养老项目的法律依据、优惠补贴和市场需求等多方面的原因，难以达到预期的社会收益和企业收益，导致项目的投资决策方难以按照该定价方式对项目进行定价和投资。

　　2. 投资决策中的两部制定价法

　　两部制定价方法是公共定价中广泛运用的一种定价方法，它是以收支平衡为条件，实现经济福利最大化的定价方法。其价格由两部分组成，一部分是以进入费征收的固定费用，另一部分是以边际成本为依据征收的从量费用（又称商品费用）（丁浩，2006）。

　　两部制定价法是为了解决边际成本定价法在实际项目操作中难以定价的不足。在项目中，若采用边际收益等于边际成本的垄断定价方法，企业的利润是最大的，但是，消费者损失了部分剩余价值；若采用边际成本与需求曲线相交时的定价，剩余价值可以达到最大化但是企业由于低于平均成本水平生产则处于亏损的状态。两部制定价法原理是先向消费者收取一部分项目的固定费用，再依据消费者的消费数量收取一定的变动费用，通过"固定成本+变动成本"的定价方式使企业的经济利润为零。该定价的方法的优势是让企业的固定成本可以被使用者平均分配，变动成本可以按使用数量平均分担，从而实行了市场二级价格歧视，最终增加了企业的利润并使得社会剩余的最大化。

在 PPP 模式养老项目的投资决策中，两部定价法通过将项目的固定资产投资分解成固定的单价部分，而运营成本及其他相关成本则被分解为变动的单价部分。在固定成本占有较大比重的项目中，该定价方法可以保证投资方的固定成本的回报，同时变动成本部分获利的风险也在减小。因此，两部制定价法在 PPP 模式的基础设施项目投资决策中被较为广泛地使用。

（三）投资决策中的强激励定价方式

由于传统的边际成本定价法存在信息不对称，监管部门难以完全掌握企业的成本、供给和需求等方面的各类信息，从而可能发生逆向选择和道德风险等问题。随着委托代理、博弈论和信息经济学等学科理论的研究不断发展，自然垄断的公共产品定价规制及方法有了进一步的发展，因此，通过市场化的强激励规制要求政府部门在给企业施加竞争压力的同时也给予企业一定的激励。通过正反两方面激励企业降低成本和提高经营效率，保障社会公共福利的同时提升企业的经营效率。强激励方式包括：竞争性采购、区域比价和价格上限方法。

1. 投资决策中的竞争性采购方法

竞争性采购是指企业进入自然垄断的行业时，政府部门通过竞争性采购的方式引入市场竞争，激励各家企业在提交方案时进行多家比价，最终有利于政府选出最具性价比的企业。竞争性采购的竞争激励分为三个阶段：一是参加竞争的企业为了获得项目合同而根据自身的技术、成本等因素而设定最低的项目利润；二是在项目的预成交公示期间，参加竞争的企业之间主动监督预成交企业的项目报价，对其中不合理的地方提出异议以保证社会的公共利益；三是在项目成交后，中标企业为了维持自身的垄断地位和未来合作的基础，将会和潜在的竞争对手进行竞争。通过以上方式，政府可以破解信息不对称等难题，有效防止企业通过垄断市场地位来获得高额利润行为的发生。

在 PPP 模式养老项目投资决策中包含了五种项目采购方式，分别是公开招标、邀请招标、竞争性谈判、竞争性磋商和单一来源采购，前四种属于竞争性采购方式。目前，部分 PPP 项目通过竞争性采购的方式节省了政府部门的项目支出费用，同时也获得了良好的项目效果。

2. 投资决策中的区域比价方法

区域比价方法主要适用于同一行业但是所属区域不同的项目进行比较，根据不同的区域将企业划分为最优绩效、次优绩效或平均绩效等级别，通过激励企业通过管理优化、技术创新等方式提升自身的效率，获取区域内的相对优势地位。虽然区域的比价存在差异，但仍支持总体上的合理比价水平。该方法对于 PPP 模式项目的投资决策方来说可以规避信息不对称等因素带来的各种问题。虽然同一行业在不同区域由不同的企业提供，但是在信息化大数据时代，不同企业的绩效水平将会被分成各项等级，因此，该方法有利于投资决策方选择不同类型的项目中最为合适的项目。

3. 投资决策中的价格上限方法

价格上限方法是指通过政府部门和企业间的价格契约，设置产品的上限价格，企业可以在上限价格水平以下进行任一水平定价，旨在防止企业追求过高的利润，从而使消费者遭受损失。RPI-X 模型也即 $P_T = P_{T-1} [1 + (RPI-X)]$ 作为最为常用的一种价格上限定价表述方式，其中，P_T 作为产品的本期价格上限，P_{T-1} 为产品上一期价格的上限，RPI 指零售价格指数，X 指生产率的增长率，若 RPI-X 为正数，企业的最高价格为该数值，若 RPI-X 为负数，企业需要降价的幅度为该值的绝对值。基于该种定价方法，企业会自发提高其生产效率和经营效率，同时，社会的公共利益也可以得到保证。但是，PPP 模式养老项目的投资决策方可能会将产品价格制定为价格的上限基准水平，同时，地方政府出于社会舆论的压力和社会的公共利益等方面的考虑，可能难以允许 PPP 模式养老项目的投资决策方运用该方法对项目进行定价，所以，目前阶段在项目的投资决策中较少运用价格上限法。

四　投资融资决策理论

（一）MM 融资理论

1958 年，美国学者莫迪利安尼和米勒在《美国经济评论》杂志上发表论文"资本成本、公司财务与投资理论"，此理论被命名为 MM 理论（吴维海，2019）。在 MM 定理基础上发展起来的理论被称为现代财务理论，也称为 MM 融资理论。该理论提出，如果资本市场在充分竞争的条件下是可以进行自由套利的，市场上替代投资机会的收益率与个人融资的成本相同，在无企业所得税和交易成本的情况下，相同投资所需要的资金数量，无论是采用发行股票或企业债权融资的方式，两种融资方式的成本都是相同的，企业股票的市场价值不会因为融资方式的不同而改变，企业的当前价值等于投资产生的未来所有现金收益流量的现值。该理论以新古典经济学一般市场均衡方法为框架，全面和系统地论证了项目融资方式对投资决策的可能性，这种将新古典经济学的分析方法和分析技术应用到企业财务领域的思路，为现代财务理论打下了基础。而传统的财务理论是建立在新古典经济学的企业理论基础上，给定企业净现金流量或给定融资方式与投资现金流量无关的前提下，主要探讨了不同的证券对现金流的分配方式是否影响企业的价值。传统的财务理论是给定投资条件，因而忽略了不同融资方式所代表的不同分配方法对企业现金流量的可能影响和融资方式对项目投资决策的影响。

（二）企业投融资决策互动理论

自 20 世纪 70 年代以来，企业融资理论有了较大程度的发展，从信息不对称、代理问题和不完备契约的基础上推演出众多相关的研究成果，这些成果表明，企业的融资方式对企业投资决策后的收益都会产生不同的影响，究其原因，融资的方式选择影响了企业的利益相关者行为，从而提高了项目效率或破产概率。企业的融资方式会影响投资者的动机和信心，进而影响企业融资方式的成本。合理的融资方式可以降低企业的代理冲突，提高企业的投资决策效率。

1. 投资决策中的股权融资

股权融资体现在股东拥有企业的声誉索取权和控制权，股东通过投票选举出董事会，再由董事会选出企业管理者来管理日常的经营和决策。合理的股权融资方式具体表现为股东性质及股权集中度的合理安排，从而提高融资的治理效率，减少代理问题，改善企业投资决策效率并提高企业价值。学者何金耿研究表明，国有控股股东企业，其投资对现金流存在较为显著的依赖性，由于"机会主义"动机的存在导致其过度投资的行为；而法人控股企业，当控股股东比例在 43%—73% 时，企业的投资决策受到融资约束的影响，投资与现金流存在显著的相关性，企业可能会表现为投资不足。在股权融资中，监督成本与股权集中度呈反比关系，达到一定程度股权集中度的分散性股权机构和垄断性股权结构对于降低非效率的投资决策行为最为有效（何金耿，2001）。

2. 投资决策中的债务融资

1981 年，学者 Stiglitz 和 Weiss（1981）发表文章认为，由于市场信息的不对称性，债权资本市场上可能会发生需求大于供给的信贷配给现象。而在现实中，即便是企业愿意接受资本借贷市场银行开出的贷款利率和非货币等融资条件，银行仍然会拒绝向这些企业贷款。在借贷市场存在信贷配给现象时，PPP 模式养老项目中的社会资本方面临较高的投资决策风险，因为难以为项目筹集到足够的资金，从而影响项目决策。

负债融资是市场经济条件下企业筹集资金的必然选择。但是这种筹资方式，在给企业带来巨大效用的同时，也会带来一些潜在的风险。一般认为，企业只有在最佳的资本结构下，才会实现其价值的最大化（赵林如，2019）。当企业通过发行债券的方式获得所需项目资金时，企业股东、内部管理者和外部债权人之间形成了基于负债契约上的委托代理关系，在这种关系中存在各方的利益冲突，股东可能从事损害债权人利益的不良行为，导致代理成本发生道德风险行为。由于负债融资而产生股东的道德风险行为主要表现为：一是将债权人的利益转移到股东手中；二是过度的企业负债。以上两者都会造成企业的非效率投资决策。

PPP 模式养老项目的负债融资对于项目的投资决策方来说是利弊兼备，弊端是负债融资会产生信息成本和代理成本从而降低投资决策的效率，优点是负债融资的方式可以减少信息不对称下的逆向选择问题的严重程度，缓解企业利益相关者之间的利益冲突，由于债务契约迫使管理者在未来支付现金还款，从而减少了管理者对资金随意使用从而使其有效地使用资金，进而提高社会资本方的投资决策效率。

五　投资收益决策理论

（一）投资收益决策理论的发展

投资收益决策理论的发展可以分为代表其三个发展阶段的理论：传统的静态投资决策理论、现金流贴现理论、实物期权理论和期权博弈理论。

1. 传统的静态投资决策理论

传统的静态投资决策理论主要包括静态投资回收期法和会计收益率法。静态投资回收期法是指项目建成后，以项目每年净收入收回项目全部投资所需的时间为期限。它是将项目的投资额与项目投产后的收益额进行简单的比较，以求得偿还投资项目总投资额所需要的年限。可以按达产年的净收益或累计净收益进行计算（刘燕，2013）。

会计收益率法是指项目投资的平均净收益与项目投资总额的比率，需要与项目投资主体的期望收益率进行比较，通常较高的会计收益率方案会被选择。静态投资决策方法虽然简单易用，但是，其没有考虑到项目资金的时间价值和投资风险价值；当备选方案的原始投资、有效期限及净利润总额均相等时，所计算的会计收益率相同，则无法判断方案的优劣，故而也许会忽略最佳的方案（徐光华，2013）。因此实用性受到限制。

2. 现金流贴现理论

在资产估值方法中及很多项目可行性研究报告中，都需要对投资成本与收益进行分析，对于金融资产（包括投资项目）进行估值以确定投资可行性。现金流贴现方法是动态投资决策中的主要方法，被认为是最客观和最科学的方法（蓝裕平，2015）。在该方法上发展起来的决策树和蒙特卡罗模拟法也都属于动态投资决策法。现金流贴现法主要包括动态投资回收期、净现值和内部收益率等方法。动态投资回收期以静态投资回收期为基础，将项目的时间价值纳入考虑的范围，利用该方法，若项目持续时间小于基准回收期，则方案可以被接受，否则，给予拒绝。净现值方法需要首先拟定项目折现率，并将项目存续期间内各计算期的现金流折算为基准年后进行累加，最后得到项目的净现值。净现值本质上是同一时点上的总现金流量，若总现金流量大于或等于零，方案盈利，否则方案亏损。因此，当多个项目方案进行对比时，净现值越大的方案相对越好，资金的使用效率较高。内部收益率是指项目净现值为零时的折现率，随着折现率越来越大，净现值将会不断减小，当折现率增加至某一个值时，项目的净现值为零，此值为内部收益率。利用内部收益率指标作为项目投资决策评价时，若大于或等于基准折现率，项目可行，反之，项目不可行。

动态投资决策的方法以静态投资决策方法为基础，综合考虑了项目资金的时间价值和项目在存续期间的全部收入与支出等因素，弥补了静态投资决策方式的不足，是一种更符合市场经济客观规律的投资决策方法。

3. **实物期权理论和期权博弈理论**

实物期权理论来源于金融期权理论，用以描述对未来的选择权。现代金融期权理论创立者是美国学者罗伯特·默顿与迈伦·斯科尔斯。金融期权是一种权利的交易。在期权交易中，期权的买方为获得期权合约所赋予的权利而向期权的卖方支付的费用就是期权的价格，也称权利金，它同时也是卖方承担义务所获取的报酬（何铁林，2010）。1977 年，Stewart Myers 把实物资产而非金融资产作为标的资产，将金融期权理论应用到实物投资领域，将投资机会看成是一种"增长期权"。此后，该理论的研究发展迅速，包括单个实物期权、复合期权和战略期权等理论。

期权博弈理论是在采用期权定价理论思想方法基础上对包含实物期权的项目价值进行估价的同时，利用博弈论的思想和建模方法，对项目投资进行科学管理决策的理论方法（吴仁群，1985）。Smets，F. R. 在 1993 年首先将博弈论和实物期权方法综合，建立了在不确定条件下的对策双头垄断期权博弈模型。在项目的投资决策中应用实物期权法需要满足三个前提，即投资项目未来收益不确定、投资成本具有沉没性和执行的灵活变动性，但是，由于实物期权法忽略了行业间竞争等因素，因此难以在市场竞争的环境中调整投资决策策略，而期权博弈理论是实物期权和博弈论相结合的理论，可以较好地弥补以上不足，使得项目的投资决策更加科学。

（二）PPP 模式养老项目的投资收益分配模型

PPP 模式的养老项目的收益分配模型一般有两种形式：固定支付型和产出分享型。固定支付型指的是公共部门和社会资本在项目的前期通过谈判等形式对其可能存在的风险种类、风险大小、各方出资的比例等因素进行综合考虑，公共部门和社会资本在最终达成对项目收益的合作同意的意向且需要在合同中体现，这种收益分配模式表明，公共部门在项目的后期会根据项目的具体情况给予社会资本方一定的收益作为项目的回报。因此，在项目的收益回报可以确定的情况下，社会资本方因为在项目的后期其所承担的风险也较小，所以这种利益分配模型对于社会资本具有较大程度的吸引力。但是，这种收益分配模型也有其不利之处，由于项目的利益分配模式已经确定，在项目的中后期阶段社会资本方可能会缺乏激励而降低对项目服务、质量、技术等方面的推进作用，最终不利于项目目标的实现。

产出分享型也被称作风险产出型，该分配模型在项目的前期对于项目的收益没有给出固定的分配比例以及收益额，而是规定项目的参与方在项目进行的过程中，共同创造更大的效益从而使 PPP 模式的养老项目总体收益最大化。在产出分享型的过程中，项目的收益最终需要按照参与方所承担的风险比例和项目的创造值来进行测算。这种方式可以有效地提高参与各方的积极性，发挥社会资本的优势，提高 PPP 模式养老项目的经营管理水平。但是，PPP 模式的养老项目具有投资周期长、投资金额高、投资回收期长等特点，所以，在大多数 PPP 模式的项目中，政府一般都会设定项目为产出分享型的收益分配模型。

第三节　PPP 模式应用于养老项目的理论

一　PPP 模式的基本类型

PPP 模式的本质是政府和社会资本之间形成的一种合作治理关系。现有的 PPP 模式的分类方式将其分为外包类、特许经营类和私有化类。外包类是指政府部门付费委托社会资本方代替其设计、建设、运营和维护公共服务项目；特许经营类是指政府部门将拟建的基础设施或者公共产品项目，通过授权社会资本在特定的期限内完成项目的设计、融资、建设、运营和维护，社会资本通过向用户收费来获取收益，在项目的合同期限内，政府部门和社会资本共同承担项目的风险，在合同结束后，社会资本方需要将项目移交给政府部门；私有化类是指政府部门和社会资本通过双方的契约关系，将某个公共服务项目所有权永久性地转化为社会资本所有的一种形式。

PPP 模式的项目合作内容仅限于公共基础设施和公共服务领域，同时，还应该满足以下条款：政府部门和社会资本方的平等合作伙伴关系、长期稳定的运营期限、项目风险共担、项目具有实际的运营现金流和有效的付费机制。表 2.2 是笔者根据以上条件，参考以往学者的研究成果（卢明明，2018），对 PPP 模式各类型进行对比分析所形成的分类表。

表 2.2　　　　　　　　　　　PPP 模式的分类

PPP 类型		概念
外包类	服务外包	政府部门支付一定的费用委托社会资本代为提供某项公共服务等
	管理外包	政府部门支付一定的费用委托社会资本代为提供某项公共设施的管理等
	DB	政府部门支付一定的费用委托社会资本设计并建造某项公共基础设施等
	DBMM	在 DB 模式的基础上，社会资本需要增加对基础设施的维护责任等

PPP 类型			概念
外包类		O&M	政府部门委托社会资本方经营并维护某项公共基础设施，基于社会资本的经营绩效给予其相应的报酬等
		DBO	政府部门拟建设的某个公共基础设施或服务项目，授权给予社会资本负责设计、建造和经营等，依据社会资本的经营绩效支付相应的报酬，在项目的合同存续期间，政府部门负责项目的投融资，合同期满后，项目运营权移交给政府
特许经营类	BOT	BLOT	政府部门将拟建设的某个公共基础设施或服务项目授权给予社会资本在一定的期限内融资、投资、建设、运营和维护该项目，社会资本通过向用户收费来获得收益
		BOOT	
	TOT	LUOT	政府部门将已经运行的项目在合同期移交给社会资本，并从社会资本出一次性相当于项目在期限内的现金流量的资金，项目经营期到期后，项目移交给政府
		PUOT	
私有化类	完全私有化	PUO	社会资本新建或购买已有的某项公共基础设施并进行改造和经营，社会资本拥有该项目的永久所有权，政府部门监督社会资本的合同中公益性条款
		BOO	
	部分私有化	股权转让	项目所有权的部分转让，主要由政府部门控股等
		合资建设	政府部门和社会资本合资建设，主要由政府部门控股等

2017 年 11 月 10 日，财政部向各省发出《关于规范政府和社会资本合作（PPP）综合信息平台项目库管理的通知》（财办金〔2017〕92 号），要求进一步规范政府和社会资本合作（PPP）项目运作，防止 PPP 异化为新的融资平台，坚决遏制隐性债务风险增量。严格新项目入库标准，对新申请纳入项目管理库的项目进行严格把关，优先支持存量项目，审慎开展政府付费类项目，确保入库项目质量。以下三种项目不得入库：不适宜采用 PPP 模式实施，前期准备工作不到位，未建立按效付费机制。集中清理已入库的以下五种项目：未按规定开展"两个论证"，不宜继续采用 PPP 模式实施，不符合规范运作要求，构成违法违规举债担保，未按规定进行信息公开①。

政府部门对 PPP 项目库的清库和整改体现了我国对 PPP 模式的定义以及分类的进一步规范和细化。依据上述通知，在表 2.3 中符合 PPP 内涵

---

① 财政部：《关于规范政府和社会资本合作（PPP）综合信息平台项目库管理的通知（财办金〔2017〕92 号）》，财政部政府和社会资本合作中心网站。

的模式主要有五类，分别是：O&M、DBO 、BOT、TOT 和部分私有化。其中最为常见的是 BOT 和 TOT 两种模式。

表 2.3　　　　　　　　　　　PPP 模式各类型的特征对照

类型			平等合作伙伴关系	长期稳定的运营期限	风险共担	实际的运营现金流	有效的付费机制
外包类		服务外包	×	1—3 年×	×	×	×
		管理外包	×	3—5 年×	×	×	×
		DB	×	不确定	×	×	×
		DBMM	×	不确定	×	×	×
		O&M	√	√	√	√	√
		DBO	√	8—15 年√	√	√	√
特许经营类	BOT	BLOT	√	25—30 年√	√	√	√
		BOOT	√	25—30 年√	√	√	√
	TOT	LUOT	√	8—15 年√	√	√	√
		PUOT	√	8—15 年√	√	√	√
私有化类	完全私有化	PUO	×	永久√	×	√	×
		BOO	×	永久√	×	√	×
	部分私有化	股权转让	√	永久	√	√	√
		合资建设	√	永久	√	√	√

资料来源：郭洁：《PPP 模式在我国养老机构建设中的应用研究》，硕士学位论文，兰州交通大学，2018 年，第 13 页。

BOT 模式（建设—运营—转让）是 PPP 模式的养老项目中常见的一种社会资本参与养老设施建设并提供公共产品的模式。BOT 模式作为一种成熟的项目融资方式，其优点是能够降低政府的财政负担；政府部门可以避免大量的项目风险；组织机构简单，政府部门和项目公司协调容易；项目回报率明确，严格按照中标价实施，政府和项目公司之间的利益纠纷少；有利于提高项目的运作效率（王翌，2017）。

TOT 模式（移交—经营—移交）也是 PPP 模式的一种，是政府将已经建成投产运营的基础设施项目一次性地移交（出售）给投资方（私营企业）进行运营。当经营期届满时，投资方再将项目无偿移交回政府手中。在这种模式下，私营企业实质上是用私人资本或资金购买某项公共设施资产的全部或部分产权或经营权，在约定的时间内通过对该设施经营收回全部投资并取得合理的回报。TOT 方式通常不需要直接由私营投资者投资建设基础设施，因此避免了建设过程中产生的大量风险和矛盾，比较容易使政府与投资者达成一致（马瑞清，2017）。

二　PPP 模式养老项目的操作流程

（一）PPP 模式养老项目操作的基本流程

由图 2.3 可知，PPP 模式养老项目操作的基本流程，首先是政府部门委托第三方机构执行 PPP 模式养老项目前期的咨询工作，通过公开招标、邀请招标或竞争性谈判等方式选择合适的社会资本方中标，其次是社会资本方与政府部门授权的公司按比例出资共同成立 PPP 模式养老项目公司，项目的投融资、设计、建设、运营和维护等环节均由项目公司负责，政府

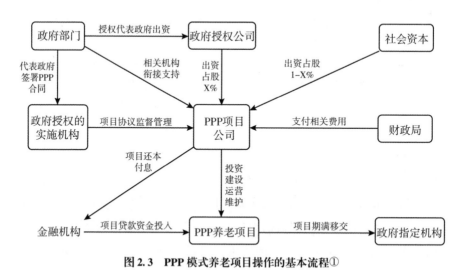

图 2.3　PPP 模式养老项目操作的基本流程①

---

① 徐姣姣、徐炳生、邵卫国：《PPP 投融资模式下的操作流程的合规性分析》，中国经济出版社 2018 年版，第 116 页。

部门和社会资本方需要明确各自的权利与责任。在 PPP 模式养老项目的建设期间，政府部门依据政府授权的项目实施机构的委托，肩负项目行政审批、造价控制等的相关工作；在运营期内，政府授权的项目实施机构会对项目公司进行全面的监督管理，项目公司需要定期对项目设施进行维护保养；在项目合作期满后，项目公司需要将项目的剩余资产完好地移交给政府部门或者其指定的相关机构。

（二）PPP 模式养老项目的运作流程

图 2.4 显示，在 PPP 模式下，项目公司负责融资、投资、设计、建设、运营、维护和移交等工作，政府部门负责委托第三方机构对项目前期工作进行运作，在项目公司成立后将按照规定支付相关费用。

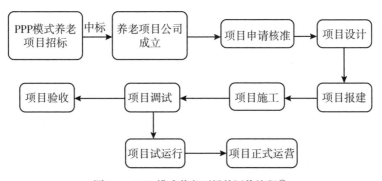

图 2.4　PPP 模式养老项目的运作流程①

PPP 模式的养老项目运作流程包含以下几个阶段：养老项目的确定阶段、招标阶段、合同谈判阶段、项目公司成立阶段、项目筹资阶段、项目建设阶段、项目运营阶段和项目移交阶段。PPP 模式的养老项目的前期工作包括投资人的选定、设计和建设条件的确认、资金来源等既可以采取协商的方式，也可以采用招标的方式，但是，对于大型的项目一般会采用招

---

① 徐姣姣、徐炳生、邵卫国：《PPP 投融资模式下的操作流程的合规性分析》，中国经济出版社 2018 年版，第 117 页。

标的形式选择投资人。PPP 模式养老项目运作流程大致包括以下 8 个阶段①。

1. 项目的确定阶段

PPP 模式的养老项目鼓励社会资本在项目方案的确定前提出相关建议，该模式的特点在于，政府部门在邀请标书时，只会提出项目的基本需要达到的要求，社会资本在满足基本的要求基础上，可以充分发挥自身的诸如管理、技术、服务等各种优势来设计具体而翔实的项目方案。政府部门首先需要委托咨询公司来进行项目可行性研究，确定项目的各项参数并将不同的方案进行比较，通过计算项目的社会效益以及项目的价格从而决定是否采用 PPP 模式。在确定采用 PPP 模式后，政府需要成立该项目的委员会或者委托一家机构来代表政府运作项目，其需要制定项目的建设计划和选择项目的发起人。若养老项目采用招标方式选择社会资本方，政府则需要委托咨询公司编制招标文件且项目初期的内容需要具有较强的指导性。

2. 项目的招标阶段

在项目获得政府部门的批准后，主管部门对不同的社会资本投标者进行综合全面的对比评价后，选择出最合适的投标者负责该项目。招标阶段主要分为四个步骤。

第一步，PPP 模式的养老项目社会资本方的登记。政府部门为了吸引更多具有实力的社会资本参与 PPP 模式的养老项目，通过多种渠道将项目的基本内容、标准和要求等公布，同时邀请社会团体对项目的设计、建设、管理和服务等方面提出有效的建议。

第二步，项目的社会资本资格审核。政府部门基于有意向的社会资本方的资质、方案等做出评价，确定邀请的正式投标者的名单，能入选正式投标名单的候选者一般都具备较丰富的项目经验、先进的技术或雄厚的资金实力。

第三步，项目的邀请投标过程。在社会资本方的资格预审完成后，政

---

① 以下内容主要参考徐姣姣、徐炳生、邵卫国《PPP 投融资模式下的操作流程的合规性分析》，中国经济出版社 2018 年版，第 116—122 页。

府部门则邀请其参与投标，同时，需要社会资本方按照招标文书中的项目具体参数提出详细的建议，其中，包括 PPP 模式的养老项目的设计标准、竣工日期、养老项目的价格制定、所能提供的产品服务及其水平、项目风险等。PPP 模式的项目标书的准备时间较长，一般在 6 个月以上，所以，社会资本方可以随时向政府委托的代表机构就项目的细节提问，而养老项目的投标人必须在项目规定的时间内提交投标书。

第四步，评标与决标过程。基于投标者的实力，政府部门为了达到其设定的效益最优水平，选择最优的社会资本方参与项目。一般情况下，有几个因素会着重影响评标标准：一是项目的折现率，在涉及资金使用方面，通常以资本的市场利率作为项目的财务费用来考虑；二是项目的税金，若以消费者所需要支付的价格为目标，税金被认为是一项费用，而以公共开支作为目标考虑时，税金一般不作参考；三是项目的风险转移情况，将项目风险由政府部门转移至社会资本方，若以政府部门的公共支出作为评价标准，比之于传统的政府投资的项目，PPP 模式的养老项目更具优势。

3. 合同的谈判阶段

经过决标后，项目中标者与政府部门就项目的特许权、权利和义务等内容进行全面的谈判。项目的特许权作为核心内容，其规定了 PPP 项目公司具有的权利和义务，也决定了项目的投资风险和收益回报。政府方会指派经验丰富的人员了解 BOT 模式的养老项目的各项条例和细则，谈判人员具有较高的地位和较大的权力才能代表政府部门给予社会资本就项目条款一定的承诺，整个谈判的过程历时较长，涉及项目的各项内容。在 PPP 模式的养老项目协议签订之前，双方都需要花费大量的时间和精力起草合同，同时就相关的细节问题不断地进行谈判。若政府部门与项目的第一中标者难以达成协议，则可以转向第二中标者与之谈判，在双方谈判最终达成一致时，签订项目的合同和特许协议。

4. 项目公司成立阶段

在政府部门批准项目的合同后，政府将向中标人授予项目。中标人在接受项目后，需要在规定的时间范围内提交履约保证金。在特许权协议生效后，项目的中标人组建项目公司，组建项目公司的目的是需要有一个责任主体来负责项目的融资、设计、建设和运营等工作，前期的项目投标企业一般是由多个社会机构组成的较为松散的联合集团而不是一个独立的法人实体，所以不能独立承担民事法律责任。因此，PPP 项目公司的成立十分重要，不可或缺。

5. 项目筹资阶段

项目的筹资作为项目实施中的重要部分，由 PPP 项目公司负责，商业银行、政策性银行、金融机构等都是项目资金的重要来源，负责项目的社会资本方一般需要投入项目股本的 10%—30%，剩余部分将以无追索权或者有限的追索权来筹集资金。当然，项目的贷款人也需要项目的担保，除了政府给予项目的特许权等之外，通常还会要求社会资本将公司的股本都作为项目贷款的担保并取消赎回权，以此来降低贷款人的贷款风险。

6. 项目建设阶段

PPP 项目公司根据项目合同规定的要求，组织设计、采购和施工等工作。首先，项目公司组织相关机构对项目提供设计方案，委托建筑公司承保项目的施工。PPP 模式的项目建设一般按照固定价格承包项目的方式，项目工期提前完成可以获得奖励而延迟会遭到罚款。其次，PPP 项目公司为了防范项目的建设风险也会安排项目监理机构对项目建设的各个过程进行全面的检查。监理机构在工程建设完成，按照项目标准经过试运行后，项目将移交给 PPP 项目公司。

7. 项目经营阶段

社会资本在项目的经营阶段需要负责养老项目的各项内容，为老年人提供高质量的养老服务，营造良好的养老环境，该过程是社会资本获得收入、回收成本、偿还贷款的阶段。PPP 模式的养老项目运营方可以是项目公司自身，也可以是该项目公司的股东成员，在以上各方都没有运营经验和能力的条件下，项目公司还可以通过签订《运营维护合同》将经营工作分包给独立的具有丰富经验的运营商。一般情况下，项目的运营商在项目的前期就需要参与到项目的具体工作中，从设计阶段就应当提出自己的建议从而使项目在运营阶段可以实现较为合适的管理方式，在 PPP 模式的养老项目运营期间，运营商一般指派少数的技术和管理人员，同时在当地招聘以及培训工作人员来完成项目的运营维护工作，此外，运营商也可以将部分运营工作分包给当地有经验和能力的公司来运营。运营商除了对项目进行运营之外,还需要对各类设施进行妥善的维护和保养,因为 PPP 养老项目最终需要交还给政府部门,所以政府部门也会积极参与 PPP 项目公司与运营商签订《运营维护合同》的过程,监督双方的行事过程并提出政府部门的意见。

8. 项目移交阶段

在 PPP 养老项目的特许期到期后,项目公司依照特许权规定中的要求将项目的资产、维护基金和经营权移交给政府相关部门。如果 PPP 养老项目提前实现其全部的股本收益,项目的移交日期可以提前;如果出于项目的非股本投资者或者非项目公司可控制等因素导致的项目预期收入未达标,特许期可以适当延后。在 PPP 项目移交给政府后,政府部门可以委托原来的项目公司继续经营原有的项目,但是如果该项目公司已经不具有原来特许权协议中的各项权利,政府部门也可以寻找其他合适的公司经营该项目。项目的移交完成,标志着项目的结束。

(三) PPP 模式养老项目的参与主体及职能

PPP 模式养老项目的参与主体包括政府部门、项目发起人、项目公司和项目贷款人等 10 个主体,其具有的主要职能如表 2.4 所示。

表 2.4 　　　　　　　　PPP 模式养老项目的参与主体及主要职能①

编号	参与主体	主要职能
1	政府部门	项目特许权的授予、税收、土地政策、项目的非竞争的承诺等
2	项目发起人 (政府部门或社会资本方)	投资、组建 BOT 模式的养老项目公司
3	项目公司	融资、设计、建设和运营、维护养老项目
4	项目贷款人	项目的贷款提供
5	使用者	老年人用户

---

① 转引自徐姣姣、徐炳生、邵卫国《PPP 投融资模式下的操作流程的合规性分析》,中国经济出版社 2018 年版,第 123 页。

编号	参与主体	主要职能
6	项目建设材料原材料供应商	项目建设原材料的提供
7	项目工程承包商	施工建设、设备安装等工程服务
8	保险机构	分担项目的建设、运营阶段的部分风险
9	运营公司	受托管理项目的日常运营及服务
10	财务托管人	项目公司的经营现金流及合同权益的托管人

1. 政府部门

政府部门首先对养老项目进行识别判断，根据物有所值报告等材料决定是否使用 PPP 模式，将项目推广并吸引社会资本投标，与中标方组建项目公司并签订合同，给予社会资本方诸如特许权、土地使用权、税收优惠、贷款担保等政策，在 PPP 模式养老项目的融资阶段，政府部门提供项目的贷款担保协议帮助项目公司获得金融机构的贷款。虽然项目的特许经营权交给了项目公司，但是政府依然会对项目的各个阶段实行监督职能，在项目完成了预期的盈利后，将会收回项目。

2. 项目发起人

PPP 模式养老项目的发起人可以是政府部门也可以是社会资本，政府部门根据社会需要发起有利于社会发展的项目，社会资本方也可以基于其对市场的了解向政府部门提供新项目的建议和参考，有利于结合政府和社会资本方各自的优势。

3. 项目公司

社会资本方从政府部门获得 PPP 模式养老项目的特许权后，以独立的身份或联合其他的参与方组建项目公司进行融资、设计、建设、运营和维护工作，项目公司在特许期内接受政府部门的全面监管，通过经营提供给老年人优质满意的服务获得利润同时偿还贷款等债务，在特许期满之后，将项目公司归还给政府部门。

4. 项目贷款人

在对项目的计划全面了解及风险情况掌握的基础上，项目贷款人需要确认 PPP 模式养老项目的收入来源是否稳定以及能否达到合理的预期，以此来保证项目的收益可偿还其债务。贷款人也需要对政府部门给予项目的担保和其拥有的追索权进行考虑。

5. 使用者

PPP 模式养老项目的使用者是社会上的老年人群体，根据当地的经济水平及老年人的收入制定合理的养老项目的定价，为了保证项目的收入、现金流的稳定，政府部门一般情况下会与项目公司签订最低收入协议。

6. 项目建设材料原材料供应商

作为 PPP 模式养老项目的建设阶段的供应商，一般提供项目的建设材料如水泥、砂石、钢筋、燃料等东西，原材料供应商提供的建设材料的质量影响着项目的使用寿命。

7. 项目工程承包商

承包商通常是指承担工程施工及设备采购工作的团体、公司及他们的联合体。作为 PPP 养老项目的承建者，需要与项目公司签订工程承包合同，合同包括项目的设计、采购和施工，承包商可以作为项目公司的股东或其所属的企业。大型的工程承包公司在工程项目建设过程中可作为总承包商与业主签订总承包合同，承担整个工程项目的承建任务（刘勤，2018）。

8. 保险机构

保险公司通过提供 PPP 模式的养老项目的保险，对项目中的建设、运营、维护等阶段的风险进行分担，减小项目自身的风险，优化项目的风险管理。

9. 运营公司

受 PPP 项目公司的委托，按照双方签订的项目合同开展项目运营、维护等管理工作，同时，负责 PPP 模式养老项目的收费，实现项目的持续经营。

10. 财务托管人

作为财务托管人的信托银行，为了保护贷款人对 PPP 模式养老项目收益的合理分配，PPP 项目公司需要在银行设立信托账户，养老项目在满足项目的开支外，其余的收益需要汇入该银行的信托账户供偿还项目贷款①。

---

① 参考徐姣姣、徐炳生、邵卫国《PPP 投融资模式下的操作流程的合规性分析》，中国经济出版社 2018 年版，第 124—125 页。

本章小结

  本章从公共产品理论、项目区分理论和利益相关者理论三个理论阐述了 PPP 模式与养老项目的适用性问题。根据公共产品的定义，PPP 模式的养老产品具有明显的公共产品的特征，但是，同时又具有一定程度私人产品的属性，比如具有竞争性和排他性，所以，PPP 模式的养老项目被认为是属于准公共产品的一类项目。从项目区分理论中可得，PPP 模式的养老项目除了具有营利性以外，还包括了部分的公益性特征，因此属于准经营性项目，该模式的项目自身无法产生可以完全满足项目持续运营的现金流，所以需要政府部门提供一定数量的政府财政补贴来满足项目资金方面的需求从而维持项目的运营。利益相关者理论介绍了 PPP 模式养老项目中主要的利益相关者和次要的利益相关者，不同的利益相关者追求的效益也有所不同，其中，公共部门和社会资本的利益追求分别是社会整体效用最大化和私人效益最大化，老年人群体则侧重自身通过较少的资金付出而获得养老需求的满足，为了在同一个项目中协调不同的利益群体的目标，利益相关者理论为 PPP 模式养老项目的诸多参与方提供了良好的理论基础。基于以上的理论可知，PPP 模式与养老项目具有较高的契合性，相关的理论也为 PPP 模式的养老项目投资决策提供了理论基础。

  投资风险决策理论在识别并分析 PPP 模式养老项目风险的基础上，减小各种风险的发生概率，为 PPP 模式养老项目投资决策优化风险，实现政府部门、社会公众和社会资本多方利益最优化的前提下保证社会资本方的投资收益。投资定价决策理论表明政府部门对项目具有最终定价解释权，同时需要满足老年人消费者和项目的社会资本方的利益目标，只有给予养老项目合理的定价，才能激发社会资本对 PPP 项目建设和运营的积极性。在 PPP 模式项目中有固定支付型和产出分享型两种收益机制，固定支付机制是政府部门对项目所给予的固定金额支付，但是很难激励社会资本方最大限度地发挥出其自身的优势。而产出分享型机制则有利于激发社会资本方参与 PPP 模式的热情，从而与政府一起共同努力，实现项目的整体利益

最大化。项目的投资融资决策理论还表明，不同的融资方式会对企业结构
和决策产生重要的影响，因此，企业需要根据自身的能力和项目类别选择
合适的融资方式。

第三章 PPP 模式养老项目投资
决策的现状及问题分析

近年，随着我国经济的快速发展和人民生活水平的不断提高，传统的养老观念也有所改变，从居家养老的模式逐渐趋向机构养老服务，我国的老年人总数不断扩大，因此，养老服务市场需求巨大，前景也广阔。养老项目由原来的政府投资模式转变为政府和社会资本合作投资模式（PPP），并呈现较快发展的趋势；但是另外一方面，PPP 养老产品与服务供需不平衡，政府的财政收入难以维持现有的养老需求支出，缺乏 PPP 模式养老项目相关的法律、政策和文件。

第一节 PPP 模式养老项目的发展现状

通过对财政部和社会资本合作中心的全国 PPP 综合信息平台项目库的数据分析，发现我国 PPP 模式养老项目的发展现状具有如下几个特点。

一 全国的 PPP 模式的养老项目的数量和投资总额呈现区域发展水平的不平衡

从各省份的 PPP 模式养老项目来看，山东省、河南省、江苏省、陕西省、湖南省的项目总量最高，其中，山东省共有 20 个 PPP 模式养老项目，占该省 PPP 项目总数的 2.61%，此外，以上其他四个省份的 PPP 模式养老项目数量分别有 11 个、9 个、8 个、7 个；从各省份的 PPP 模式养老项目的投资额占本省 PPP 项目中投资额的比重来看，山东省、河南省、江西省、湖南省、江苏省的占比最高，分别是 3.60%、0.99%、0.94%、0.84%、0.72%。但是，目前阶段，上海市、海南省、重庆市、天津市等地依然没有PPP 模式的养老项目入库。从整体上来看，我国中部地区的 PPP 模式的养老项目入库数量较多，华北平原等地的项目入库数量较少（见表 3.1）。

表 3.1　　各省 PPP 模式的养老项目状况（截至 2019 年 11 月 30 日）①

地区	养老模式的 PPP 项目		PPP 项目		PPP 模式的养老机构占比 PPP 项目的状况			
	个数（个）	投资额（亿元）	总数（个）	总投资额（亿元）	个数（%）	排名	投资额（%）	排名
北京	1	1.97	68	2003	1.47	9	0.10	18
天津	0	0	52	2141	0	26	0	25
河北	1	6.21	388	6455	0.25	24	0.10	18
山西	2	1.47	389	3203	0.51	21	0.05	23
内蒙古	3	13.80	285	2554	1.05	12	0.54	8
辽宁	3	14.48	181	2017	1.66	6	0.72	5
吉林	2	11.02	173	2940	1.16	11	0.37	12
黑龙江	0	0	106	1011	0	26	0	26
上海	0	0	5	24	0	26	0	26
江苏	9	60.03	408	8375	2.21	4	0.72	5
浙江	4	6.24	512	9755	0.78	18	0.06	22
安徽	4	10.99	476	5194	0.84	16	0.21	14
福建	2	1.49	346	3432	0.58	20	0.04	25
江西	5	28.21	354	2991	1.41	10	0.94	3
山东	20	295.19	766	8197	2.61	3	3.60	1
河南	11	93.83	743	9489	1.48	8	0.99	2
湖北	3	6.30	419	6660	0.72	19	0.09	20
湖南	7	47.63	421	5639	1.66	6	0.84	4
广东	2	14.13	517	6373	0.39	23	0.22	13

①　数据来源：根据财政部和社会资本合作中心的全国 PPP 综合信息平台项目库相关数据总结。

地区	养老模式的 PPP 项目		PPP 项目		PPP 模式的养老机构占比 PPP 项目的状况			
	个数（个）	投资额（亿元）	总数	总投资额（亿元）	个数（%）	排名	投资额（%）	排名
广西	1	2	202	3035	0.50	22	0.07	21
海南	0	0	96	898	0	26	0	26
重庆	0	0	40	1570	0	26	0	26
四川	2	41.68	559	10077	0.36	25	0.41	11
贵州	5	22.12	521	12069	1.00	15	0.18	15
云南	5	19.17	474	11363	1.05	12	0.17	16
西藏	0	0	2	97	0	26	0	26
陕西	8	20.19	282	3844	2.84	2	0.53	9
甘肃	1	1.45	121	2977	0.83	17	0.05	23
青海	2	2.34	39	536	5.13	1	0.44	10
宁夏	1	5.08	47	796	2.13	5	0.64	7
新疆	4	7.44	385	6023	1.04	14	0.12	17
合计	108	734.44	7272	109263	1.49	—	0.67	—

基于 PPP 模式的养老项目的总体来看，PPP 模式的养老项目一般占各省的 PPP 项目总投资额的大约 0.67%，这说明其所占的比重并不大，属于一个新兴领域的项目，同时，政府和社会资本对该模式的项目持有相对谨慎的态度，还处于观望阶段。

二 PPP 模式的养老项目总量不高，个体项目的投资额偏低

目前，我国的 PPP 模式的养老项目还处于较为起步的阶段，项目的发展水平还在完善中。根据 2019 年 11 月 30 日的数据，全国的 PPP 项目入库的总数达到 7446 项，项目投资总金额达到 11.35 万亿元，其中，PPP 项目主要集中在市政工程（3773 项）、交通运输（1319 项）、生态建设和环境保护（917 项）、城镇综合开发（612 项）和教育（445 项），而 PPP 模式的养老项目只有 108 项，占全国 PPP 项目总数的 0.67%，PPP 模式的养

老项目总投资额为 734.44 亿元，占全国 PPP 项目总投资额的 1.49%。

表 3.2　　PPP 模式养老项目的投资额状况（截至 2019 年 11 月 30 日）①

投资额（亿元）	小于 1	1—3	3—5	5—10	10—20	20—50	50—100	大于 100
个数（个）	13	37	19	22	13	2	1	1
占比（%）	12.4	34.3	17.6	20.4	12.0	1.85	0.93	0.93

从表 3.2 所显示的 PPP 模式的养老项目投资额来看，大部分的项目投资额较低，超过 1/3 的项目投资额低于 3 亿元人民币，大约 80% 的项目低于 10 亿元人民币，投资额在 10 亿元人民币以上的只有 17 个，而超过 100 亿元人民币的项目只有一个。

三　PPP 模式的养老项目的执行率较高

PPP 项目按照基本的流程来看，分为识别、准备、采购、执行和移交 5 个阶段，具体在项目管理中可以细分为 19 项工作内容，每一个环节都至关重要。一般来说，从 PPP 项目的识别到签约需要历时半年左右，其中还会存在诸多的不确定性因素，所以 PPP 项目的落地，即进入项目的 5 个阶段中的执行阶段，中间的阶段都会充满挑战。

表 3.3　　PPP 模式养老项目所处阶段状态（截至 2019 年 11 月 30 日）②

项目所处阶段	准备阶段	采购阶段	执行阶段	移交阶段
项目数（个）	19	24	65	0
各阶段项目占项目总数比值（%）	17.59	22.22	60.19	0
项目投资额（亿元）	74.35	182.71	477.38	0

根据 PPP 模式的养老项目所处的阶段状态来看，其中，准备阶段、采购

---

① 数据来源：根据财政部和社会资本合作中心的全国 PPP 综合信息平台项目库相关数据总结。

② 数据来源：财政部和社会资本合作中心的全国 PPP 综合信息平台项目库。

阶段、执行阶段的数量分别为 19 个、24 个和 65 个，各自占 PPP 模式的养老项目的总数的 17.59%、22.22% 和 60.19%，处于准备阶段、采购阶段和执行阶段的项目投资额分别为 74.35 亿元、182.71 亿元和 477.38 亿元（见表 3.3）。总体来看，PPP 模式的养老项目处于执行阶段的数量比较多，也就是项目的落地率较高，处于其他阶段的项目数量也较为平均，整体发展态势较好。

四　PPP 模式的养老项目大多数集中在医养结合、养老业和老年公寓三大领域

从目前的 PPP 模式的养老项目投资领域分布状况来看，PPP 模式的养老项目大多数集中在医养结合、养老业和老年公寓领域，其中，医养结合项目最多，养老业项目其次，项目数量分别为 54 和 46 个，项目的投资额分别为 448.94 亿元和 216.64 亿元，而老年公寓项目只有 8 个，项目的投资额为 71.90 亿元，PPP 模式的养老项目集中度相对较高（见表 3.4）。

表 3.4　PPP 模式养老项目的投资领域分布状况（截至 2019 年 11 月 30 日）①

投资领域	医养结合	养老业	老年公寓
项目数（个）	54	46	8
项目投资额（亿元）	448.94	216.64	71.90

随着我国经济快速发展，老年人追求高质量生活水平和养老服务的意识和需求也不断增强。较于老年人只注重基本的衣食住行方面的基本需求，现阶段的老年人对于养老方面的要求也日益增长，养老服务的品质、环境都是需要着重考虑的部分，良好的服务可以为老年人提供不仅身体上同时也是精神上的慰藉。随着我国失能和半失能老人数量的急剧增长，对于医养结合、养老业服务的需求快速增长，政府作为保障民生的职能部门，必然会对 PPP 模式的养老项目提供力所能及的协助和支持。医养结合、养老业的 PPP 项目

① 数据来源：财政部和社会资本合作中心的全国 PPP 综合信息平台项目库。

是符合现在以及未来的养老模式，可以满足不同层次的老年人需求。

五　PPP 模式的养老项目周期较长

相较于传统的项目而言，PPP 项目的合同持续时间在 10—30 年左右，而 PPP 模式的养老项目的合同持续时间均超过了 10 年这个期限，在财政部全国 PPP 综合信息平台项目库中的 108 个养老项目中，大部分的项目均超过 20 年周期，超过 20（包含 20 年）年的项目比例占总项目的 80.54%，项目周期为 30 年的项目就有 42 个，占总数的 38.89%（见表 3.5）。

表 3.5　　**PPP 模式养老项目的周期统计状况（截至 2019 年 11 月 30 日）**[1]

周期（年）	项目数（个）	项目占总数比值（%）	累积比（%）	周期（年）	项目数（个）	项目占总数比值（%）	累积比（%）
10	6	5.56	5.56	22	7	6.48	43.54
12	1	0.93	6.49	23	1	0.93	44.47
19	1	0.93	7.42	25	13	12.04	56.51
15	7	6.48	13.90	26	1	0.93	57.44
16	2	1.85	15.75	27	1	0.93	58.37
17	1	0.93	16.68	28	1	0.93	59.30
18	3	2.78	19.46	30	42	38.89	98.15
20	16	14.82	34.28	35	1	0.93	99.07
21	3	2.78	37.06	50	1	0.93	0.93
总计				—	108	100	—

就 PPP 模式的养老项目而言，项目较长的持续时间为社会资本提供了项目建立长效机制和现代企业管理模式的机会，但是，也会为社会资本带来较高的风险不确定性，这对项目的定价以及调价机制有重要的影响，社会资本可能会寻求保险机构为其潜在的风险进行投保。

---

[1]　数据来源：财政部和社会资本合作中心的全国 PPP 综合信息平台项目库。

六 PPP 模式的养老项目的运作模式主要是 BOT 模式

BOT 模式是 PPP 项目运作中最为常见的一种模式,其包括建设—运营—移交三个过程,该模式是以政府和私人机构之间达成协议为前提,其最终产权属于政府。在 BOT 模式的养老项目中,运作方式是使用者付费的项目有 16 个,可行性缺口补助的有 42 个,而政府付费的项目仅有 1 个。BOT 模式的养老项目的项目周期普遍持续时间较长,合同持续时间为 20—29 年的项目有 21 个,30 年及以上的项目有 20 个。

BOO 包括建设—拥有—运营三个过程,是属于政府和社会资本之间永久私有化的一种合作方式,项目在合同到期后,项目的产权可以归属私人资本所有。在 BOO 模式的养老项目中,运作方式为使用者付费的有 22 个,可行性缺口补助的有 11 个,而政府付费的没有,由于 BOO 模式的最终产权属于私人资本,使用者付费的运作方式更适合对私人资本起到激励作用,同时,BOO 养老项目的项目周期大多数均为 20 年以上。

ROT(改建—运营—移交)、TOT(转让—运营—移交)、TOT+BOO、TOT+BOT 等模式的养老项目无论在数量上还是占据项目总数的比例上数值均较小,ROT 模式养老项目只有 1 个,TOT 模式的也只有 2 个,像 TOT+BOO、TOT+BOT 这种混合模式的甚至只有 1 个,这些模式的养老项目在投资额上也都比较小,现阶段还不具有参考价值(见表 3.6、表 3.7、表 3.8 所示)。

表 3.6 PPP 模式养老项目的运作方式与项目回报机制交叉表(截至 2019 年 11 月 30 日)

项目运作方式	回报机制					
	使用者付费		可行性缺口补助		政府付费	
	数量(个)	投资额(亿元)	数量(个)	投资额(亿元)	数量(个)	投资额(亿元)
BOT	16	240.22	42	199.17	1	0.15
BOO	22	119.97	11	54.35	0	0
ROT	1	1.97	0	0	0	0
TOT	1	3.40	1	14.10	0	0

项目运作方式	回报机制					
	使用者付费		可行性缺口补助		政府付费	
	数量（个）	投资额（亿元）	数量（个）	投资额（亿元）	数量（个）	投资额（亿元）
TOT+BOO	1	1.63	0	0	0	0
TOT+BOT	0	0	1	0.47	0	0
其他	4	25.10	7	76.94	0	0

资料来源：财政部和社会资本合作中心的全国 PPP 综合信息平台项目库相关数据。

表 3.7 PPP 模式养老项目的运作方式与项目周期交叉表（截至 2019 年 11 月 30 日）

项目运作方式	项目周期					
	10—19 年		20—29 年		30 年以上	
	数量（个）	投资额（亿元）	数量（个）	投资额（亿元）	数量（个）	投资额（亿元）
BOT	18	81.13	21	70.38	20	288.03
BOO	2	24.50	14	92.18	17	57.65
ROT	1	1.97	0	0	0	0
TOT	0	0	2	17.50	0	0
TOT+BOO	0	0	0	0	1	1.63
TOT+BOT	0	0	1	0.47	0	0
其他	1	3.86	4	16.14	6	82.04

资料来源：财政部和社会资本合作中心的全国 PPP 综合信息平台项目库数据。

七 PPP 模式的养老项目回报机制以使用者付费为主

表 3.8 显示，在财政部全国 PPP 综合信息平台项目库中的 108 个养老项目中，回报机制是使用者付费的有 45 个，可行性缺口补助的有 62 个，政府付费的有 1 个。依据 PPP 模式的养老项目回报机制与项目周期交叉表，一般情况下，项目的周期越长，使用者付费的可能性越大，比如，20 年以上的项目，使用者付费的项目数量和金额都是相对对高的，反之，项目的时间越短，项目则更偏向于可行性缺口补助或者政府付费机制。由于

项目的周期时间越长的项目其不确定性的因素较多，所以项目更加偏向于
选择使用者付费这种有利于持续经营的项目回报机制。

表 3.8　PPP 模式养老项目的回报机制与项目周期交叉表（截至 2019 年 11 月 30 日）

项目周期	回报机制					
	使用者付费		可行性缺口补助		政府付费	
	数量（个）	投资额（亿元）	数量（个）	投资额（亿元）	数量（个）	投资额（亿元）
10—19 年	3	26.47	18	84.84	1	0.15
20—29 年	19	87.46	23	109.21	0	0
30 年及以上	23	278.36	21	150.98	0	0
其他	0	0	0	0	0	0
总计	45	392.29	62	345.03	1	0.15

资料来源：财政部和社会资本合作中心的全国 PPP 综合信息平台项目库数据。

陈青松等学者认为，养老产业的发展可以划分为三个阶段，分别是老
龄化发展初期、老龄化发展中期和老龄化发展后期，而我国目前处于发展
中期阶段。我国的社会公共服务基础并不完善，养老市场化程度较低，随
着人口老龄化程度逐渐增加和老龄化人口迅速增长，对养老服务机构的需
求将快速增加（陈青松、唐琳、连国栋，2018）。

第二节　PPP 模式的养老项目投资决策所面临的问题

一　养老产品与服务供需不平衡

进入 21 世纪以来，随着我国城市化建设和工业化水平的发展，居民的
生活水平也迅速提高。在各个产业不断发展和完善的过程中，居民的生活
方式也渐渐改变，随着家庭结构的变化，原来的大家庭模式逐渐变为小家
庭模式，而家庭中子女的独立生活，则产生了大量不与子女生活的老年人

群体。根据民政部数据显示，我国城乡空巢的家庭超过 50%，其中，部分大城市的数值接近 70%，而农村的留守老人为农村老年人口总数的 37%，大约为 4000 万人。目前，中国是世界上唯一老龄人口数过亿的国家。至 2021 年年底，60 岁以上老龄人口为 2.67 亿人，占全国人口的 18.9%。其中 65 岁及以上人口为 2 亿人以上，占全国人口的 14.2%（王萍萍，2022）。国际上通常把 60 岁以上的人口占总人口比例达到 10% 或者 65 岁以上人口占总人口比重的 7% 作为国家或地区进入老龄化的标准，基于此标准，我国已经进入重度老龄化时代，而且呈现增速快、规模大、未富先老等特征。同时，据业内专家预计，到 2050 年我国老龄人口数将达到总人口数的 1/3 左右。以上数据表明，我国的养老问题异常严重。截至 2014 年年底，我国各类养老机构共计 3.3 万个，拥有养老床位 577.8 万张，老年人拥有床位数拥有率仅为 2.6% 左右，与发达国家 5%—7% 的床位拥有率数据相比差距较大（郝涛等，2017）。目前的数据显示，我国居家、社区和机构养老的人数比例分别约为 90%、7% 和 3%，但是专家的调查显示，希望入住养老机构的人数占总调查人数的 24.5%，说明对于我国的机构养老来说，这是一个巨大的市场（孟佳娃、韩俊江，2015）。从我国的现实情况看，一方面，养老业服务的供给与社会养老需求之间存在着巨大的差距，养老服务方式单一、服务质量与效率不高；另一方面，居家养老的成本居高不下，同时，社区养老和机构养老模式正在逐渐成为重要的养老方式，但仅仅依靠国家政府的财政支出难以构建完善的养老服务体系。

二　政府的财政收入难以维持现有的养老需求支出

政府对养老服务业的资金来源主要有中央和地方的公共财政支出、彩票公益金的收入等方式，其中，地方政府基本负担本地养老服务业的主要支出，超过了总金额的 95%，因此，地方政府财政压力巨大（郜凯英，2015）。根据胡祖铨的相关模型推算，每年需要在养老服务领域投资约 1000 亿元的人民币，而近年的公共财政支出中的老年福利支出和福利彩票的支出根本无法满足每年的实际需要。虽然"十三五"时期政府将总计投入 2908 亿元，年均 581.6 亿元，财政支持的力度明显加大，年均增长

18.2%。但是，公私合营下的养老产业还处于起步阶段，截至 2016 年 6 月 30 日，我国养老产业的投资总额为 1411 亿元，仅占公私合营模式下的项目总额 10.6 万亿元的 1.33%（胡祖铨，2015）。目前为止，很多的公私合营项目还处于项目的识别阶段，能够被执行的项目数量非常小。

根据国家统计局的数据，2018 年，国家财政收入为 183351.84 亿元，同比增长 6.2%，国家财政支出为 220906.07 亿元，同比增长 8.8%，其中，国家财政社会保障和就业支出为 27084.07 亿元，同比增长 10.05%，可以发现，该支出增长率是增长率较高的项目。最近七年的国家财政收支数据表明，养老服务业所从属的社会保障与就业支出在我国的财政支出比例中逐年上升，同时政府承担的压力也逐渐增大，在 2017 年已经突破 12% 的比例，政府目前阶段可以通过 PPP 模式减少政府在养老业中的财政支出供给，通过提高资金的利用效率，促进社会资源合理运用（见表 3.9）。

表 3.9　　　　2012—2018 年国家财政社会保障和就业支出占总支出的比例

（截至 2019 年 11 月 30 日）

年份	2012	2013	2014	2015	2016	2017	2018
国家财政收入（亿元）	117253.52	129209.64	140370.03	152269.23	159604.97	172592.77	183351.84
国家财政支出（亿元）	125952.97	140212.10	151785.56	175877.77	187755.21	203085.49	220906.07
国家财政社会保障和就业支出（亿元）	12585.52	14490.54	15968.85	19018.69	21591.45	24611.68	27084.07
国家财政社会保障和就业支出在总支出的比例（%）	10.00	10.33	10.52	10.81	11.50	12.12	12.26

资料来源：根据中华人民共和国统计局网站相关数据统计。

三　缺乏 PPP 模式养老项目相关的法律、政策和文件

改革开放以来，我国政府一直重视我国的老年人事业，1996 年，第八届全国人民代表大会颁布的《中华人民共和国老年人权益保障法》，这部

法律标志着我国第一次以立法的形式保护我国老年人的合法权益，使得我国的老年人群体的权益有法可依，得到有效的法律保证。随着我国经济快速发展，群众对多元化的美好生活需求日趋迫切，对公共产品及服务的品质提出了更高的要求，从而进一步推动了公共产品及服务市场化步伐。同时，各级政府与时俱进地出台了相应的扶持引导发展政策，大力鼓励社会资本积极参与公共产品及服务的供给，从而为构建新型公共产品供给模式，实现公私合作提供了政策保障。PPP 模式是市场经济的产物，具有充分的竞争性和更高的效率，是政府的体制与机制的创新。2015 年，国家财政部、国家发改委和中国人民银行发布了《关于在公共服务领域推广政府和社会资本合作模式的指导意见》，该意见指出了我国在医疗、养老、教育、水利、环境等公共领域采用 PPP 方式的必要性，强调了 PPP 模式是"公共服务供给机制的重大创新"，要求"构建保障政府和社会资本合作模式持续健康发展的制度体系"，规范"推进政府和社会资本合作项目实施"，并提供"简化项目审核流程""多种方式保障项目用地""完善财税支持政策""做好金融服务"的政策保障[1]。2017 年 6 月，国家发改委《关于印发〈服务业创新发展大纲（2017—2025 年）〉的通知》（发改规划〔2017〕1116 号）中明确提出："全面放开养老服务市场，丰富养老产品和服务供给，支持社会力量举办养老服务机构，重点支持兴办面向失能、半失能、失智和高龄老年人的医养结合型养老机构，鼓励规范化、专业化和连锁化经营。"[2] 同年 8 月，财政部、民政部、人力资源和社会保障部三部门联合颁布《关于运用政府和社会资本合作模式支持养老服务业发展的实施意见》，指出，"鼓励各类市场主体参与养老服务 PPP 项目，充分调动社会资本特别是民间资本的积极性，逐步使社会力量成为养老服务领域的主体。"同时强调，"重点引导和鼓励社会资本通过 PPP 模式，立足保障型基本养老服务和改善型中端养老服务"。

此外，我国法制体系的持续完善也为 PPP 模式的健康运行提供了有力

---

① 《国务院办公厅转发财政部发展改革委人民银行关于在公共服务领域推广政府和社会资本合作模式指导意见的通知》，《中华人民共和国国务院公报》2015 年第 16 期。

② 国家发展改革委《关于印发〈服务业创新发展大纲（2017—2025 年）〉的通知》（发改规划〔2017〕1116 号）。

的法律环境，诸如《中华人民共和国担保法》、抵押法律法规以及 PPP 项目的政策规范等。

PPP 所涉及的法律文本体系极其庞大，从近年国际实践来看，应对这种复杂情况的有效手段是推广合同的标准化，虽然 PPP 文本体系中诸多条款交织所形成的关系错综复杂，但是，这的确是维护公共利益并提高项目效率所必需的。目前阶段，我国 PPP 法律法规不健全。PPP 不仅是一种融资模式，还是政府与企业长达 20 年至 30 年的权利与义务的约定，因此需要科学合理的法律制度保证其健康发展。虽然发改委和财政部均出台了一系列的关于 PPP 的规范性文件，但是，目前存在的问题主要是：一是我国有关 PPP 项目的专门法律规范仍处于空白，现有相关立法对项目和社会资本方的保护不到位；二是现有 PPP 项目的相关规范性政策缺乏一致性。如国家发改委和财政部出台的相关文件之间的内容有不少冲突，缺乏统一的规范标准，造成项目约束力不足；PPP 项目的政策内容与现行的相应行业规范及标准也存在不同程度的冲突，很容易引发项目参与各方的利益冲突，从而妨碍项目的健康有序开展。因此，完善 PPP 项目的法制体系势在必行，只有这样才能够为 PPP 项目的顺利开展、有序运行保驾护航。

四 养老项目由原来的政府投资模式转变为政府和社会资本合作投资模式

据学者李璐研究发现，新中国成立 70 年来，我国养老业已经经历了四个发展阶段：新中国成立初期至改革开放时期是以城乡分割的福利制度与家庭养老为主；改革开放至 2000 年是社会福利社会化推动养老服务走出家庭；2000—2013 年社会养老服务体系明确居家、社区和机构三种养老模式；2013 至今养老服务业不断推动养老模式多样化（李璐，2019）。

我国养老业的发展初期，由政府支持的公办养老机构作为主体，政府对其进行投资设计、建设后交由政府的相关部门进行运营和管理，该模式的养老项目形式单一。随着我国老年人口总数快速增长和我国老龄化的程度不断加深，对养老机构的需求也日渐增长（康显，2018），养老项目属于准公共产品范畴，同时具有社会公益性强、收益率较低等特点，社会资本对该项目的建设积极性较低，因此理应由政府公共部门提供，但是，政府由于财政收支的不平衡，许多应由市场提供的商品和由社会负担的支出仍然由财政支出，这与市场经济要求不适应，也使得财政负担越来越重。近年来，政府不断统筹政府资源和社会资源，尤其重视发挥民间的力量来共同投入养老，并且出台了众多文件鼓励社会力量参与养老事业。2013 年民政部部长李立国表示，将通过政府购买服务、公办民营、民办公助等形式，逐步使社会力量成为发展养老服务业的主角。比如，2011 年 12 月，国务院办公厅下发了《关于印发社会养老服务体系规划（2011—2015 年）的通知》，通知指出，自 1999 年我国步入老龄化社会以来，人口老龄化加速发展，加强社会养老服务体系建设的任务十分繁重。为积极应对人口老龄化，建立起与人口老龄化进程相适应、与经济社会发展水平相协调的社会养老服务体系，要加强政府在制度、规划、筹资、服务、监管等方面的职责，加快社会养老服务设施建设。同时，需要发挥市场在资源配置中的基础作用，破除原有的行业界限，开放养老市场，通过采取公建民营、民办公助、政府购买服务、补助贴息等多种模式，引导和支持社会力量兴办各类养老服务设施[1]。到目前为止，在我国的一线城市已经有不少社会资本开始从事养老项目的运营，北京、上海、广州等城市出现了很多公建民营的养老机构（康显，2018）。

从上述政策与社会背景可以得出，由政府独立建设、经营的养老机构会面临后期财政资金紧张和服务供给有限的局面，而由社会资本独立承担的养老机构又会面临过高的前期投入成本的矛盾，所以，政府与社会资本共同合作，才是目前最符合现实的选择。

本章小结

本章对现阶段的 PPP 模式养老项目投资决策中的项目进行了较为全面

---

① 《国务院办公厅关于印发社会养老服务体系建设规划（2011—2015 年）的通知》，《中华人民共和国国务院公报》2012 年第 1 期。

的现状分析。在对 PPP 模式养老项目发展现状的分析中，发现我国的养老项目具有以下几个特点：一是项目的总数量和投资总额出现了区域发展水平不平衡；二是项目总数量较少和个体项目投资额较低，但是项目的执行率较高；三是 PPP 模式的大多数养老项目主要集中在医养结合、养老业和老年公寓三个领域，项目周期较长，其运作模式主要是 BOT 模式；四是项目的回报机制以使用者付费为主。此外，在养老产业的结构中出现了供需不平衡，政府方面现有的财政收入难以维持养老支出的情况。尽管如此，政府对于关乎国计民生的养老业依然出台了诸多促进 PPP 模式养老项目健康发展的政策和文件，我国的养老业也从原来的单纯的政府投资模式逐渐转变为政府和社会资本合作的模式。虽然目前 PPP 模式养老项目存在不少困难，但是应该看到我国的 PPP 模式养老项目自身具有巨大的优势，比如，具有良好的资金环境和专业的运营经验，同时老年人对养老也有着多元化的需求，因此，新型的 PPP 模式将会逐渐减少整个养老产业的综合投入成本。

第四章　PPP 模式养老项目投资决策的风险因素研究

通过综合几种较为有代表性的风险因素识别方法为 PPP 模式养老项目关键步骤提供坚实的基础。现阶段主流的风险识别方法包括但不限于项目风险核对表法、风险层级系统法、法律政策判别、案例风险因素分析法和文献调查法等。我们可以在对 PPP 模式养老项目全面分析的基础上将几种较为常用的风险评估方法进行比较，以便准确选择合适的风险评估方法。通过对武汉市社会福利院综合大楼 B 座 PPP 项目的分析，可以较好地说明政府部门承担的风险因素、社会资本承担的风险因素以及政府部门和社会资本共担的风险因素对 PPP 模式养老项目投资决策的影响。

第一节　项目的风险因素识别

对于不同项目的性质和特征，风险因素的识别方法也有所不同，PPP 模式养老项目现阶段普遍采用的风险识别方法是案例分析法和文献调查法。目前，财政部 PPP 综合信息平台的项目管理库共拥有 108 个养老项目的案例，这些案例可以为 PPP 模式的养老项目提供一定程度的风险识别方面的参考，但是，我国 PPP 模式的养老项目从 2014 年才开始实施，大部分的项目仍处于识别或者准备的阶段，而处于运营和移交阶段的项目数量较少，单纯地运用案例分析法难以较为全面地识别出 PPP 模式养老项目的全部风险（徐代忠，2017）。与此同时，我国为数不少的学者通过个别案例方法或基于项目实践中较为丰富的经验，分析并总结出了 PPP 项目的各类风险，虽然目前没有一种成熟的风险识别方法可以全面地获得 PPP 模式养老项目全面的风险因素，但是，通过运用不同的风险分析方法进行风险因素的统计和分析，仍然可以得到较为完整的风险分析清单。

除此之外，基于项目风险核对表法、风险层级和法律政策的风险识别的方法也是近年较为流行的项目风险因素识别法，本书拟采用以上几种方法来综合分析 PPP 模式养老项目投资决策中的风险因素，从科学的角度总结出 PPP 模式养老项目投资决策中不同阶段的各项风险因素。

一 基于项目风险核对表法的风险因素识别

由于目前阶段我国 PPP 模式的养老项目还处于起步阶段，项目的风险因素也较为复杂，而基于项目管理的风险研究则成熟和丰富许多。其中，PPP 模式的养老项目和项目管理具有较多的共同点，两者同样属于研究具体的一类项目，在风险识别方面具有诸多可以参考的地方。本书立足项目管理的基本风险因素研究，选取了有关 PPP 项目风险管理和养老 PPP 项目项目风险管理的 9 篇文献，总结并归纳出，总结并归纳出 PPP 模式养老项目存在于各阶的风险因素，具体是：准备阶段的风险因素、设计与建设阶段的风险因素、运营阶段的风险因素、移交阶段的风险因素和跨生命周期的风险因素，具体见表 4.1 所示。

表 4.1   基于项目风险核对表法的风险因素

风险类别	风险编码	风险因素	风险类别	风险编码	风险因素
准备阶段	R1	项目土地获取困难		R16	项目的配套设施的完善性
	R2	项目审批延误	移交	R17	项目移交的完整性
	R3	融资困难		R18	政府政策的变更风险
	R4	项目选址不当	跨生命周期	R19	法律风险
	R5	项目前期预算不足		R20	税收政策变更
	R6	合作伙伴选择失误		R21	利率的变动和通货膨胀风险

续表

风险 类别	风险 编码	风险 因素	风险 类别	风险 编码	风险 因素
设计 与建 设阶 段	R7	项目设计变更	跨生 命周 期	R22	公私双方权责分配不当
	R8	项目安全施工		R23	项目的协调
	R9	技术更新		R24	第三方违约风险
	R10	项目工程质量		R25	合约风险
	R11	项目建设延期		R26	不可抗力
	R12	适老化设施设计		R27	社会对于机构养老的接受程度
运营 阶段	R13	项目的市场需求不足		R28	项目特许期的变更风险
	R14	项目的同质化/唯一性		R29	劳资纠纷
	R15	老年人的意外事件		R30	项目周边环境

从项目管理风险核对表法中总结出 PPP 模式的养老项目可能具有的各项风险因素，接下来对具体的风险因素进行解释和分析。

(一) 项目的准备阶段

1. 项目土地获取困难 (R1)

PPP 模式养老项目的土地获取可能面临着土地获取的风险。2015 年 5 月，国务院办公厅转发财政部、发展改革委、人民银行《关于在公共服务领域推广政府和社会资本合作模式的指导意见》（国发办〔2015〕42 号）。明确了在公共服务领域推广 PPP 模式的工作要求，培育统一规范、公开透明、竞争有序、监管有力的 PPP 市场，着力化解地方政府性债务风险，新建项目逐步增加使用 PPP 模式的比例；鼓励广泛采用 PPP 模式，推动融资平台公司存量公共服务项目转型为 PPP 项目。意见指出，非营利性的医疗设施和养老服务项目，可以通过划拨土地的方式来给予项目供地，"划拨土地不得改变土地用途"；而营利性的养老服务项目可以通过租赁或者出让的方式来进行供地，"租金收入参照土地出让收入纳入政府性基金预算管理"。但是，我国的各种养老项目还处于起步阶段，对于项目是否是营利性难以界定。一方面养老机构获得土地的难度较大；另一方面养老PPP 项目的效果仍然不够明显，突出的表现是见效慢，不像交通运输、市政工程、环境保护等项目可以很快就带来明显的经济效益和社会效益（陈青松、唐琳、连国栋，2018）。同时，土地获取的审批时间可能较长等因素最终导致 PPP 模式养老项目延期。

2. 项目审批延误（R2）

PPP 模式的养老项目属于政府和社会资本共同合作投资的项目，项目采取审批制，主要的过程包括：项目的可行性分析、项目的设计报告和项目的建议书等，这些步骤的流程较长，在审批的过程中可能造成项目延误风险。学者王明吉和崔学贤研究发现，政府对 PPP 项目的审批延误造成的风险是由于政府运行的效率低下、不作为或者某些外部因素的反对使得政府在该 PPP 项目的审批方面不能有所作为所造成的一类风险（王明吉、崔学贤，2019）。

3. 融资困难（R3）

PPP 模式养老项目的规模普遍较大，项目的运营周期也较长，由于属于准经营项目，单纯地由政府出资或社会资本方的投资均无法满足项目的巨大的资金投入和需求。融资作为 PPP 模式养老项目正常运行的重要保障必不可少，而 PPP 模式养老项目的融资担保是项目本身的资产和未来收益，投资人对项目只拥有有限的追索权，所以对于投资人来说需要进行谨慎的项目评估，确保项目的安全性和收益性。项目的不确定性可能会给投资人带来风险，因此，PPP 模式养老项目的融资也可能不是一帆风顺的。

4. 项目选址不当（R4）

项目的选址由于是在 PPP 模式养老项目的建设之前，对于项目的整体性和合适性可能在项目初期没有考虑充分，区域选址上与城市的发展不匹配，就会存在居住、交通、通信、饮食、文化娱乐、基础服务设施配套不完善等问题（曹蕾、黄向向，2018），但是在项目的运行期间可能会逐渐显现，最终对项目的收益产生明显的影响。

5. 项目前期预算不足（R5）

PPP 模式的养老项目前期的测算包括但不限于服务价格、经营项目、运营支出和政府补贴等。由于项目前期预算出现偏差和经验不足，可能导致项目预算的准确性较低，造成项目前期的可行性分析与实际不符从而产生较大的误差，最终导致项目的收益没有达到预期要求。

6. 合作伙伴选择失误（R6）

政府作为 PPP 模式养老项目的主要风险承担者和项目的最终责任承担方，在选择各类合作伙伴时可能会因为对设计方、建设方和运营方等参与者的考虑不充分，没有选择最为合适的项目参与者，造成项目的合作没有达到政府和社会资本双方的优势互补。在不同的 PPP 合同中，双方的权利和义务以及风险分摊机制会有很大的差异。原则上，项目设计、建造、财务和运营维护等商业风险由社会资本承担，法律、政策和最低需求等风险由政府承担，不可抗力等风险由政府和社会资本合理共担（王增忠，2015）。

（二）项目的设计与建设阶段

1. 项目设计变更（R7）

广义的设计通常包含可行性研究、初步设计、施工图设计。但根据 PPP 相关法律政策规定，政府方或社会投资方（视哪一方为 PPP 项目发起方而定）应根据经批准的可行性研究报告编制及确定实施方案（对于一般性政府投资项目，可在可行性研究报告中包括 PPP 项目实施专章），因此在进入采购阶段以前可行性研究报告通常是必须完成的。通常单体 PPP 项目的设计范围包含：初步设计、施工图设计（刘飞，2017）。项目设计变更的原因包括成本、功能、设计方案失误等因素，为了能更好地完善 PPP 模式养老项目的开发，项目的设计可能也会随之改变，从而使项目的成本增加。

2. 项目安全施工（R8）

在项目施工期间，由于工程规模较大，安全事故可能发生，比如建筑物倒塌、意外事故和设备起火等都可能对 PPP 模式养老项目的建设产生影响，导致项目延期和成本的增加。而项目安全施工要求施工中没有危险、不出事故，不造成人员伤亡和财产损失。安全是为 PPP 项目质量服务，PPP 质量要以安全为保证。在 PPP 项目质量保持的同时，必须加强安全施工。

3. 技术更新（R9）

随着科学科技水平的不断提高，现有的科技水平难以满足未来的 PPP

模式养老项目中产品和服务的标准，目前，我国的 PPP 模式养老项目还处于初级阶段，设计、建设和运营标准都是依照现有的科技水平和标准制定的，但是，在可以预见的将来，社会经济不断发展，人们对更高科技含量设施要求越来越多，而养老服务的标准可能会随着社会发展水平不断提高，因此，项目的支出成本也有可能受到影响。

4. 项目工程质量（R10）

项目工程质量简称工程质量，这里是指工程项目实施过程中的实体质量。工程质量是指工程满足建设单位需要的，符合国家法律、法规、技术规范标准、设计文件及合同规定的特性综合。项目工程质量要求主要表现在适用性、耐久性、安全性、可靠性、经济性、与环境的协调性六个方面（庞业涛、郑小曼，2019）。项目的工程质量风险是指在建设过程中，由于 PPP 项目的监管、施工等问题造成项目没有按照标准建造，从而存在安全隐患，最终可能造成返工、维修等后果。

5. 项目建设延期（R11）

项目建设延期风险是指项目不能按时完工交付使用，从而对项目的整体运营产生影响，同时，可能由于项目建设的延期需要投入更多的建设资金，这些因素都可能对 PPP 模式养老项目造成重大影响。数据表明，项目的建设延期风险是 PPP 模式中导致项目失败的重要风险因素之一。

6. 适老化设施设计（R12）

适老化设施设计指以老年人的需求为中心，设计满足老年人身心需求的设施，为其饮食起居提供便利的服务，提升老年人的各种体验使其安度晚年，从而达到 PPP 模式养老项目的目标。反之，适老化设施设计得不合理，不能给老年人带来便利和满足感，则会影响该项目的市场需求最终影响其收入。

（三）项目的运营阶段

1. 项目的市场需求不足（R13）

项目在经过了准备、设计与施工阶段，进入了正式运营的阶段，但是，由于项目的实际市场需求与预计的市场需求有差异，造成实际的 PPP 模式养老项目的入住率低于先前的预期，项目的收益没有达到预期水平。

2. 项目的同质化/唯一性（R14）

由于同类项目的审批通过，该项目并不是唯一的 PPP 模式的养老项目，市场上出现了同类型的养老项目，例如，这些养老项目在设施设备、人员配备、膳食服务、医疗保健服务、生活照料服务、休闲娱乐服务之间的差异化变得越来越少，市场竞争也随之加大，该项目的收益也有可能难以达到预期。

3. 老年人的意外事件（R15）

由于老年人身体机能的衰老和退化，在养老机构生活时可能会发生各种突发事件和意外伤害，极大地损害了老年人的健康甚至生命，因此对于老年人的照顾需要小心和谨慎，但是，各种不可预知的老年人意外事件依然会给 PPP 模式养老项目带来诸多影响。

4. 项目的配套设施的完善性（R16）

PPP 模式的养老项目需要相关的配套设施共同完成服务老年人群体的目的，比如，除了基本的护理照顾老年人的服务之外，还需要相关的健身设施、室外活动设施、医疗设备、医疗服务和环境绿化景观等，这些设备设施共同为老年人群体提供了一个良好的养老环境。

（四）项目的移交阶段

1. 项目移交的完整性（R17）

PPP 模式的养老项目在经历了 20—30 年的经营期间后，各种设施设备已经出现了不同程度的老化和损坏现象，在未来的经营中可能会出现不能使用的情况。PPP 项目的特许经营中虽然规定了移交时必须保存设备的完整，但是，我国的 PPP 模式养老项目还处于初期阶段，没有此类的经验积累，目前难以建立完善的标准来防范其风险的发生。

（五）跨生命周期阶段

1. 政府政策的变更风险（R18）

政府为了促进 PPP 模式养老项目的发展制定了不少利好的政策，比如，给予各类资金补贴，特许经营期的设计等。但是，政府在不同时期可以根据宏观环境的变化而改变政策，这必然会影响到企业的经济利益。比如，一些鼓励项目发展的政策一旦取消或停止将会对 PPP 模式的养老项目造成重大的打击，甚至可能会使项目无法经营。

2. 法律风险（R19）

由于 PPP 模式出现较晚、PPP 模式养老项目出现更晚，因此目前阶段，与 PPP 模式养老项目适应的养老方面的法律依然不完善，与此相关的各种政策、法律变更、修订和废除都可能对项目造成不利的影响，而在项目合同中各项细节部分又是依附于现行各项法律的，所以，法律风险需要着重考虑。

3. 税收政策变更（R20）

税收政策作为取之于民用之于民的经济政策，对我国的经济发展起到了重要作用。国家为了促进我国养老产业的发展，制定了减税等优惠政策，但是现有税收优惠政策数量繁多，分散于不同的税收政策文件中，缺乏系统性和协调性，税收优惠方式单一（沈志远，2018），随着 PPP 模式养老项目的不断发展，该类政策可能面临被取消的风险。

4. 利率的变动和通货膨胀风险（R21）

利率具有不确定性，随着经济周期的波动而改变，项目也因此可能背负着更高的资金成本和支出增加等风险，而通货膨胀风险是指货币的实际购买力水平下降导致的项目实际支出的增加而实际收益减少，以上两者都可能导致 PPP 模式养老项目的收益下降。

5. 公私双方权责分配不当（R22）

在 PPP 模式养老项目中，政府和社会资本双方在法律上具有平等的地位，但是，在实际的操作与运行中，政府部门具有更多的决策权，对于项目中不同阶段存在的不同权利和责任，双方可能不能进行清晰地划分各自承担的责任和风险比例，从而导致相互推诿的发生直接影响项目的进行。

6. 项目的协调（R23）

在 PPP 模式的养老项目中，由于参与方众多和项目的流程较为复杂，有时参与方的利益在参与过程中利益不同，以致管理和协调整个项目的难度较大，持续的时间也较长。一旦项目中各参与方的责任和利益没有协调好，可能导致矛盾的产生从而影响项目的有序进行。

7. 第三方违约风险（R24）

PPP 项目是政府和社会资本合作的，主要有基础设施类和公共服务类。但是不少 PPP 项目有第三方参与。如果第三方不能及时完成其在约定的期间所需要提供的产品与服务，就会造成项目难以按时完成各项计划的风险。

8. 合约风险（R25）

政府和社会资本双方签订的合约由于不能完全地预测各项风险的发生及制定应对措施，或者双方对项目中具体情况理解存在差异，造成项目合约风险。政府和社会资本双方签订的 PPP 合约风险有内、外部风险，内部风险主要包括 PPP 项目的建设、运营、融资及收益风险，外部风险有宏观环境风险和微观环境风险。

9. 不可抗力（R26）

不可抗力是指在 PPP 模式养老项目各个阶段存在的无法预见、避免和克服的客观风险，比如，恶劣的天气、洪水、地震、战争和暴乱等，一旦发生了这些风险，项目将会遭受重大的打击。

10. 社会对于机构养老的接受程度（R27）

市场经济在我国有将近 40 年的历史，但是，国人的养老观念中依然具有浓重的"养儿防老"的传统意识，随着我国经济的稳健发展和与国际的养老模式接轨，越来越多的老年人接受了机构养老的观念，同时，年轻的一代人也对机构养老持有积极的看法。

11. 项目特许期的变更风险（R28）

PPP 模式养老项目的持续期一般是 20—30 年，在较长的周期中，可能会遇到各种影响项目收益的风险因素导致项目合作双方的合作中止或者项目被回收，因此，项目的特许经营期将会产生变动。

12. 劳资纠纷（R29）

在 PPP 模式养老项目中存在着多方参与者，其中，涉及各种利益纠纷的事情随时可能发生，而作为持续时间普遍为 30 年的 PPP 模式养老项目，劳资双方的纠纷可能也在所难免。

13. 项目周边环境（R30）

PPP 模式养老项目存在的目的是为老年人群体提供良好安度晚年的环境，但是，项目的周边环境并不是属于项目可控的范围内，周边的环境中可能存在污染企业，潜在的危险源，如加油站、垃圾场等，这些都可能对 PPP 模式养老项目产生不利的影响。

二　基于风险层级系统的风险因素识别

2005 年，英国学者 Li，B. 等（2005）针对英国的 PPP 项目提出的风险识别分类方法得到了学术界普遍的认可，其基于 PPP 项目的系统边界将风险划分为三个层面，分别是宏观层面风险、中观层面风险和微观层面风险（张淑翠，2016；李娜，2017；徐姣姣、徐炳生、邵卫国，2018）。

（一）宏观风险

项目的宏观风险是指外生的因素，与项目本身无关，是由政治风险、经济风险、社会风险和自然风险等因素构成，这些外部性的宏观风险因素可以对项目产生重要的影响。

1. 政治风险

政治风险是由国家的政治形势或者法律、政策的变动所产生的风险。现阶段，我国 PPP 模式的养老项目还处于初期阶段，法律和政策对养老产业具有一定的促进及扶持作用，也为养老产业的发展提供了良好的环境。但是在 PPP 模式的养老项目的确定和实施过程中，国家和地方各种政策法规的颁布会对项目产生正面或者反面的影响。因此，政治风险对于养老项目的审批和运行都有着重要的影响，但是，过度的政府干预则会造成 PPP 模式的养老项目难以发挥政府和社会资本双方各自的优势；而政府对 PPP 项目自由放任，风险公担、利益共享的机制就建立不起来，政府和社会资本双方各自的优势也无法发挥。

2. 经济风险

经济风险是指由于经济周期的波动造成项目收益损失的风险。经济风险是市场经济发展过程中必然的现象。随着市场经济的发展，经济的波动、经济政策的出台都可能对 PPP 模式养老项目产生重大的影响。利率的变化、通货膨胀都会对项目的实际收益产生消极的影响，导致市场的收益混乱和难以真实地将项目的经济情况进行反映。此外，经济政策的变更使得 PPP 模式养老项目的补贴和收益也产生变动，对于项目的持续性经营产生影响。

3. 社会风险

社会风险是指社会的主流文化、价值观对于机构养老模式的认同程度。我国人口老龄化程度日益增长以及我国与世界接轨的程度日益加深的今天，与过去相比，人们对待机构养老的态度有着较大程度的改变，逐渐地开始接受机构养老的观念。而年轻的一代由于不少是独生子女所以从小具有较强的独立意识，在对待机构养老的态度上也较为积极。

4. 自然风险

自然风险是指由于自然的作用产生的火灾、水患、疾病等风险，从而对 PPP 模式养老项目造成的不可抗力的风险，这些风险发生的可能性较低，但是一旦发生，则会导致项目的重大损失。或造成项目停运，影响项目的运转效率。

(二) 中观风险

中观风险是由项目的内生风险产生的损失，其与宏观风险不同，中观风险会直接作用于 PPP 模式养老项目本身，对于项目的前期阶段、设计与建造阶段和运营阶段产生直接的影响。

1. 前期阶段的风险

项目的前期阶段风险是指在项目的准备阶段，由于 PPP 模式养老项目的准备不充分、信息不对称等因素造成的风险。在前期准备阶段的不足可能导致项目后期的设计与建造阶段和运营阶段难以正常进行。政府部门的招标信息没有完全公开发布、招标过程不公平和恶意竞标等造成的项目采购质量不达标，由于项目的经验不足和准备不当造成的项目决策失误，项目的融资标的物价值较低从而导致融资困难等。

2. 设计与建造风险

PPP 模式养老项目的设计与建造风险包括项目的土地获取、项目的设计和项目的建造施工等风险。土地的获取可能由于项目的资质和审批过程时间延长造成的项目不能按时完工，项目的设计不当、技术变动、劳资纠纷和建造过程中遇到的各类大小事件都可能对项目产生延期的风险，从而造成项目难以顺利完工。

3. 运营风险

运营风险是指在项目的运行过程中由于环境的复杂和难以预料从而使项目未达标或者收益减少的风险。运营风险包括项目的市场需求难以测算以及波动较大，PPP 模式养老项目的运营成本过高、运行收益不足、管理混乱和养老服务水平不符合标准等，以上的风险因素可能导致养老机构的入住率和投资收益不达预期，从而影响项目的顺利运营（徐姣姣、徐炳生、邵卫国，2018）。

（三）微观风险

项目的微观风险是指项目的内生风险，与前面的项目中观风险不同，微观风险是由 PPP 模式养老项目的参与方之间的关系引起的风险，该风险不属于项目本身的风险。由于政府和社会资本方在签订合约时不具有完备的预见性或者双方对于项目的认知水平不同造成项目的各参与方之间的责任与权利难以合理匹配，各自的协调不利和沟通不畅，造成了项目的内生风险。

三 基于法律政策的风险因素识别

近年来，PPP 模式广泛地运用于国内众多行业，但是，在养老产业领域的运用还是处于初级阶段。作为属于朝阳产业的养老产业，国家密集出台了众多政策给予养老产业支持，在 PPP 模式养老项目融资信用、合同规范、市场需求、日常运营和监管机制等方面提供指导和建议。笔者通过国家出台的各项与 PPP 模式养老项目相关的政策，总结和分析 PPP 模式养老项目的各类风险，具体见表 4.2 所示。

表 4.2   基于政策文件识别的风险因素

政策文件	具体内容和风险识别
《政府和社会资本合作项目通用合同指南》（2014 年版）	共设置 15 个模块、86 项条款，适用于不同模式合作项目的投融资、运营和服务、移交等阶段。指出有投融资违约风险、前期工作违约风险、建设期违约风险、移交期违约风险、不可抗力风险、合同变更风险

政策文件	具体内容和风险识别
《关于推广运用政府和社会资本合作模式有关问题的通知》（财金〔2014〕76号）	强调政府和社会资本合作模式是在基础设施及公共服务领域建立的一种长期合作关系。要求推广运用政府和社会资本合作模式、加快转变政府职能、深化财税体制改革、构建现代财政制度。指出有项目设计风险、项目建设风险、项目财务风险、项目运营维护风险、政策风险、法律风险和最低需求风险
《政府和社会资本合作模式操作指南（试行）》（财金〔2014〕113号）	指南适用于规范政府、社会资本和其他参与方开展政府和社会资本合作项目的识别、准备、采购、执行和移交等活动，一共有7章37条。指南强调按照风险分配优化、风险收益对等和风险可控等原则，综合考虑政府风险管理能力、项目回报机制和市场风险管理能力等要素，在政府和社会资本间合理分配项目风险。原则上，项目设计、建造、财务和运营维护等商业风险由社会资本承担，法律、政策和最低需求等风险由政府承担，不可抗力等风险由政府和社会资本合理共担
《政府和社会资本合作项目财政承受能力论证指引》（财金〔2015〕21号）	强调各级财政部门（或PPP中心）要以财政承受能力论证结论为依据，会同有关部门统筹做好项目规划、设计、采购、建设、运营、维护等全生命周期管理工作。合理利润率应以商业银行中长期贷款利率水平为基准，充分考虑可用性付费、使用量付费、绩效付费的不同情景，结合风险等因素确定。风险承担支出应充分考虑各类风险出现的概率和带来的支出责任，可采用比例法、情景分析法及概率法进行测算
《财政部、中国人民银行、中国证监会关于规范开展政府和社会资本合作项目资产证券化有关事宜的通知》（财金〔2017〕55号）	要求分类稳妥地推动PPP项目资产证券化，鼓励项目公司开展资产证券化优化融资安排。其中第10条规定，切实做好风险隔离安排。PPP项目资产证券化的发起人（原始权益人），要严格按照资产证券化规则与相关方案、合同约定，合理设计资产证券化产品的发行交易结构，通过特殊目的载体（SPV）和必要的增信措施，坚持真实出售、破产隔离原则，在基础资产与发起人（原始权益人）资产之间做好风险隔离

四　基于案例分析法的风险因素识别

至今为止，PPP 模式已经成熟地运用于收费公路、铁路、桥梁、轨道交通、电厂、医院、电信设施、体育馆等众多基础设施项目的建设。但是，在不同类型的 PPP 项目中也出现了一些问题，既有该类项目所具有较为独特的风险因素，也有不同类型的 PPP 模式项目所共通的风险因素。李娜选取了 10 个典型的主要依靠使用者付费模式经营的 PPP 模式项目，总结其共通的项目风险为

PPP 模式养老项目的投资决策研究

PPP 模式养老项目风险因素的识别提供参考，见表4.3和表4.4所示。

表4.3　　　　　　　　典型 PPP 项目案例的主要问题

项目编号	项目名称	项目主要问题
1	深圳梧桐山隧道	政府对项目提前收回经营权
2	北京国家体育馆（鸟巢）	项目的性质改变
3	泉州刺桐大桥	政府对项目提前收回经营权
4	北京京通公路	项目的收益未及预期
5	南京长江隧道	政府对项目进行回购
6	北京地铁四号线	政府对项目追加补贴
7	上海延安东路隧道	政府对项目进行回购
8	福州闽江四桥	法律仲裁
9	杭州湾跨海大桥	社会资本方退出
10	武汉长江三桥	社会资本方出售其股权

资料来源：根据李娜《PPP 模式下养老机构项目风险管理研究》表3.5改编，硕士学位论文，青岛理工大学，2017年，第38页。

表4.4　　　　　　　　典型 PPP 项目案例的主要风险因素

项目编号	政府信用	政策变更	政府腐败	审批延迟	公众反对	采购风险	工程变动	项目唯一性	客流量不足	定价不合理
1		√			√					
2	√					√	√			
3	√			√				√		
4								√	√	
5									√	√
6										√
7		√								
8	√							√	√	
9		√						√	√	
10	√		√							

资料来源：根据李娜《PPP 模式下养老机构项目风险管理研究》表3.6改编，硕士学位论文，青岛理工大学，2017年，第41页。

表中所显示的 PPP 项目的问题及主要风险因素并非由单一因素构成，而是由众多风险因素共同产生的结果，其中，项目的唯一性、客流量不足、政府信用、政策变更和定价不合理是较为常见的项目风险因素，值得人们对 PPP 模式养老项目投资决策中有关项目风险的关注。

五　基于文献调查法的风险因素识别

段晓宇在其硕士论文《PPP 养老机构项目风险评价研究》中介绍了基于文献调查法的风险因素识别，并通过综合选取国内外 50 篇有代表性的文献资料和 PPP 模式的养老项目风险因素相关的内容进行总结。这 50 篇论文涉及三个内容方向：PPP 模式的养老机构风险因素研究（6 篇）、PPP模式的项目风险因素研究（8 篇）、PPP 模式的基础设施相关的风险因素研究（36 篇）（段晓宇，2018），表 4.5 列举了风险频次为 2 次以上的风险因素。

表 4.5　　　　　　　　　　PPP 模式的项目风险因素列表

编号	风险因素	风险频次	编号	风险因素	风险频次
1	政府政策	42	21	自然环境	14
2	宏观环境变化	40	22	利率变动	12
3	社会环境	36	23	维护费用	12
4	项目工程质量	34	24	合作关系	11
5	项目建设成本	34	25	腐败风险	10
6	项目经营成本	30	26	项目选择失误	9
7	项目人员管理	30	27	税收政策变动	9
8	项目工程延期	28	28	政府信用	8
9	法律风险	28	29	项目配套	8
10	不可抗力	24	30	项目价格	8
11	通货膨胀	22	31	自然灾害	7
12	项目建设质量	22	32	PPP 模式的局限性	7
13	项目施工安全	20	33	传统障碍风险	6

编号	风险因素	风险频次	编号	风险因素	风险频次
14	项目融资	20	34	第三方侵权	6
15	政府决策变更	19	35	地质气候风险	5
16	政府限制价格	19	36	地质地貌、自然风光风险	3
17	项目工程变更	19	37	民族差异性	3
18	项目市场需求变化	18	38	权利分配不公	3
19	土地取得	18	39	分包商违约	2
20	政府补贴	16	40	劳资纠纷	2

转引自段晓宇《PPP 养老机构项目风险评价研究》表 4.1，硕士学位论文，沈阳建筑大学，2018 年，第 31—32 页。

由表 4.5 可知，40 个项目风险因素中，出现次数最多的为政府政策、宏观环境变化、社会环境、项目工程质量、项目建设成本、项目经营成本和项目人员管理等风险因素，风险频次超过 30 次；出现次数最少的为地质气候、地质地貌与自然风光、民族差异性、权利分配不公、分包商违约和劳资纠纷等风险因素，风险频次不超过 5 次；风险频次 20 次至 28 次的因素有项目融资、项目施工安全、项目建设质量、通货膨胀、不可抗力、法律风险、项目工程延期；但是政府决策变更、政府限制价格、项目市场需求变化、土地取得、政府补贴、利率变动、合作关系等风险因素也可忽视。通过总结以上风险因素，一定程度可以为我们制定 PPP 模式养老项目的风险因素清单提供一些有益的参考。

六　PPP 模式养老项目的风险因素清单

根据前面对于 PPP 模式养老项目风险因素的识别和分析，结合相关资料和数据，可以设计出表 4.6 的 PPP 模式养老项目风险因素清单。

表 4.6   **PPP 模式养老项目的风险因素**

风险类别	风险编码	风险因素	风险类别	风险编码	风险因素
准备阶段	R1	项目土地获取困难	移交	R16	项目的产品与服务定价
	R2	项目审批延误		R17	老年人的意外事件
	R3	融资困难		R18	服务人员的专业化水平
	R4	项目选址不当		R19	项目的配套设施的完善性
	R5	项目前期预算不足		R20	项目移交的完整性
	R6	合作伙伴选择失误	跨生命周期	R21	政府政策的变更风险
设计与建设阶段	R7	项目设计变更		R22	法律风险
	R8	项目安全施工		R23	税收政策变更
	R9	技术更新		R24	利率的变动和通货膨胀风险
	R10	项目工程质量		R25	公私双方权责分配不当
	R11	项目建设延期		R26	项目的组织协调性
	R12	适老化设施设计		R27	第三方违约风险
运营阶段	R13	项目的市场需求不足		R28	社会对于机构养老的接受程度
	R14	项目的同质化/唯一性		R29	项目特许期的变更
	R15	政府的补贴		R30	项目周边环境

第二节　项目风险因素的组成

一般而言，任何项目都存在风险，项目风险的存在总是客观的。但是如何进行风险的合理分配，一定程度可以降低风险发生的可能性。

一　风险评估方法及选择

目前学术界有不少风险评估的方法，许多学者对这些方法进行了深入研究，但是应该看到，不同的评估方法有着不同的适用场合和针对的目标。正如表 4.7 所示，我们可以在对 PPP 模式养老项目全面分析的基础上，将几种较为常用的风险评估方法进行比较，以便准确地选择合适的风险评估方法。

表 4.7　　　　　　　　　　　几种风险评估方法的比较

风险评估方法	优点和缺点
专家调查法 　　也称德尔菲法。该方法是指，在完成风险因素识别后，邀请一定数量的业内专家对各类风险发生的可能性及重要性进行打分，同时结合项目的整体进行评价。这里的"专家"是指对预测问题的有关领域或学科有一定专长或丰富实践经验的人。	优点：该方法简单易行，无须建立烦琐的数学模型，能集思广益，同时节约费用和时间成本。 　　缺点：主观性较强，容易受专家知识面、知识的深度、占有资料及对调查问题是否感兴趣等所左右。
蒙特卡洛模拟法 　　又叫统计试验法或随机模拟法，是一种通过对随机变量进行统计试验和随机模拟来研究风险发生概率和风险损失的数学求解方法。该方法将设计各风险评价指标和各个风险变量，每个风险变量都用一个概率分布来描述，同时利用计算机产生随机数，并根据随机数在各个风险变量的概率分布中取值，经过多次的模拟，可以测算出各风险评价指标的反差、期望值等指标。	优点：通过计算机进行随机模拟，可产生大量情景，可以将那些并未在历史观测值中出现，将会发生的事件纳入计算中来，比历史模拟法更精确、更可靠。所建立的模型可以包含多种风险因素，同时又可以处理多个风险因素非线性的不确定性，受集合条件限制小，误差容易确定。 　　缺点：依赖特定的随机过程和历史数据，难以反映风险因素之间的相关性，需要可靠的模型来支持，计算相对复杂。
计划评审技术法 　　通过网络图来展示各项活动的进度和相互的关系，计算项目工期和概率，比较不同行动方案在进度和成本方面的效果，确定最佳方案。该方法主要运用于项目进度管理和项目风险评价。	优点：对缺乏历史数据经验资料的项目风险因素分析有较大帮助。 　　缺点：该方法假定项目的每项活动时间都呈现正态分布，关键路径具有很大的随机性，但是，关键路径一旦确认，假设则会失效。
敏感性分析法 　　是指从众多不确定性因素中找出对投资项目经济效益指标有重要影响的敏感性因素。在假定其他风险因素不变的情况下，评价一个或几个特定的风险因素的变化对项目目标变量的影响程度，确定其变动幅度和临界值。	优点：该方法直观明了，易于操作，运用广泛，常用于可行性分析来发现和确定风险因素，一般分为单因素敏感性分析和多因素敏感分析。 　　缺点：没有考虑各种不确定因素在未来发生变动的可能性程度大小，难于确定敏感性因素所造成的风险程度。

风险评估方法	优点和缺点
模糊综合评价法 　　以模糊数学、模糊线性变换原理和最大隶属度原则为基础，考虑所需评价事物的各个评价指标因素，对其做出合理的优劣等级评价。比如将风险因素运用隶属度和模糊推理进行排列，同时采用层次分析法对项目风险层次结构逐级模糊计算，得到各个层级及总体的风险评估结果。	优点：容易掌握相关的计算方法，在现实中容易操作，建立模型相对较为简单。可以将风险因素的定性与定量分析结合，不完全依赖指标，避免标准不合理导致的偏差。 　　缺点：不能解决评价指标间相关造成的评价信息重复问题，各因素权重的确定带有一定的主观性。
风险矩阵法 　　通过定量分析和定性分析综合考虑风险影响及风险概率，对风险因素对项目的影响进行评估的方法。风险矩阵法由三个矩阵组成：后果矩阵评价危害性事件的严重性等级，频率矩阵评价危害性事件的可能性等级，风险矩阵确定风险及风险可接受程度。	优点：能够综合考虑致险因子发生概率和风险损失后果，确定风险等级。 　　缺点：风险的赋值主要取决于专家的经验和判断，是一个定性或者半定量的排序方法，可能存在精确度上的缺陷。
灰色评价法 　　是基于灰色系统理论的评价方法，是在"小样本，贫信息"不确定性问题的基础上，通过聚类将分散的信息按照灰类进行归纳、提炼，并分析其演化规律与构建评价模型。	优点：该方法可将抽象的系统加以实体化、量化、模型化及最佳化。 　　缺点：评估结果为一个隶属不同灰类的向量，对评分等级和分类等级划分的依赖性较强。
故障树分析法 　　是一种针对某个特定的不希望事件的演绎推理分析，能够将风险形成的原因按树枝状由总体至局部逐级细化的分析方法。	优点：这种方法层次清晰，不同节点面临的风险及概率一目了然。 　　缺点：此法步骤较多，计算较复杂。

　　根据主题和前面章节对 PPP 模式养老项目风险因素的总结与分析，我们共得出 30 个风险因素，不同的风险因素对 PPP 模式养老项目投资决策中的影响程度和在项目中发生的可能性也不同，有的风险因素的可能影响程度大，而发生的可能性较低；而有的风险因素可能影响程度较低，而发生的可能性较高，所以，需要通过对这些风险因素进行影响程度的重要性和发生的可能性测定。本书采用问卷调查评分法，同时结合二维综合评价法对 PPP 模式养老项目的风险因素进行检验与分析，该方法可以较大程度地收集众多数据进行分析，较为客观地评判风险因素的影响程度和发生可能性以及政府部门和社会资本的责任划分。

（一）调查问卷设计

通过对 PPP 模式养老项目风险因素的识别，形成了风险因素清单；通过问卷的形式对风险因素进行评判。论文采用结构性问卷，问卷设计了两个评价方向：PPP 模式的养老项目风险因素的影响程度大小和发生的可能性、PPP 模式养老项目的风险因素在政府部门和社会资本之间的责任划分。问卷共包含三部分内容，第一部分是对问卷的设计目标、基本情况进行说明以及对参与者基本信息的统计，第二部分是对风险因素的影响程度也就是重要性和发生的可能性进行二维综合调查，第三部分是对风险因素在政府部门以及社会资本之间的责任分担水平进行统计。

本问卷采用李克特五点法对风险因素进行评价。李克特五点法也可以称为李克特量表，是美国心理学家李克特于 1932 年在原有的总加量表基础上改进而成。在 PPP 模式养老项目的 30 个风险因素中，风险因素的影响程度的大小和发生的可能性在这两个维度均采用李克特五点法的打分方法进行评价：1 分表示基本没有，2 分表示比较小，3 分表示中等程度，4 分表示比较大，5 分表示非常大。

（二）问卷的发放与收回

在本书中，笔者根据主题进行的访谈中发现，PPP 模式养老项目虽然在 PPP 数据库中有一定数量的项目案例，但是，在现实的生活中，大部分人对该模式的项目依然处于不了解的情况，而调查参与者的范围过小的话又难以收集到合适数量的数据，所以，为了适当地控制问卷的参与者范围，调查的对象大体分为三个部门：一是以政府、国企、事业单位为主；二是以私营企业为主；三是以科研机构为主。问卷以在线填写为主要途径，时间从 2019 年 11 月 1 日至 30 日，共发放了 620 份问卷，其中，有效问卷共计 602 份。从问卷参与者的居住地区来看，统计的问卷来自全国 26 个省份和国外，范围包括了我国大部分地区。

二　风险评估过程

通过对问卷的收集与整理，将相关信息制成表 4.8 至表 4.11：

表 4.8　　　　　　　　　　参与人员学历统计

受教育程度	人数（人）	比例（%）	累计百分比（%）
研究生学历（硕士/博士）	250	41.53	41.53
本科学历	224	37.21	78.74
专科学历	81	13.46	92.20
其他	47	7.81	100.00

表 4.9　　　　　　　　　　参与人员单位分布统计

单位类别	人数（人）	比例（%）	累计百分比（%）
政府机构	79	13.12	13.12
国企机构	75	12.46	25.58
事业单位（不含科研机构）	195	32.39	57.97
私营企业	127	21.10	79.07
科研机构	37	6.15	85.22
其他	89	14.78	100.00

表 4.10　　　　　　　　　　参与人员工作性质统计

工作性质	人数（人）	比例（%）	累计百分比（%）
规划、设计	39	6.48	6.48
施工、建设	62	10.30	16.78
管理、运营	176	29.24	46.02
科研、开发	87	14.45	60.47
多种类性质	221	36.71	97.18
其他	17	2.82	100.00

表 4.11 参与人员所在行业工作年限统计

所在行业工作年限	人数（人）	比例（%）	累计百分比（%）
1 年以下	104	17.28	17.28
1—3 年	147	24.42	41.70
3—5 年	80	13.29	54.99
5 年以上	254	42.19	97.18
其他	17	2.82	100.00

由表 4.8 至表 4.11，我们可以发现，本科及本科学历以上的参与者占总参与人数的 78.74%，也就是说，大多数参与者具有较高的学历。参与人员来自的单位分为三大类，政府、国企和事业单位的参与人员占比 57.97%，私营企业人员占比 21.10%，同时，科研机构参与者占比 6.15%。问卷调查的参与者的工作单位虽然众多，但是有很多人对项目管理有或多或少的了解。此外，参与者的行业工作年限长短不一，其中，五年以上从业经历的从业者占有较大比重，说明大部分参与者的行业经验较为丰富。从调查的整体来看，该问卷的数据具有一定程度的代表性和对主题有一定的针对性。

表 4.12 PPP 模式养老项目风险因素影响程度统计

编号	风险因素	极差	均值	标准差
R1	项目土地获取困难	4	3.032	1.299
R2	项目审批延误	2	2.957	1.325
R3	融资困难	2	3.184	1.380
R4	项目选址不当	2	2.957	1.310
R5	项目前期预算不足	1	2.990	1.381
R6	合作伙伴选择失误	4	3.023	1.370
R7	项目设计变更	3	2.837	1.296
R8	项目安全施工	3	2.945	1.430
R9	技术更新	4	2.623	1.280
R10	项目工程质量	3	2.874	1.469
R11	项目建设延期	2	2.759	1.310

续表

编号	风险因素	极差	均值	标准差
R12	适老化设施设计	4	2.774	1.330
R13	项目的市场需求不足	2	2.855	1.403
R14	项目的同质化/唯一性	3	2.759	1.314
R15	政府的补贴	2	2.691	1.357
R16	项目的产品与服务定价	1	2.769	1.392
R17	老年人的意外事件	4	3.010	1.538
R18	服务人员的专业化水平	3	2.944	1.465
R19	项目的配套设施的完善性	4	2.746	1.368
R20	项目移交的完整性	3	2.694	1.380
R21	政府政策的变更风险	2	2.789	1.496
R22	法律风险	4	2.749	1.425
R23	税收政策变更	3	2.545	1.365
R24	利率的变动和通货膨胀风险	2	2.530	1.333
R25	公私双方权责分配不当	2	2.776	1.447
R26	项目的组织协调性	1	2.616	1.354
R27	第三方违约风险	2	2.701	1.363
R28	社会对于机构养老的接受程度	2	2.673	1.392
R29	项目特许期的变更	2	2.581	1.323
R30	项目周边环境	4	2.659	1.425

表 4.13　　PPP 模式养老项目风险因素发生的可能性统计

编号	风险因素	极差	均值	标准差
R1	项目土地获取困难	4	2.726	1.185
R2	项目审批延误	3	2.698	1.241
R3	融资困难	2	2.902	1.296
R4	项目选址不当	2	2.643	1.209
R5	项目前期预算不足	2	2.781	1.250
R6	合作伙伴选择失误	3	2.797	1.288
R7	项目设计变更	2	2.676	1.222
R8	项目安全施工	4	2.551	1.242

编号	风险因素	极差	均值	标准差
R9	技术更新	4	2.458	1.180
R10	项目工程质量	4	2.417	1.228
R11	项目建设延期	3	2.694	1.258
R12	适老化设施设计	2	2.588	1.232
R13	项目的市场需求不足	2	2.535	1.253
R14	项目的同质化/唯一性	2	2.669	1.258
R15	政府的补贴	3	2.535	1.252
R16	项目的产品与服务定价	1	2.513	1.250
R17	老年人的意外事件	4	2.814	1.421
R18	服务人员的专业化水平	2	2.714	1.378
R19	项目的配套设施的完善性	3	2.585	1.280
R20	项目移交的完整性	4	2.420	1.259
R21	政府政策的变更风险	2	2.470	1.313
R22	法律风险	3	2.478	1.291
R23	税收政策变更	3	2.282	1.203
R24	利率的变动和通货膨胀风险	2	2.379	1.232
R25	公私双方权责分配不当	3	2.533	1.322
R26	项目的组织协调性	2	2.424	1.278
R27	第三方违约风险	3	2.462	1.282
R28	社会对于机构养老的接受程度	2	2.400	1.303
R29	项目特许期的变更	2	2.341	1.238
R30	项目周边环境	3	2.397	1.253

通过对问卷调查的整理与分析，笔者制成了表 4.12 与表 4.13。图 4.1 采用模糊综合评价法里面的二维综合评价法来对 PPP 模式养老项目的风险因素进行评价。并通过将风险因素划分为影响程度和发生的可能性两个维度来测量，在二维综合评价图中，横坐标表示风险因素的影响程度大小，纵坐标表示风险因素发生的可能性大小。在坐标系中，影响程度大同时发生的可能性大的风险因素落在区间 A，影响程度大但是发生的可能性小的风险因素落在区间 B，影响程度小但是发生的可能性大的风险因素落在区

间 C，影响程度小同时发生的可能性小的风险因素落在区间 D。

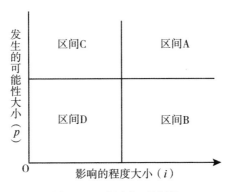

图 4.1　风险因素二维评价

通过 SPSS 软件对表 4.12 和 4.13 的数据进行处理，并对 PPP 模式养老项目风险因素的影响程度和发生的可能性大小设置了评价标准。在评价标准中，考虑到不同维度的数值难以代表同样的影响程度大小，从而选择大约数量一半的风险因素为影响程度较大的风险因素，所以，影响程度较大指的是数值等于或者大于 2.7 的风险因素，发生的可能性较大指的是数值等于或者大于 2.5 的风险因素，因此，四个风险区间分别是：A（$i>2.7$，$p>2.5$），B（$i>2.7$，$p<2.5$），C（$i<2.7$，$p>2.5$），D（$i<2.7$，$p<2.5$）。在这四个风险区间中，位于区间 A、B 的风险因素属于重要的风险因素，位于区间 C、D 的风险因素属于次重要的风险因素。

三　风险评估结果表

根据表 4.14 可知，位于区间 A 中的风险因素包括：项目土地获取困难、项目审批延误、融资困难、项目选址不当、项目前期预算不足、合作伙伴选择失误、项目设计变更、项目安全施工、项目建设延期、适老化设施设计、项目的市场需求不足、项目的同质化/唯一性、项目的产品与服务定价、老年人的意外事件、服务人员的专业化水平、项目的配套设施的完善性和公私双方权责分配不当风险因素，共计 17 个风险因素。

表4.14 位于区间 A 中的风险因素

序号	风险类别	风险因素编号	风险因素	重要性（i）	可能性（p）
1	准备阶段	R1	项目土地获取困难	3.032	2.726
2		R2	项目审批延误	2.957	2.698
3		R3	融资困难	3.184	2.902
4		R4	项目选址不当	2.957	2.643
5		R5	项目前期预算不足	2.990	2.781
6		R6	合作伙伴选择失误	3.023	2.797
7	设计与建设阶段	R7	项目设计变更	2.837	2.676
8		R8	项目安全施工	2.945	2.551
9		R11	项目建设延期	2.759	2.694
10		R12	适老化设施设计	2.774	2.588
11	运营阶段	R13	项目的市场需求不足	2.855	2.535
12		R14	项目的同质化/唯一性	2.759	2.669
13		R16	项目的产品与服务定价	2.769	2.513
14		R17	老年人的意外事件	3.010	2.814
15		R18	服务人员的专业化水平	2.944	2.714
16		R19	项目的配套设施的完善性	2.746	2.585
17	跨生命周期	R25	公私双方权责分配不当	2.776	2.533

根据表4.15可知，位于区间 B 中的风险因素包括：项目工程质量、政府政策的变更风险、法律风险、第三方违约风险，共计4个风险因素。

表4.15 位于区间 B 中的风险因素

序号	风险类别	风险因素编号	风险因素	重要性（i）	可能性（p）
1	设计与建设阶段	R10	项目工程质量	2.874	2.417
2	跨生命周期	R21	政府政策的变更风险	2.789	2.470
3		R22	法律风险	2.749	2.478
4		R27	第三方违约风险	2.701	2.462

根据表4.16可知，位于区间 C 中的风险因素包括政府的补贴单一风险因素。

表 4.16　　　　　　　　　　　位于区间 C 中的风险因素

序号	风险类别	风险因素编号	风险因素	重要性（i）	可能性（p）
1	运营阶段	R15	政府的补贴	2.691	2.535

根据表 4.17 可知，位于区间 D 中的风险因素包括：技术更新、项目移交的完整性、税收政策变更、利率的变动和通货膨胀风险、项目的组织协调性、社会对于机构养老的接受程度、项目特许期的变更和项目周边环境风险因素，共计 8 个风险因素。

表 4.17　　　　　　　　　　　位于区间 D 中的风险因素

序号	风险类别	风险因素编号	风险因素	重要性（i）	可能性（p）
1	设计与建设阶段	R9	技术更新	2.623	2.458
2	跨生命周期	R20	项目移交的完整性	2.694	2.420
3		R23	税收政策变更	2.545	2.282
4		R24	利率的变动和通货膨胀风险	2.530	2.379
5		R26	项目的组织协调性	2.616	2.424
6		R28	社会对于机构养老的接受程度	2.673	2.400
7		R29	项目特许期的变更	2.581	2.341
8		R30	项目周边环境	2.659	2.397

综上所述，我们可以将位于区间 A 和 B 的风险因素为 PPP 模式养老项目投资决策中重要的风险因素：项目土地获取困难、项目审批延误、融资困难、项目选址不当、项目前期预算不足、合作伙伴选择失误、项目设计变更、项目安全施工、项目建设延期、适老化设施设计、项目的市场需求不足、项目的同质化/唯一性、项目的产品与服务定价、老年人的意外事件、服务人员的专业化水平、项目的配套设施的完善性、公私双方权责分配不当风险、项目工程质量、政府政策的变更风险、法律风险和第三方违约风险，共计 21 个风险因素，制成表 4.18。

表 4.18   **PPP 模式养老项目重要的风险因素**

序号	风险类别	风险因素编号	风险因素	重要性（i）	可能性（p）
1	准备阶段	R1	项目土地获取困难	3.032	2.726
2		R2	项目审批延误	2.957	2.698
3		R3	融资困难	3.184	2.902
4		R4	项目选址不当	2.957	2.643
5		R5	项目前期预算不足	2.990	2.781
6		R6	合作伙伴选择失误	3.023	2.797
7	设计与建设阶段	R7	项目设计变更	2.837	2.676
8		R8	项目安全施工	2.945	2.551
9		R10	项目工程质量	2.874	2.417
10		R11	项目建设延期	2.759	2.694
11		R12	适老化设施设计	2.774	2.588
12	运营阶段	R13	项目的市场需求不足	2.855	2.535
13		R14	项目的同质化/唯一性	2.759	2.669
14		R16	项目的产品与服务定价	2.769	2.513
15		R17	老年人的意外事件	3.010	2.814
16		R18	服务人员的专业化水平	2.944	2.714
17		R19	项目的配套设施的完善性	2.746	2.585
18	跨生命周期	R21	政府政策的变更风险	2.789	2.470
19		R22	法律风险	2.749	2.478
20		R25	公私双方权责分配不当	2.776	2.533
21		R27	第三方违约风险	2.701	2.462

第三节　基于 PPP 模式养老项目投资决策的风险因素承担主体确认

在政府部门和社会资本共同承担的风险因素的确认中，我们可以根据问卷调查所体现的对 PPP 模式养老项目投资决策中风险因素分担主体的比例，选择较多数的专家、学者以及相关参与人员所选择的分担主体，最终，可以确认风险因素的分担主体为政府部门、社会资本或两者共同承担，见表 4.19 所示。

表 4.19　政府部门和社会资本共担风险因素的分担主体比例和主体确认

编号	风险因素	风险因素分担主体比例			风险因素分担主体确认		
		政府部门(%)	社会资本(%)	共同承担(%)	政府部门	社会资本	共同承担
R1	项目土地获取困难	51.30	21.08	27.61	√		
R2	项目审批延误	55.47	21.89	22.64	√		
R3	融资困难	12.59	54.51	32.90		√	
R4	项目选址不当	18.09	37.31	44.59			√
R5	项目前期预算不足	13.62	50.56	35.82		√	
R6	合作伙伴选择失误	13.27	46.54	40.18		√	
R7	项目设计变更	17.76	38.51	43.74			√
R8	项目安全施工	11.02	38.99	46.32			√
R9	技术更新	13.43	44.59	41.98		√	
R10	项目工程质量	16.82	41.68	12.52		√	
R11	项目建设延期	15.52	39.81	44.48			√
R12	适老化设施设计	14.56	38.75	46.69			√
R13	项目的市场需求不足	14.53	42.64	42.83			√
R14	项目的同质化/唯一性	14.23	44.39	41.39		√	
R15	政府的补贴	49.07	25.00	25.94	√		
R16	项目的产品与服务定价	13.42	41.97	44.61			√
R17	老年人的意外事件	11.82	35.46	52.72			√
R18	服务人员的专业化水平	12.99	44.81	42.18		√	
R19	项目的配套设施的完善性	18.00	39.14	43.26			√
R20	项目移交的完整性	18.08	37.85	44.07			√
R21	政府政策的变更风险	50.85	24.19	24.96	√		
R22	法律风险	30.47	26.92	42.61			√
R23	税收政策变更	45.21	21.20	33.58	√		

编号	风险因素	风险因素分担主体比例			风险因素分担主体确认		
		政府部门(%)	社会资本(%)	共同承担(%)	政府部门	社会资本	共同承担
R24	利率的变动和通货膨胀风险	30.82	25.33	43.86			√
R25	公私双方权责分配不当	17.13	28.50	54.37			√
R26	项目的组织协调性	15.79	34.40	49.81			√
R27	第三方违约风险	12.55	39.52	47.94			√
R28	社会对于机构养老的接受程度	16.01	33.33	50.65			√
R29	项目特许期的变更	30.53	27.90	41.58			√
R30	项目周边环境	19.89	30.39	49.72			√

一 政府部门承担的风险因素对 PPP 模式养老项目投资决策的影响

根据表 4.19 可知，政府部门承担的责任包括：项目土地获取困难、项目审批延误、政府的补贴、政府政策的变更风险和税收政策变更。

PPP 模式养老项目作为我国养老产业的新型模式，既可以减少政府的财政负担，也可以有效降低社会资本的风险，从而有助于解决我国的民本问题。但目前，PPP 模式养老项目的各个方面还处于起步阶段。虽然在政府对养老产业加大扶持力度的背景下，国家出台了诸多政策法规，目的是在促进养老业发展的同时尽可能减小社会资本方承担的风险因素的影响程度，但是，由于 PPP 模式养老项目持续周期长，投资回报率较低和投资的金额较大，这些因素都给社会资本投资者带来不少顾虑，因此，政府部门在 PPP 模式养老项目中也需要对项目承担自身应有的风险，这对项目的成功至关重要。从项目的各个阶段来说，在项目运营前期，政府部门一般情况会给予 PPP 模式养老项目土地划拨，或者以较低的价格将土地租让给社会资本方；在项目运营期间，政府部门则需要给予社会资本运营方最低顾客需求量的保证，同时，政府部门还需要给予社会资本运营方以最低运营收入的保证，只有这样才能调动社会资本积极参与 PPP 模式养老项目。目前，有不少 PPP 模式养老项目由于前期的投资成本巨大，而运营期的收入并没有达到预期的指标，社会资本方难以收回项目的投资成本，影响了社会资本方投资热情，使得一些 PPP 模式养老项目没有达到应有的效果。因此，政府部门需要通过给予适当的补贴、税收减免等弥补社会资本方投入的不足并满足社会资本合理的预期收益回报。

二　社会资本承担的风险因素对 PPP 模式养老项目投资决策的影响

由表 4.19 可知，社会资本承担的责任包括：融资困难、项目前期预算不足、合作伙伴选择失误、技术更新、项目工程质量、项目的同质化/唯一性和服务人员的专业化水平等各种风险。

社会资本在 PPP 模式养老项目建设和运行中具有至关重要的作用，其丰富的项目实战经验、优秀的人才储备、高质量的管理水平和充足的资金保障，有助于优化养老服务领域资金资源投入使用方式，发挥社会力量的主体作用，激发社会活力，提高养老服务供给效率和能力①。在项目的风险分担中，运营前期的准备和建设工作，融资、项目预算、合作伙伴的选择、工程的技术工艺以及质量等风险因素，这些都是社会资本方富有经验且更为擅长的方面，在项目运营过程中项目的特色性和服务人员的专业化水平也主要由社会资本方负责，社会资本方在项目的服务领域和项目的特色等方面比之于政府部门有着更多实践的经验。

三　政府部门和社会资本共担的风险因素对 PPP 模式养老项目投资决策的影响

由表 4.19 可知，政府部门和社会资本双方共担的风险因素包括：项目选址不当、项目设计变更、项目安全施工、项目建设延期、适老化设施设计、项目的市场需求不足、项目的产品与服务定价、老年人的意外事件、

———————

① 财政部、民政部、人力资源社会保障部：《关于运用政府和社会资本合作模式支持养老服务业发展的实施意见（财金〔2017〕86 号）》，《山西财税》2017 年第 8 期。

项目的配套设施的完善性、项目移交的完整性、法律风险、利率的变动和通货膨胀风险、公私双方权责分配不当、项目的组织协调性、第三方违约风险、社会对于机构养老的接受程度、项目特许期的变更和项目周边环境风险。

在 PPP 模式养老项目的准备阶段，项目的选址不当的风险是由政府和社会资本共同承担的，项目的选址对于项目的成败具有重要的作用，一个合适的选址，可以增加更多潜在的老年人消费者；在项目的设计与建设阶段，项目设计变更、项目安全施工、项目建设延期和适老化设施设计风险由双方共同承担；在运营阶段，项目的市场需求不足、项目的产品与服务定价、老年人的意外事件、项目的配套设施的完善性风险需要政府和社会资本共同承担。由于 PPP 模式养老项目虽然具有现实的养老需求和远期的产业发展前景，但是，目前阶段 PPP 模式养老项目的入住率还较难以保证，因此，养老产品与服务的定价也需要政府和社会资本双方根据市场需求情况共同协商制定；在项目跨生命周期中，法律风险、利率的变动和通货膨胀风险、公私双方权责分配不当、项目的组织协调性、第三方违约风险、社会对于机构养老的接受程度、项目特许期的变更、项目周边环境风险应该由双方共同承担，因为这些风险因素难以由政府部门或社会资本单独一方承担。只有双方的合力协作共担以上的风险，才能更好地发挥各自最为擅长的地方从而促进我国 PPP 模式养老项目的不断发展。

第四节　案例应用——武汉市社会福利院综合大楼 B 座 PPP 项目

武汉市社会福利院是一所集智慧养老、康复、医疗、休闲娱乐为一体的综合性社会福利院。福利院综合大楼建设总投资为 5.5 亿，其中 B 座投资为 2.8 亿。综合大楼净用地为 2.06 万平方米，总体建筑面积为 9.94 万平方米，总床位规模为 2066 张。大楼分 A、B 两座，B 座建筑面积为 4.5 万平方米，床位规模为 1077 张，其中医疗床位 201 张、自理老人床位 176 张，半失能老人床位 350 张、失能老人床位 350 张。A 座由武汉市社会福利院直接经营，主要接收"三无"对象、社会困难老人，并根据床位实际使用情况，接收部分社会带资养老人员。B 座及 A 座辅助性功能用房是通过 PPP 模式招标引进社会资本，进行市场化经营。由社会资本根据医养结合、智能化管理的经营理念，投资、运营该项目，并获得合理回报。现 B 座已完成基础装修工程，由社会资本在原有装修基础上进行二次装修改造、智能化系统升级、设备采购、医疗器械采购、办公及生活家具购置。B 座及 A 座辅助性功能用房于 2016 年开工，2017 年 1 月开始陆续接收社会代养老人，2017 年 5 月全面向社会开放①。B 座及 A 座辅助性功能用房由武汉市社会福利院与九州通医药集团股份有限公司、上海人寿堂国药有限公司联合体和新加坡鹏瑞利置地集团联合建设，通过项目运营为市民提供高水平的养老、康复、养生等综合服务。

该项目入选全国第三批 PPP 示范项目，是目前中国最大养老 PPP 项目。实施机构将已建设完成的福利院 B 座大楼移交给中标的项目公司，楼宇及土地所有权归政府所有，社会资本方只有使用权。项目合作期 25 年，含建设期 1 年②。在项目合作期内，项目公司拥有向社会代养老人的收费权③。

在整个项目合作期内，政府承担的支出责任主要可以分为股权投资、运营补贴、风险承担、配套投入四类：一是股权投资支出依据项目资本金要求以及项目公司股权结构合理确定。估算投资支出责任中的土地等实物投入或无形资产投入，应当依法进行评估确定合理价值。二是该项目采用改建—运营—移交（简称"ROT"）方式。项目付费方式为"使用者付费"。项目运营期间，政府不承担运营付费责任，同时，政府向社会资本收取一定额度的特许经营费。三是按照风险分配优化、风险收益对等和风险可控等原则，综合考虑政府风险管理能力、项目回报机制、市场风险预

---

① 《武汉市社会福利院 B 座 PPP 项目物有所值评价报告》，第 1—2 页，财政部政府和社会资本合作中心。

② 《武汉市社会福利院 B 座 PPP 项目财政承受能力论证》，第 6 页，财政部政府和社会资本合作中心。

③ 《武汉市社会福利院 B 座 PPP 项目物有所值评价报告》，第 12 页，财政部政府和社会资本合作中心。

测能力、项目公司风险管理能力等要素，在政府和项目公司之间合理分配项目风险。四是配套投入支出。配套投入支出责任指在 PPP 项目中，政府承诺提供的项目配套工程等投入责任①。

武汉市社会福利院综合大楼 B 座 PPP 项目回报机制分为政府回报机制与社会资本回报机制，社会资本回报机制采取"使用者付费"方式，政府回报机制分经营权使用费+超额收益 30%分成。项目合作期内，项目公司有权向使用该项目的老人收取服务费用。项目公司可按照民政部门相关文件自主定价，但是调价必须遵循以下规定：一是从签署合同之日起三年内不得调整，三年后项目公司可以自主定价；二是调整服务费需确保原有入住率不明显下降；三是需获得项目实施机构的同意②。

对于项目合作期内的风险，也在政府方与项目公司之间进行了划分。在该项目实施方案中，项目工作将该项目风险按全生命周期理论划分为建设期风险、运营期风险、通货膨胀、利率汇率变化、法律风险、政治风险和不可抗力 7 大类 19 小类的风险。其中建设期风险又细分为工程延误风险、建设成本增加风险、建设质量及安全风险、项目审批风险、设计变更风险和融资风险 6 种；运营期风险又细分为实际运营成本高于 PPP 项目公司预期成本、PPP 项目公司管理问题造成项目运营成本超支、由于耗材及人员工资等主要因素价格上涨导致成本超支、医疗事故、老年人伤残或死亡事故、运营期间安全事故、项目入户率不足、项目楼宇及土地使用权风险 8 种风险③。

风险的识别与合理分配是成功运用 PPP 模式的关键。武汉市社会福利院综合大楼 B 座项目的主要风险有政治风险、法律风险、建设风险、融资风险、运营风险、自然风险、经济风险和预期收益风险等。针对以上风险，项目在以下方面制定了主要应对措施：一是避免项目审批风险，二是

---

① 《武汉市社会福利院 B 座 PPP 项目财政承受能力论证》，第 14—16 页，财政部政府和社会资本合作中心。

② 《武汉市社会福利院 B 座 PPP 项目物有所值评价报告》，第 13 页，财政部政府和社会资本合作中心。

③ 《武汉市社会福利院 B 座 PPP 项目物有所值评价报告》，第 7—8 页，财政部政府和社会资本合作中心。

避免投融资及财务风险，三是避免项目风险，四是避免设备购置及装修成本超支风险，五是避免运营安全风险，六是避免项目公司收益风险，七是避免公众反对风险，八是避免不可抗力风险，九是避免移交风险①。

武汉市社会福利院 B 座 PPP 项目资本金由社会资本负责 100%出资与筹措，但社会资本只占 90%股权，武汉市社会福利院占 10%股权。当资本金内部收益率≤5%时，武汉市社会福利院不参与项目分成，当资本金内部收益率> 5%时，超过部分双方按股权比例进行分配②。项目工程资本金占比 20%，项目公司负责其余 80%融资资金的融资。大于本项目的贷款利率为 4.9%，全投资内部收益率 5.12%，床位的入住率约 90%。但是从绩效的角度看，已经达成了激励双方控制风险的意图，使风险在参与双方间得到合理分配（吴慧之，2018）。

杨起诚认为，武汉市社会福利院社会养老 PPP 项目案例给人们的启示是：从其 PPP 模式应用情况来看，该项目较好地缓解了政府财政资金压力；通过政府与民间资本的合作实现了风险分担和利益共享，使合作双方实现共赢，同时使养老服务需求者可以享受到更好的服务。但养老服务项目的定价问题依然没有得到有效解决；资本投入还有待进一步加强，尤其是投资方的收益保障还需要更进一步明确（杨起诚，2019）。

本章小结

本章首先介绍了在 PPP 模式项目中识别测量风险因素较为常见的几种方法：项目风险核对表法、风险层级系统法、法律政策识别法、案例分析法和文献调查法；其次，通过运用以上几种方法对 PPP 模式的养老项目投资决策中的风险因素进行识别和分析，共总结出 30 个与 PPP 模式养老项目相关的风险因素；再次，通过基于模糊综合评价法设计的调查问卷，对

---

① 《武汉市社会福利院 B 座 PPP 项目物有所值评价报告》，第 8—12 页，财政部政府和社会资本合作中心。

② 《武汉市社会福利院 B 座 PPP 项目财政承受能力论证》，第 16 页，财政部政府和社会资本合作中心。

PPP 模式养老项目投资决策中的风险因素影响程度、发生的可能性和各项风险因素的分担方作出了统计和分析，对政府部门、社会资本方和双方共同承担的各种风险因素进行总结；最后，给予 PPP 模式养老项目投资决策以较为清晰的风险责任划分，并通过武汉市社会福利院 PPP 养老项目的案例为项目的各个阶段风险的合理承担提供一定程度的参考与借鉴。

第五章　PPP 模式养老项目的投资定价决策模型

国内外的 PPP 模式养老项目运行经验表明，缺乏合理的项目定价机制及对社会资本的"约束性条款"，容易导致项目社会资本方投资决策后出现亏损或者暴利。因此，对于 PPP 模式的养老项目，政府需要确定合理的定价原则，制定一个合理的收益界限，通过实施动态的收费方式以及提供政府的项目补贴等措施，将 PPP 模式养老项目的价格限定在老年人群体可以承受的范围之内，最终使得社会资本盈利而不暴利，形成长期的项目投资回报收益，在保障公共利益的同时实现社会公共部门与社会资本的双赢。

第一节　PPP 模式养老项目的定价原则

影响价格决策的因素包括企业的项目目标、建设运营成本、市场需求和竞争对手等，由于公共产品的特殊性，PPP 模式养老项目与一般市场的产品有所不同，PPP 项目定价的基本目标是实现社会效益的最大化（叶晓苏、杨俊萍，2012）。目前阶段，我国绝大部分的养老机构都是由政府完全投资或者补贴建成并运营，但是，随着我国老年人口数量的急速增加，长远来看，政府的财政开支已经难以覆盖日益增长的老年人多方面的养老需求。PPP 模式的养老项目实施既可以缓解政府的财政压力，也可以提供满足老年人群体需求的诸多养老产品和服务。PPP 模式的养老项目的产品与服务属于准公共产品，所以，既不能按照公共产品性质来进行定价，也不能按照私人产品来进行定价。PPP 模式的养老项目首先需要考虑社会效益的最大化，因而不能单纯地以盈利为目标，只能按照微利来进行项目定价。PPP 模式养老项目的定价需要满足以下定价原则。

一 政府的指导性原则

PPP 模式的养老项目是由政府部门和社会资本双方将各自的优势注入该模式的项目，政府部门和社会资本在项目中具有同等的地位，但是，养老项目属于准公共产品，肩负着保障社会民生的责任，所以其第一要务是要考虑老年人群体的养老需求和价格接受能力。这就需要政府提供指导性的原则。政府有关主管部门根据国家政策的要求，充分考虑一定时期内的商品成本、劳动生产率、市场供求、国家经济政策等因素，通过必要的手段和措施，指导企业正确地进行价格决策。根据不同商品和劳务的重要程度及特点，政府指导价格主要有浮动价格、定率价格和限制价格三种形式（倪叠玖，2005）。政府在提供定价指导之前，需要对项目的各个阶段和跨周期风险因素进行详尽的调查，在对整个养老市场具有清晰的认识及项目的利益相关者了解的基础上，给予 PPP 模式养老项目价格上的指导。

二 公平和效率性原则

一般来说，基础设施特许权项目具有公益性，价格考虑到社会效益和社会公平性，定价（投资回报率）既不能太高，也不能太低，否则就失去了对私人部门的吸引力，因此，确定一个合适的价格（投资回报率）是特许权项目的难题和关键问题（高华，2013）。产品定价的效率就是通过运用价格理论计算出个人在项目的实际获益来确定养老产品的价位。而参与PPP 项目的各方利益追求不同，政府部门追求项目的社会效益，其希望通过较低的财政支出来取得更好的社会总体效益；老年人群体希望以最低的价格，获得良好的养老服务；社会资本希望通过制定较为合理的价格，提供满足老年人的服务，同时希望经济利益可以达到最大化。三者追求的利益难以在同一个时间点被同时满足，为了保证 PPP 模式养老项目的参与方都能获得一定的效益，项目定价的公平性显得尤为重要，不能因为偏向项目的一方而损失另一方的利益，与此同时，项目定价的公平性也是项目效率性的保证，定价既不能违背 PPP 模式养老项目的社会福利性，也不能违背损害社会资本的积极性，需要保证项目各参与方都有动力参与项目。

三　合理可行性原则

虽然复杂的 PPP 项目定价方法难以具有普遍性、适用性和操作性，但是项目定价必须坚持合理可行性原则。首先项目定价要合理，即 PPP 项目定价时应当兼顾消费者和社会的利益，合理地行使企业自主定价的权利；其次定价要可行性，即企业的定价目标在现实条件下，经过努力可以实现的原则。符合企业内外部条件就有可行性，否则就没有可行性（倪叠玖，2005）。因此，要在对 PPP 模式养老项目各个阶段的成本进行全面调查和分析的基础上，结合项目的外部环境，例如社会通货膨胀水平、利率水平等，确保项目定价的普适性和可行性。定价的合理可行原则可以为 PPP 模式养老项目的持续性运营和有效的市场需求提供良好的保证。

四　社会福利性原则

我国的社会福利是以保障基本生活权益为内容，通常称为补缺型和选择型社会福利。所以社会福利的对象不是所有的社会成员，而是社会弱势群体中的老年人、残疾人、孤残儿童（全昌国，2015）。鉴于 PPP 模式养老项目提供的产品与服务的目标群体是社会上的老年人，该群体由于大多数处于退休的年龄从而收入较低，主要依靠退休金和子女的支持，所以老年人群体的消费能力整体属于较低的水平，较高的定价不符合该群体的需求。属于准公共产品的 PPP 模式养老项目的首要目标就是为老年人群体提供养老的服务保障，该属性决定了 PPP 模式养老项目的低收益性，同时，PPP 模式养老项目的周期长。因此，我国的 PPP 养老项目在一定程度必须坚持社会福利性原则。

第二节　PPP 模式养老项目的定价方法

PPP 模式养老项目可以从供给角度和需求角度进行定价。从供给角度定价可以细分为市场定价法、边际成本定价法、平均成本定价法和二部定价法。

一　供给角度定价方法

(一) 市场定价法

市场定价法是以市场为导向，根据目标市场的特点制订价格，主要有推定价值定价法和区别定价法等。推定价值定价法指根据产品和市场营销因素的组合，以及消费者对产品价值的认可程度制订产品的价格，采用该种定价方法的关键是预测价格的准确性。区别定价法则是指按照不同的市场情况，为服务于企业战略目标而采取的定价方法，具体又可分为客户差价、式样差价、地点差价、时间差价、数量差价、产品差价等（闵海燕，2017）。

市场定价法的目的是使企业获得利润的最大化，通过产品与服务的供求平衡关系，达到社会资源的最高配置水平。将市场定价方法运用于 PPP 模式养老项目中，价格函数如下所示：

$$L(Q) = PQ - C(Q) \tag{5-1}$$

在该函数中，$L(Q)$ = 社会资本的经营利润

$\qquad P$ = PPP 模式养老项目产品的价格

$\qquad Q$ = PPP 模式养老项目产品的需求

$\qquad C(Q)$ = PPP 模式养老项目的成本

在经济学原理中，已知当企业的利润最大时，$dL/dQ = 0$，

$$\frac{dL}{dQ} = \frac{dP}{dQ} \cdot Q + P - MC = 0 \tag{5-2}$$

$$令\ \alpha=-\dfrac{\dfrac{Q}{dQ}}{\dfrac{P}{dP}}, \quad P=\dfrac{MC}{1-\dfrac{1}{\alpha}} \tag{5-3}$$

在以上等式中，MC＝PPP 模式养老项目的产品边际成本

$\alpha=-\dfrac{\dfrac{Q}{dQ}}{\dfrac{P}{dP}}$，PPP 模式养老项目的需求对价格的弹性系数

在 PPP 模式的养老项目中，由于养老产品属于准公共物品，其需求对价格的弹性系数较小表明养老需求相对于价格的敏感度较低，从而社会资本会偏向于将养老产品与服务的价格 P 制定的远高于产品边际成本 MC 以此获得较大的利润，最终走向垄断市场的定价，但是，这种模式不符合 PPP 模式养老项目的社会福利性的定位，所以，不能单一的考虑社会资本的项目收益而采用该种定价方法。

（二）边际成本定价法

所谓边际成本，就是指企业每增加或者减少单位产品对总成本变化量的影响。边际成本定价法，就是以单位产品的变动成本作为定价的依据和可接受价格的最低界限。边际成本定价法在有效地应对竞争、开拓新市场、调节需求的季节差异、形成最优的产品组合等方面都能产生巨大的积极作用（郭玲玲，2018）。

根据西方经济学中与市场经济有关的定价理论，边际收益等于边际成本是较为普遍的定价方式。在厂商理论中，当 MR（边际收益）＝MC（边际成本）时，企业可以获得最大的经济利润，其中，当 MR>MC 时，企业可以通过增加产品的供给从而提高利润；当 MR<MC 时，企业则需要通过减少产品的供给从而维持更高的利润。

$$L(Q)=R(Q)-C(Q) \tag{5-4}$$

在该函数中，$L(Q)$＝社会资本的经营利润

$R(Q)$ = 社会资本的总收益

$C(Q)$ = PPP 模式养老项目的成本

Q = PPP 模式养老项目产品的需求

在经济学原理中，已知当企业的利润最大时，$dL/dQ=0$，

$$\frac{dL(Q)}{d(Q)}=\frac{dR(Q)}{d(Q)}-\frac{dC(Q)}{d(Q)}=0,\ 由于\ MR=\frac{dR(Q)}{d(Q)}=\frac{dC(Q)}{d(Q)}=MC,$$

根据边际定价法理论，所以，

$$P=MR=\frac{dR(Q)}{d(Q)}=\frac{dC(Q)}{d(Q)}=MC \tag{5-5}$$

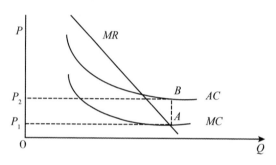

图5-1　边际成本法定价

但是，PPP 模式养老项目的产品是具有社会公益性的准公共产品，在其成本函数中，平均成本和边际收益曲线都是逐渐递减的，并且边际成本曲线 MC 的位置会低于平均成本曲线，所以，若 PPP 模式养老项目的产品定价按照 $P=MR=MC$ 进行制定，企业将会出现每单位 $B-A$ 的亏损，同时总量上 ABP_2P_1 面积的亏损。在完全竞争的市场模型中，该种定价方式可以保证社会的最大福利，同时，企业能获得基本的经济利润，而在准公共产品的 PPP 模式养老项目产品的定价中，企业将会出现一定程度的亏损，所以需要政府给予社会资本方亏损部分的政府补贴才能保证企业愿意提供相应的产品与服务。

（三）平均成本定价法

平均成本定价法是总成本除总产量的值，它可作为订定售价的依据，也可作为管制成本的参考。平均成本一般是随产量的增减而做反方向的变动，即产量增加时，平均成本就降低。平均成本定价法是一种可以保证企业在市场环境中收回成本并且获得收益的定价方法。该种定价方法目的是不使企业亏本，从而保证企业有一定的动力去维持项目的运营。

假设企业的利润函数为 $L(Q)$，企业总收入为 $R(Q)$，产品单价为 $P(Q)$，成本函数为 $C(Q)$，当企业的收入与支出的平衡点为 $R(Q)-C(Q)=0$，PPP 模式养老项目的收益公式如下：

$$L(Q)=\int P(Q)d(Q)-C(Q) \tag{5-6}$$

利用平均定价法对 PPP 模式养老产品这种准公共产品定价，可以较大程度地保证社会福利的最大化。通过对收入函数转化为拉格朗日条件下的极值来求解问题，PPP 模式养老项目的利润函数为：

$$L(Q)=\int P(Q)d(Q)-C(Q)-\lambda[P(Q)\cdot Q-C(Q)] \tag{5-7}$$

通过令 $L(Q)=0$，求得该函数的偏导，可以推断出 PPP 模式养老项目产品的定价公式为：

$$-\frac{dP}{dQ}\cdot\frac{Q}{P}-\lambda\left(1+\frac{dP}{dQ}\cdot\frac{Q}{P}\right)=-\frac{\lambda\cdot MC}{P} \tag{5-8}$$

$$令\ U=\frac{\lambda}{1+\lambda},\ \alpha=-\frac{dP}{dQ}\cdot\frac{Q}{P},\ P=\frac{MC}{\left(1-\dfrac{U}{\alpha}\right)} \tag{5-9}$$

在该函数中，$L(Q)=$ 社会资本的经营利润

$R(Q)=$ 社会资本的总收益

$C(Q)=$ PPP 模式养老项目的成本

$P=$ PPP 模式养老项目的产品定价

$U=$ 拉姆塞（Ramsey）系数

$\alpha=$ PPP 模式养老产品与服务的需求对价格的弹性系数

平均成本法是一种通过保障社会资本方收支平衡和稳定收益的定价方法，该方法的产品定价高于边际成本定价法产品的价格，在归为准公共产品领域的 PPP 模式养老项目的产品与服务，不会像使用边际成本定价法使得社会资本方亏本运营，因此，平均成本定价法可以较大程度地保证社会的福利并满足社会资本方的基本项目收益。

（四）二部定价法

二部定价法是对边际成本定价法的修正。二部定价法是运用较广的定价方法，是为了让企业控制生产成本，使高于边际成本的部分在大众消费中分摊、弥补，而不用通过政府补贴。二部定价法是定额定价和从量定价二者合一的定价体系，也是反映成本结构的定价体系。从社会效益的角度来看，二部定价法虽然不至于成为最优选择，但却比平均成本法更适合 PPP 的定价（吴维海，2018）。

不少学者认为，二部定价法是 PPP 模式项目中较为普遍采用的定价方法，该种定价法将产品的价格划分为两个部分，一是基本的固定成本部分，二是按照使用量需要增加的费用部分。二部定价法立足边际成本定价法，同时，为了使 PPP 项目的各方能保持项目持续经营的动力，不产生按照边际成本定价法导致项目亏本的结果，所以，二部定价法对 PPP 模式养老项目产品与服务的边际成本进行加成，将除了边际成本以外的成本分摊于各个 PPP 模式养老产品与服务单位的使用量上，从而保证社会资本方可以获得基本的项目利润收益。

因此，如图 5-1 所示，单纯地使用边际成本定价法，企业将会出现 ABP_2P_1 面积的亏损，该种定价法不利于企业的持续经营，所以，二部定价法将企业亏损的面积给予弥补，通过将亏损的部分分摊于各个单位的使用上，其中，将亏损的 ABP_2P_1 面积定义为费用 G，产品与服务的使用量为 Q，每单位产品的使用分担的费用为 G/Q，令 $S=G/Q$ 为产品每单位分担的费用，S 为 PPP 模式养老的产品与服务的每单位的固定成本费用，与此相对应，边际成本 MC 为 PPP 模式养老项目每单位变动的成本，所以，二部定价法的函数为：

$$P=\frac{G}{Q}+MC=S+MC \tag{5-10}$$

在该函数中，$P=$ 二部定价法的 PPP 模式养老项目的产品与服务价格

　　　　　　$S=$PPP 模式养老项目的产品与服务的每单位的固定成本，$S=G/Q$

　　　　　　$MC=$ 边际成本，即 PPP 模式养老项目产品与服务每单位变动成本

二部定价法作为 PPP 模式项目中普遍采用的一种定价方法，既可以使企业避免于边际定价法亏损的局面，同时，也可以防止企业运用平均成本法定价获得超额盈利。因此，二部定价法可以较好地保证 PPP 模式养老项目中社会资本方与老年人群体双方的利益。

二　需求角度定价方法

需求角度的定价方法是基于供给与需求平衡的角度，根据需求量的多少进行定价。PPP 模式养老项目提供的产品与服务的价格与其供给量成正相关，与需求量呈负相关，当供给量与需求量相等时，其均衡点是最终定价。

假设 PPP 模式养老项目的产品与服务的价格跟随需求量的变动而变动，在其他因素变量不变的情况下，P 为老年人愿意支付的养老产品与服务价格，需求函数则表示为：

$$D=c-b\times P \tag{5-11}$$

在该函数中，$D=$PPP 模式养老项目产品与服务的需求量

　　　　　　c、$b=$PPP 模式养老项目产品与服务的需求常数

　　　　　　$P=$ 老年人愿意支付的养老产品与服务的价格

同时，假设 PPP 模式养老项目的产品与服务的价格跟随供给量的变动而变动，在其他因素变量不变的情况下，P 为老年人愿意支付的价格，供给函数则表示为：

$$S = e + f \times P \tag{5-12}$$

在该函数中，S＝PPP 模式养老项目产品与服务的供给量

e、f＝ PPP 模式养老项目产品与服务的供给常数

P＝老年人愿意支付的养老产品与服务的价格

当供给量与需求量平衡时，$D = S$，则 $P = \dfrac{c-e}{b+f}$，该价格是从市场需求的角度制定的价格，但是，老年消费者一般并不会如实地将其对 PPP 模式养老项目产品与服务需求的心理预期价格如实地反映给相关养老机构，而养老机构的成本却是一定的，所以，养老机构难以获得老年人潜在消费者的真实价格需求，因而，需求定价方法虽然在理论上可行，但是在实际生活中却难以施行。

第三节　PPP 模式养老项目的一般定价模型

一　老年人可承受范围定价

通过基于老年人群体的支付能力可承受范围内制定的 PPP 模式养老项目产品与服务的价格，可以保障社会上大多数的老年人能够消费得起 PPP 模式养老项目的产品和服务。立足以上定价理论，PPP 模式养老项目的定价模式原理遵循老年人在养老项目上的消费能力不超过其家庭的每月平均收入和其每月养老金两个部分的总和，人均年可支配收入和人均年基本消费支出均参考老年人当地的统计年鉴，老年人平均每月养老金需参考当地的养老金水平，具体如下：

$$P_a = (I-E) \times h \times q \times \frac{1}{12} + C_p$$

$$P \leqslant P_a，\text{所以 } P \leqslant (I-E) \times h \times q \times \frac{1}{12} + C_p \tag{5-13}$$

在该函数中，P_a＝老年人可承受范围内的最高养老产品与服务价格

P＝PPP模式养老项目产品与服务的价格

I＝人均年可支配收入

E＝人均年基本消费支出

h＝每户人口均数

q＝平均每户家庭老年人口占家庭人口总数的比例

C_p＝老年人平均每月的养老金

二　PPP模式养老项目的补偿性收益的价格

PPP模式养老项目中，除了政府给予的政府补贴和税收减免等，养老项目自身的配套设施中的经营收入也是项目收益来源的一部分。通过对配套设施合理有效地运营和管理可以为PPP模式养老项目带来一定的收益从而降低养老项目产品与服务的定价，最终降低老年人的养老项目支出。项目的配套设施包括但不限于商店、餐馆、快递点、停车场和食堂等。PPP模式养老项目中补偿性收益对项目使用量每单位的补偿价格如下：

$$P_b = \frac{f}{\beta \times Q} \tag{5-14}$$

在该函数中，P_b＝PPP模式养老项目补偿性收益对项目使用量每单位补偿价格

f＝PPP模式养老项目的补偿性总收益

β＝PPP模式养老项目中配套设施的使用率

Q＝PPP模式养老项目中配套设施的需求量

三　PPP模式养老项目的产品定价

PPP模式的养老项目首要的目标是保障老年人群体的基本养老需求，同时，满足社会资本的投资收益，在对以上两者目标协调的基础上，决定了PPP模式养老项目定价必然是只能获得较为基本的项目收益，通过立足

二部定价法逻辑的基础上，将老年人群体可承受范围的项目定价和项目补偿性收益的价格相结合，进行 PPP 模式养老项目的产品定价：

$$P = P_e - P_b$$

$$P \leqslant P_a = (I - E) \times h \times q \times \frac{1}{12} + C_p$$

$$P = S + MC - \frac{f}{\beta \times Q} \tag{5-15}$$

由于本书中的 S 代表的是动态条件下 PPP 模式养老项目产品与服务的每单位固定成本，需要将其转化为静态条件下的每单位固定成本 S^1 求解，$S = S^1 \times \dfrac{i(1+i)^N}{(1+i)^N - 1}$，由此可得：

$$S = \frac{G}{Q} \times \frac{i(1+i)^N}{(1+i)^N - 1} \tag{5-16}$$

将式（5-16）代入式（5-10）中，可得到：

$$P = \frac{G}{Q} \times \frac{i(1+i)^N}{(1+i)^N - 1} + MC - \frac{f}{\beta \times Q}$$

$$P \leqslant (I - E) \times h \times q \times \frac{1}{12} + C_p = P_a \tag{5-17}$$

在该函数中，P＝PPP 模式养老项目产品定价

S＝动态条件下 PPP 模式养老项目产品与服务的每单位固定成本

G＝PPP 模式养老项目的前期成本

Q＝PPP 模式养老项目中配套设施的需求量

i＝PPP 模式养老项目的贷款利率

N＝PPP 模式养老项目的特许经营期

MC＝PPP 模式养老项目的边际成本

f＝PPP 模式养老项目的补偿性总收益

β＝PPP 模式养老项目中配套设施的使用率

I = 人均年可支配收入

E = 人均年基本消费支出

h = 每户人口均数

q = 平均每户家庭老年人口占家庭人口总数的比例

C_p = 老年人平均每月的养老金

第四节　PPP 模式养老项目的补贴定价模型

PPP 模式养老项目的定价需要保证社会资本方可以在获得一定收益的情况下能够维持项目的运营，但是，如果因为入住率或者项目成本等因素导致社会资本不能达到基本的收益率就会导致其难以继续经营。由于 PPP 模式养老项目的准公共产品性质，政府部门需要对 PPP 模式养老项目进行补贴。常见的补贴由项目的床位等前期设施的一次性补贴、项目的运营性补贴和项目的服务性补贴三大部分组成。

一　床位等前期设施的一次性补贴总额

PPP 模式养老项目在建设阶段完成后，政府需要根据具体的情况给予其床位等前期设施一次性的补贴来降低项目的前期投资成本，以此来缓解社会资本方的资金压力。床位等前期设施一次性补贴总额的公式如下：

$$F = D \times Q \tag{5-18}$$

在该函数中，F = PPP 养老项目政府的一次性补贴总额

　　　　　　D = 每单位养老设施一次性补贴的金额

　　　　　　Q = PPP 模式养老项目中养老设施的数量

二　公正报酬定价法的养老项目产品定价和项目的运营补贴

公正报酬定价法是一种传统和经典的报酬估算方法，该方法在市场有

效假说的条件下揭示了风险与投资者要求的报酬（收益）之间的关系。学者研究发现，目前国际上公用事业定价模式主要有两种：一是公正报酬定价法。这是目前应用最为广泛的方法。二是"上限制"定价法。它与我国实行的最高限价管制相类似（赵小平，2006）。在 PPP 模式养老项目中，社会资本方不能只追求自身的项目利润，从而制定较高的垄断价格来损害老年人群体的利益，因此，政府部门需要保证社会资本方在可以获得合理的利润基础上来维持项目的良好运营。政府部门应该使得社会资本在成本收回的基础上获得合理的盈利，这种合理的盈利模式就是公正报酬定价法的运用。公正报酬定价法的收益率一般情况下会高于银行的一年期定期存款利率，低于社会的平均利润率水平，具体的公式如下：

$$r_e = r_f + \beta(r_m - r_f) \tag{5-19}$$

在该函数中，r_e = 社会资本的项目公正报酬率

r_f = 无风险利率

β = 市场风险系数，$\beta < 1$

r_m = 市场报酬率

$r_m - r_f$ = 市场风险溢价

由 PPP 模式养老项目的性质可得，项目中的部分风险是由政府部门和社会资本共同分担，政府部门对于 PPP 模式养老项目中的风险进行了一定程度的分担从而降低了项目风险的影响程度，市场风险系数 β 值通常会较小，所以公正报酬定价公式为：

$$P_f = \left[G^1(1+r_e) + C_o + C_d\right] \times \frac{1}{Q} \tag{5-20}$$

在该函数中，P_f = 公正报酬率下的 PPP 模式养老项目产品定价

G^1 = PPP 模式养老项目的动态前期成本

r_e = 社会资本的项目公正报酬率

C_o = PPP 模式养老项目的运营成本

C_d = PPP 模式养老项目的固定资产折旧

Q = 养老设施的数量

由于上述公式中的 PPP 模式养老项目的前期成本 G^1 属于动态成本，需要将其转化为静态成本，所以 $G^1 = (G-F) \times \dfrac{i(1+i)^N}{(1+i)^N-1}$，可得：

$$P_f = \left(S - D \times \frac{i(1+i)^N}{(1+i)^N-1}\right) \times (1+r_e) + (C_o + C_d) \times \frac{1}{Q} \qquad (5-21)$$

在函数中，令 $D^1 = D \times \dfrac{i(1+i)^N}{(1+i)^N-1}$，

公正报酬率下的养老项目定价：

$$P_f = (S - D^1) \times (1+r_e) + (C_o + C_d) \times \frac{1}{Q} \qquad (5-22)$$

在该函数中，P_f=公正报酬率下的养老项目定价

　　　　　　S=PPP 模式养老项目的产品与服务的每单位的固定成本，$S = G/Q$

　　　　　　D=每单位养老设施一次性补贴的金额

　　　　　　D^1=每单位养老设施一次性补贴的金额系数

　　　　　　r_e=社会资本的项目公正报酬率

　　　　　　C_o=PPP 模式养老项目的运营成本

　　　　　　C_d=PPP 模式养老项目的固定资产折旧

　　　　　　Q=养老设施的数量

　　　　　　G=PPP 模式养老项目的前期成本

　　　　　　F=PPP 养老项目政府一次性补贴总额

政府给予项目的运营补贴：

$$O_s = P_f - P = \left[(G-F) \times \frac{i(1+i)^N}{(1+i)^N-1}\right] \times (1+r_e) \times \frac{1}{Q} = S \times r_e - D^1 \times (1+r_e) + (C_o +$$

$$C_d) \times \frac{1}{Q} - MC + \frac{f}{\beta \times Q} \qquad (5-23)$$

在该函数中，O_s=政府给予项目的运营补贴

　　　　　　P_f=公正报酬率下的养老项目定价

P = PPP 模式养老产品项目定价

G = PPP 模式养老项目的前期成本

F = PPP 养老项目政府一次性补贴总额

i = 项目的贷款利率

N = 项目的特许经营期

r_e = 社会资本的项目公正报酬率

Q = 养老设施的数量

S = PPP 模式养老项目的产品与服务的每单位的固定成本

$S = G/Q$

D = 每单位养老设施一次性补贴的金额

D^1 = 每单位养老设施一次性补贴的金额系数

C_o = PPP 模式养老项目的运营成本

C_d = PPP 模式养老项目的固定资产折旧

MC = 项目的边际成本

f = 养老项目的补偿性总收益

β = 养老项目中配套设施的使用率

三 养老服务补贴

养老服务补贴是指 PPP 模式养老项目为老年人群体提供方便其生活的诸多服务，包括护理人员陪同散步、外出购物陪同和送餐服务等而采取的补贴形式。这些服务可以适当地提高老年人在机构养老的生活水平，但是该类型的服务价格并不是所有的机构养老的老年人都可以承受的，所以政府给予了一定程度上的补贴，具体公式如下：

$$M_s = P_s \times Q_m \times \theta \times \frac{1}{Q} \tag{5-24}$$

在该函数中，M_s = PPP 模式养老项目服务的补贴价格

P_s = 生活服务平均价格

Q_m = 生活服务提供的数量

θ=生活服务的消费率，$\theta<1$

Q=养老设施的数量

四　政府的补贴综合定价

综合定价是将各种定价方法综合利用进行定价，以实现最优。实践中，众多 PPP 项目本身所产生的现金流往往不能覆盖项目的全部成本，必须辅以政府补贴才能保证 PPP 项目的持续运营，才能满足投资者对项目投资回报的要求（宋映忠等，2020）。在这里，政府的补贴综合定价是由床位等设施的一次性补贴、项目的运营补贴和服务性补贴三大部分组成，由 PPP 模式养老项目性质可知，一次性补贴属于项目在建造完工时给予的一次性的补贴，而项目的运营补贴和服务性补贴属于项目的长期持续性的补贴，所以，政府的补贴综合定价公式如下：

$$P_c = F + O_s + M_s = D \times Q + S \times r_e - D^1 \times (1 + r_e) + (C_o + C_d) \times \frac{1}{Q} - \mathrm{MC} + \frac{f}{\beta \times Q} + P_s \times Q_m \times \theta \times \frac{1}{Q}$$

$$\tag{5-25}$$

在该函数中，P_c=政府的补贴综合定价

　　　　F=PPP 养老项目政府一次性补贴总额

　　　　O_s=政府给予项目的运营补贴

　　　　M_s=养老服务的补贴价格

　　　　D=每单位养老设施一次性补贴的金额

　　　　Q=养老设施的数量

　　　　S=PPP 模式养老项目产品与服务的每单位的固定成本，

　　　　　$S=G/Q$

　　　　r_e=社会资本的项目公正报酬率

　　　　D^1=每单位养老设施一次性补贴的金额系数

　　　　C_o=PPP 模式养老项目的运营成本

　　　　C_d=PPP 模式养老项目的固定资产折旧

$MC=$项目的边际成本

$f=$养老项目的补偿性总收益

$\beta=$养老项目中配套设施的使用率

$P_s=$生活服务平均价格

$Q_m=$生活服务提供的数量

$\theta=$生活服务的消费率，$\theta<1$

第五节　博弈视角下 PPP 模式养老项目
定价的激励机制设计

养老项目在 PPP 模式的运作下，政府和社会资本基于自身优势资源及收益考虑而确定出一套符合社会养老保障需求的运营机制，既能实现社会资本盈利，政府有效控制监管，又能促进社会养老产业的健康发展。当前我国 PPP 模式仍处于摸索实践的初步发展阶段，项目落地率较低，如何设立有效的激励机制鼓励社会资本参与项目投资仍是 PPP 养老项目研究的重要内容。PPP 模式养老项目的后期运营费用大，社会资本对项目未来收益存在顾虑，为保证 PPP 模式养老项目的顺利实施，激励机制的建立是养老项目有序发展的良好基础。在激励机制中，定价和特许权期是政府获得满意社会效用，同时也是社会资本获利的主要考量。不完善的激励机制将直接影响着政府和社会资本双方的合作效率。

一方面，项目定价对 PPP 模式养老项目的未来健康发展至关重要。定价较高，有助于社会资本获得更高收益，从而提高社会资本参与项目投资的积极性，但会使居民养老福利降低，丧失养老项目建设的根本目的；定价较低，有助于提高中低收入养老群体的社会福利，但却打击了社会资本参与的积极性，如果此时政府以高额补偿换取社会资本的投资对 PPP 模式养老项目的积极性，又势必加大政府的财政负担。另一方面，特许权期的长短也直接影响社会资本的经济收益，合理的特许权期能够有效地激励社会资本投资。特许权期长，企业盈利大；特许权期短，企业盈利小。如果政府希望尽早取得经营权限，以更好地控制项目使用，可能又会受到社会资本的反对。但是，不合理的特许权期可能使政府关心的社会效用受损或没有发挥应有的作用，或可能遭到社会资本的反对而导致契约无法形成。为此，综合考虑 PPP 模式养老项目中政府和社会资本的利益关系，确定一个科学合理的项目定价与特许权期的激励机制，使整体社会福利达到最优水平，是 PPP 模式养老项目契约形成、建设运营及市场推广的关键举措（李婧，2018）。

不同类型的社会资本在项目建设、融资、运营及维护等各环节的能力存在差异，而该差异在契约协商过程中不为政府所熟知，从而形成了信息不对称，容易产生道德风险。因此根据 Myerson 显示原理，政府在合同制定阶段构建一种决策机制，既能使得社会资本报告真实综合能力，又能使得政府关心的社会福利最大，在该决策机制下，政府部门与社会资本方进行基于不完全信息的静态博弈（孙慧、李磊，2016）。

政府制定合同以实现项目实施产生的社会福利最大化为目标，社会福利包括社会收益和社会资本收益。前者是 PPP 模式养老项目给老年人群体带来的福利减去使用项目付出的成本；后者是 PPP 模式养老项目为社会资本方带来的收入减去投资。政府在拟定合同时并不清楚社会资本的真实综合能力，但了解其属于某种能力的可能概率。基于社会资本真实综合能力的差异，将社会资本划为弱能力类型 β_L 和强能力类型 β_H 两种类型，且假设社会资本属于弱能力类型的概率为 μ，属于强能力类型的概率为 $1-\mu$。政府提供的合同为 (P_j, T_j)，其中 P_j 和 T_j 分别代表合同约定的社会资本能力类型 β_j 的定价和特许权期，$j=H, L$。政府制定合同，社会资本基于不同能力类型评估预期收益后，以确定是否提供真实信息，进而接受何种合同。

一　社会资本收益函数

假设 PPP 模式养老项目运营阶段单位时间内的使用者数量波动不大，用 Q 表示，社会资本的初始投资为 C，投资越多，项目管理成本越低。相同投资下，社会资本实力越强，管理成本越低，假设项目运营期间平均成本为 $k/C\beta j$，$k>0$。政府补贴，用 W 表示，包括政府对养老设施的一次性补贴 W_1、运营期间的阶段性补贴 ρW_2，$\rho = [(1+i)^T-1]/[i(1+i)^T]$ 表示折现系数，i 为贷款利率。

对于一个合同（P，T），社会资本在 PPP 模式养老项目期间内的收益为 $PQT-C-kT/C\beta+W$，其中 PQT 表示社会资本收益，C 为初始投资，$kT/C\beta$ 为项目管理成本，W 为政府补贴。政府提出合同后，社会资本基于自身信息评估未来收益。对于强能力类型的社会资本，报告自身真实信息将会得到（PH，TH）的合同，其预期收益为：

$$P_H QT_H - C_1 - kT_H / C_1^{\beta_H} + W_1 + \rho_H W_2 \tag{5-26}$$

强能力类型社会资本虚报信息将会得到（P_L，T_L）的合同，预期收益为：

$$P_L QT_L - C_2 - kT_L / C_2^{\beta_H} + W_1 + \rho_L W_2 \tag{5-27}$$

弱能力类型的社会资本，报告真实信息将会得到（P_L，T_L）的合同，预期收益为：

$$P_L QT_L - C_1 - kT_L / C_1^{\beta_L} + W_1 + \rho_L W_2 \tag{5-28}$$

弱能力类型社会资本虚报信息将会得到（P_H，T_H）的合同，预期收益为：

$$P_H QT_H - C_2 - kT_H / C_2^{\beta_L} + W1 + \rho_H W_2 \tag{5-29}$$

由式（5-26）至式（5-29）可知，政府提供合同，社会资本的总收益既定，仅能通过调节初始投资 C 使得总成本变成最小。当强能力类型社会资本报告真实信息后，其净收益最大的条件为式（5-26）关于初始投资的一阶导数，即：

$$\frac{d \left[P_H QT_H - C_1 - kT_H / C_1^{\beta_H} + W_1 + \rho_H W_2 \right]}{dC_1} \tag{5-30}$$

得到最优初始投资为 $C_1^H = (kT_H \beta_H)^{\frac{1}{\beta_H + 1}}$

同理，弱能力类型社会资本报告真实类型后，最优投资为 $C_1^L = (kT_L \beta_L)^{\frac{1}{\beta_L + 1}}$。

可见，社会资本初始最优投资与特许权期长短及能力类型有关，特许权期越长，综合能力越强，最优的初始投资越大。

二　政府效用函数

假设 $\varphi(C)$ 表示初始投资 C 的 PPP 模式养老项目带来的社会收益，不同能力类型的社会资本运营项目带来的社会收益存在差异。强、弱能力类型的社会资本将产生的社会价值分别为 $\varphi(C)\beta_H$、$\varphi(C)\beta_L$，且 $\varphi(C)\beta_H > \varphi(C)\beta_L$。进一步假设社会资本运营 PPP 模式养老项目产生净收益 U，在整个项目期间的净收益为 $U-C$；项目为养老群体带来的社会净收益为 $\varphi(C)\beta f - U$。政府以社会总福利最大为目标，即实现 $\varphi(C)\beta f - C$ 最大，又因为政府并不清楚知道社会资本真实的能力类型，而只能最大化 $\varphi(C)\beta f - C$ 的期望值，设其值为 π，且：

$$\pi = \mu\left[\beta_L\varphi(C_L) - C_L\right] + (1-\mu)\left[\beta_H\varphi(C_H) - C_H\right] \tag{5-31}$$

三　约束条件与模型构建

在设计 PPP 模式养老项目合同时，政府需考虑以下约束：第一，参与约束，需保证社会的预期收益非负，否则社会资本将不会接受合同；并且要保证强能力的社会资本获得更高收益。第二，激励约束，需保证社会资本不会虚报自身真实能力类型；同时社会资本的投资大于政府规定的最低额。基于上述约束条件，构造决策模型：

$$\underset{C_i}{\text{MAX}}\,\pi = \mu\left[\beta_L\varphi(C_L) - C_L\right] + (1-\mu)\left[\beta_H\varphi(C_H) - C_H\right]$$

$s.\,t.$

$$P_H Q T_H - C_1 - kT_H/C_1^{\beta_H} + W_1 + \rho_H W_2 \geqslant 0 \tag{1}$$

$$P_L Q T_L - C_1 - kT_L/C_1^{\beta_L} + W_1 + \rho_L W_2 \geqslant 0 \tag{2}$$

$$P_H Q T_H - kT_H/C_1^{\beta_H} + \rho_H W_2 \geqslant P_L Q T_L - kT_L/C_1^{\beta_L} + \rho_L W_2 \tag{3}$$

$$P_H Q T_H - C_1 - kT_H/C_1^{\beta_H} + \rho_H W_2 \geqslant P_L Q T_L - C_2 - kT_L/C_2^{\beta_H} + \rho_L W_2 \tag{4}$$

$$P_L Q T_L - C_1 - kT_L/C_1^{\beta_L} + \rho_L W_2 \geqslant P_H Q T_H - C_2 - kT_H/C_2^{\beta_L} + \rho_H W_2 \tag{5}$$

$$C_i \geqslant C_0 \quad (i=H,\ L) \tag{6}$$

（5-32）

四　模型求解与机制设计

在求解上述模型前，进一步做出以下假设：第一，社会收益随投资增加而提高，社会边际收益随投资增加而降低，函数表示为 $\varphi'(C)>0$，$\varphi''(C)<0$；且满足稻田条件。此外，$f(x)$ 为 φ' 的反函数，$exf(x)$ 为减函数。第二，PPP 模式养老项目的最低投资大于 1；社会资本的最优投资均大于规定的最低投资。第三，政府总是偏向于降低价格以减轻养老群体的负担。

由前述的约束条件可得，只要式（5-32）的（2）式成立，那么 5-32 的决策模型成立，且式（1）与式（3）中的等式约束成立。这意味着，强能力类型的社会资本收益能力相对更高，而政府提供的合同只需保证弱能力类型社会资本的收益为正，即能保证两种能力类型都有参与项目的积极性。此外，政府也总是希望综合能力较强的社会资本参与项目，同时政府也倾向于适当降低项目定价，使不同类型的社会资本无论虚报还是实报自身真实能力类型，都处于收益的临界点，从而最大程度地减轻老年人养老群体的生活压力。基于此，构建模型的约束条件进一步精简，将问题转化为在（5-32）中式（2）、式（3）的等式约束下成立。此时，政府可以通过养老项目定价和特许权期的设置使社会资本投资达到政府的理想水平，满足如下等式：

$$\frac{\partial \pi}{\partial C_L}=0 \qquad \frac{\partial \pi}{\partial C_H}=0 \tag{5-33}$$

得到 $\beta_L \varphi'(C_L)=1 \quad \beta_H \varphi'(C_H)=1$，根据前述假设已知存在唯一解 $(C_L\times, C_H\times)$，且均大于 1。通过验证发现，二阶导数均小于 0，交叉二阶导数等于 0，则 $-\pi$ 的海塞矩阵正定，$(C_L\times, C_H\times)$ 是模型的最优解。

综述所述，政府提供合同，社会资本预估收益以选择是否报告真实能力类型。而社会资本的预期收益与特许权期长短有关，若政府部门能合理制定特许权期，使政府期望最优投资与社会资本报告真实能力类型时的最优投资相等，即 $C_L\times=C_{1L}$，$C_H\times=C_{1H}$，此时对应的特许权期就可以实现社会总福利最大。由此可得最优的特许权期为：

$$T_H = \frac{C_H^{\times \beta_H+1}}{k\beta_H}$$

$$T_L = \frac{C_L^{\times \beta_L+1}}{k\beta_L} \tag{5-34}$$

可见，最优特许权期的长短与社会资本的真实能力类型有关，政府为强能力类型社会资本制定更长的特许权期将提高其参与 PPP 模式养老项目的积极性。同时，特许权期的设置受社会边际收益的影响，单位投资产生的社会收益越大。因此政府制定的特许权期应该适当延长，从而提高社会资本积极性，增加社会福利。

政府制定的最优价格为：

$$P_L = \frac{k(\beta_L+1)C_L^{\times} - Wk\beta_L}{QC_L^{\times\beta_L+1}}$$

$$P_H = \frac{k(\beta_L+1)C_L^{\times} - Wk\beta_L}{QC_H^{\times\beta_H+1}} \times \frac{\beta_H}{\beta_L} + \frac{C_H^{\times\beta_H}}{\beta_H} - \frac{C_L^{\times\beta_L}}{\beta_L} - (\rho_H - \rho_L)W_2 \tag{5-35}$$

由上可见，第一，PPP 模式养老项目最优定价不仅取决于社会资本的类型，而且与养老项目运营期间单位时间内使用者数量 Q 有关，Q 越大，政府定价应越低。因此政府在制定合同时，应充分考虑 PPP 模式养老项目预期消费者数量，其大小将直接影响定价。同时，还应考虑 Q 的稳定性，否则将增加社会资本的运营和收益风险，进而影响其参与项目的积极性。第二，PPP 模式养老最优定价也与投资的边际社会收益有关，边际社会收益越大，定价将越低。需注意，政府制定的价格也不应过低，否则将影响社会资本参与 PPP 模式养老项目的积极性；即使社会资本选择参与投资，也可能损害其最终利润，进而影响项目质量。第三，PPP 模式项目最优定价还与政府补贴有关，政府补贴越大，定价越低，从而减轻养老群体的负担；但也应注意补贴的动态监管，否则可能引起政府财政压力过大。

综上分析，合理的定价与特许权期将会激励社会资本提高参与 PPP 模式养老项目的积极性及建设运营的努力程度；相反，不合理的定价必然引发反复协商，导致谈判成本的提高，甚至可能的协商破裂。另外，在契约协商过程中，政府往往不清楚社会资本的真实综合能力，从而可能发生虚报自己能力类型而获得合同的道德风险。因此，本节运用机制设计理论建立了基于不完全信息的公私双方静态博弈模型，揭示了 PPP 模式养老项目定价的最优设计机制，重点分析了特许权期及政府补贴在其中的影响，并从理论上证明了其可行性。

第六节 案例应用

根据前面章节对 PPP 模式养老项目设计的补贴定价模型及基于不完全信息博弈的补贴修正模型，现在通过具体的案例来验证该定价模型的合理性和操作性，以此进行实证研究。本书以入选财政部政府和社会资本合作中心全国 PPP 综合信息平台项目数据库的《南昌市象湖老年养护中心 PPP 项目》为例，运用上文设计的定价模型来进行具体的研究。

一 南昌市象湖老年养护中心 PPP 项目概述

象湖老年养护中心 PPP 项目属于新建的养老项目，项目的总用地面积为 80000.04 平方米，项目总建筑面积 111000 平方米，其中地上的建筑面积为 80000 平方米（关宁楼 20000 平方米、长护楼 20000 平方米、综合楼 40000 平方米），地下建筑面积 31000 平方米。容积率 1.0%，绿地面积 33120.17 平方米，绿地率 41.4%，总床位数 1700 张。项目的总投资为 59200.00 万元，其中，建筑工程 39964.45 万元，设备工程 6113.05 万元，工程安装费用 2441.95 万元，工程建设其他费用 2198.37 万元，基本预备费 5071.78 万元，项目建设期贷款利息费用 3410.40 万元。同时，该项目的方案按照央行中长期贷款基准利率上浮 30%，也就是 6.37%的贷款利率并调整融资进度计划后的建设期利息调整为 2739.10 万元[①]。南昌市象湖

[①] 《南昌象湖老年养护中心建设 PPP 项目物有所值评价报告》，第 2—3 页，财政部政府和社会资本合作中心。

老年养护中心 PPP 项目将部分政府责任以经营权和使用权授予的方式转移给社会资本方，政府的财政负担减轻，社会资本方的投资风险也将减少。

南昌市象湖老年养护中心 PPP 项目的运作方式为 BOT（建设—运营—移交）模式，实施机构为南昌大学第一附属医院，项目的合作期限为 25 年，其中，建设期为 2 年，运营期为 23 年。该项目的投资资金构成分为普惠养老配套补贴和 PPP 项目筹集资金两个部分，普惠养老专项配套补贴金额为 3400 万元，PPP 项目筹集的资金为 55128.7 万元，其中，社会资本的自有资金为 12128.7 万元，融资金额为 43000 万元，该项目的资金比例符合相关的要求。同时，该项目方案将项目公司的注册资本与社会资本自由资金金额保持一致，项目公司的股权比例为：社会资本全额出资[①]。

表 5.1　象湖养老项目的政策成熟度、市场成熟度、项目成熟度的研究清单

序号	成熟度	高	较高	较低
一	政策成熟度	√		
1	授权：是否授予公共机构开展 PPP 项目	√		
2	资源：是否有必要的资源，特别是 PPP 项目全流程中专业咨询顾问的参与度	√		
3	法规：是否已经出台 PPP 项目有关法规依据		√	
4	支持：项目是否有必要的政府、公众支持	√		
二	市场成熟度	√		
1	市场环境：项目资金是否符合贷款条件	√		
2	行业产能：市场是否存在足够合格的社会资本	√		
3	市场利润：项目是否有足够的市场利润空间	√		
三	项目成熟度	√		
1	与长期规划的一致性：项目是否与政府的长期规划一致	√		
2	可行性研究：该项目是否通过可行性研究	√		
3	初步研究分析：是否有足够的数据支持财务分析		√	

资料来源：《南昌象湖老年养护中心建设 PPP 项目财政承受能力论证报告》，第 5—6 页，财政部政府和社会资本合作中心。

---

① 《南昌象湖老年养护中心建设 PPP 项目物有所值评价报告》，第 3 页，财政部政府和社会资本合作中心。

截至 2018 年年底，南昌市 60 周岁及以上户籍老年人口达 92.95 万人，《南昌市 2018 年国民经济和社会发展统计公报》显示，南昌市拥有各类社会福利单位 127 个，床位 15849 张，每千名老年人养老床位数仅为 17 张。江西省人民政府关于加快发展养老服务业的实施意见提出的总体目标是：到 2020 年，按每千名老年人不低于 40 张床位的要求，推进机构养老服务设施建设。南昌市的床位数达到了 37180 张床位，养老床位尚有 21331 张床位数的缺口，随着南昌市人口老龄化程度的逐步增高，养老床位更为紧缺①。

正如表 5.1 所示，南昌象湖老年养护中心建设 PPP 项目的社会环境条件、外部公共设施条件、公共条件都比较好。交通便利，水电可以就近接入，工程建设的砖、沙、砾石等材料均可以就地取材，钢筋、水泥可以就近购买，项目的外部配套条件良好。南昌大学第一附属医院象湖新城分院自南到北划分为几大功能区：南部临象湖路面向患者开放的医疗服务区（即目前经省发改委核准的项目一期 431723 平方米，投资 20.22 亿元），医疗区容纳了急诊、医技、病房等全部医疗设施，成为整体院区的基础。北面地块相对幽静，建设老年医疗、康复区域，东侧地块滨临抚河，有丰富的景观资源，打造为医院的学术、科研交流中心、行政区域②。

该项目位于南昌大学第一附属医院象湖院区内，南昌大学第一附属医院象湖院区设计规模为 3200 张编织床位的三级甲等综合教学医院，总面积达到 67 万平方米，根据老院区的现状，年门诊量将近 280 万人次，住院床位的使用率常年高达 120% 以上，周转率为 47.9%，空床率几乎为零。因此，相较于普通的养老项目，该项目将拥有有利的医疗资源与需求优势，南昌大学第一附属医院在项目的合作期内将有养老需求的病源优先推荐给本项目，并设置看病绿色通道等方案对该项目进行支持，使得入住的老人不仅可以养老，更能提供就近医疗的便利，此外，医院还可以通过为养老

---

① 《南昌象湖老年养护中心建设 PPP 项目物有所值评价报告》，第 10 页，财政部政府和社会资本合作中心。

② 《南昌象湖老年养护中心建设 PPP 项目物有所值评价报告》，第 11 页，财政部政府和社会资本合作中心。

中心提供技术支持、管理培训等方式达到医养结合的目的①。

南昌市象湖老年养护中心 PPP 项目区位情况。该项目建设地点位于象湖路以北、东新大道以东、桃花东路以西（南昌大学第一附属医院象湖新城分院北区），与周边城市道路连接顺畅，交通便利，地理位置优越。该项目用地为医院自有土地，用地性质为划拨用地，用地权属清晰明确，占地面积 120 亩。项目建设符合《南昌市城市总体规划（2016—2035）》规划要求②。

南昌市象湖老年养护中心 PPP 项目建设规模。结合南昌市常住老年人口数、当地经济发展水平、机构养老服务需求等多项因素及现有养老设施的床位数量，确定该项目新增 1700 张养老床位，其中，60% 的床位共 1020 张床用于惠普养老，40% 的床位共 680 张床用于非普惠养老。该项目入住服务用房、生活用房、卫生保健用房、康复用房、娱乐用房、社会工作用房、行政办公用房、附属用房等八项设施的建筑面积指标（见表 5.2），按照《老年养护院建设标准》（建标 144-2010）建设③。

表 5.2　　　　　　　　　　　养护院各类用房面积

用房类别		建筑面积（平方米）
老年人用房	入住服务用房	1100
	生活用房	53000
	卫生保健用房	3500
	康复用房	1800
	娱乐用房	2200
	社会工作用房	4500
行政办公用房		4400
附属用房		9500

---

①《南昌象湖老年养护中心建设 PPP 项目物有所值评价报告》，第 12 页，财政部政府和社会资本合作中心。

②《南昌象湖老年养护中心建设 PPP 项目物有所值评价报告》，第 13 页，财政部政府和社会资本合作中心。

③《南昌象湖老年养护中心建设 PPP 项目物有所值评价报告》，第 14—15 页，财政部政府和社会资本合作中心。

用房类别	建筑面积（平方米）
合计	80000

资料来源：老年人用房、其他用房（包括行政办公及附属用房）平均使用系数分别按 0.6 和 0.65 计算。《南昌象湖老年养护中心建设 PPP 项目财政承受能力论证报告》，第 15 页，财政部政府和社会资本合作中心。

南昌市象湖老年养护中心 PPP 项目资金来源。该项目采用 PPP 模式融资，资本金分为普惠养老专项补贴和社会资本自有资金两部分，其中，普惠养老专项补贴金额为 3400 万元，社会资本自有资金为 12128.7 万元，融资金额为 43000 万元[①]，具体如表 5.3 所示。

表 5.3 　　　　　　　　　　**象湖养老项目工程总投资**

工程总投资		资金类别	
总投资 58528.7 万元	静态总投资 55789.6 万元	普惠养老专项补贴 3400 万元	
	建设期利息 2739.1 万元（按照融资利率 6.37%，建设期 2 年平均投入建设）	PPP 投资额 55128.7 万元	社会资本自有资金 12128.7 万元
			项目融资 43000 万元

资料来源：《南昌象湖老年养护中心建设 PPP 项目财政承受能力论证报告》，第 24 页，财政部政府和社会资本合作中心。

南昌市象湖老年养护中心 PPP 项目公司股权情况。该项目通过设立 PPP 项目公司进行运作，根据财金〔2014〕156 号文规定，"政府在项目公司的持股比例应当低于 50%，且不具有实际控制力及管理权"，经过市场测试，向潜在感兴趣的社会资本充分调查，在综合考虑社会资本预期的基础上，为提高对意向社会资本方的吸引力，以更好地践行 PPP 理念，拟

---

① 《南昌象湖老年养护中心建设 PPP 项目物有所值评价报告》，第 3 页，财政部政府和社会资本合作中心。

定项目公司采取的股权比例为：由中标社会资本全额出资设立项目公司[1]。

二　南昌市象湖老年养护中心 PPP 项目补贴定价计算

通过本章节的 PPP 模式的养老项目的多种定价公式，对南昌市象湖老年养护中心 PPP 项目进行价格计算。首先，制定项目的基本价格；其次，建立项目的具体的补贴定价内容，其中，包括养老项目产品的公正报酬率和项目一次性补贴、运营性补贴和服务性补贴；最后，建立项目的政府补贴综合定价。

（一）项目基本价格的制定——根据二部定价法进行 PPP 模式养老项目价格计算

1. 项目的固定成本的计算

根据项目的投资内容可得，项目的总投资为 58528.7 万元，项目共包含床位 1700 张，因此，每张床位的平均成本为：

$$585287000 - 34000000 = 551287000 \text{ 元}$$
$$551287000 \div 1700 = 324286.47 \text{ 元/张}$$

已知项目的贷款利率为每年 6.37% 和我国国债 10 年期利率为 3.2%，同时可知项目的建设期为 2 年和运营期为 23 年，根据复利原则，每张床位在 23 年后的平均成本为：

$$324286.47 \times 1.0637^{23} = 1342545.99 \text{ 元/张}$$

通过净现值法，换算成运营期每张床位的固定成本为 2464.29 元/月，所以项目的每单位固定成本为 2464.29 元。

2. 项目的边际成本的计算

根据现阶段主流的养老机构的运营成本计算，主要包括了机构护工人员、管理人员、生活用品等工资成本组成，全市平均工资为 3500 元/月，预计每个护工人员可以对应 10 名老人，同时，每位管理人员对应 20 名老

---

[1] 《南昌象湖老年养护中心建设 PPP 项目物有所值评价报告》，第 24 页，财政部政府和社会资本合作中心。

人，其他生活用品等费用成本为每单位 50 元/月，所以，每位参加机构养老的老年人的边际成本费用为：350+175+50＝575 元/月。

3. 养老项目补偿性收益的收入

南昌市象湖老年养护中心 PPP 项目拥有一些商业设施，如沿街的店铺、停车场等，该项目位于南昌市象湖，属于南昌县区位，但是，北接南昌市中心城区西湖区，该项目的区位较好。根据 5-14 公式，$P_b=\dfrac{f}{\beta\times Q}$，$P_b$（养老项目中补偿性收益对项目使用量每单位的补偿价格），f（养老项目的补偿性总收益），β（养老项目中配套设施的使用率），Q（养老项目中配套设施的需求量），假定，养老项目补偿性收益 f 每月共计 10 万元，养老项目中配套设施的使用率 β 为 0.8，养老项目中配套设施的需求量 Q 为 1700 单位，所以，P_b 为 73.53 元/月。

$$P_b=\frac{f}{\beta\times Q}=\frac{10000}{0.8\times1700}=73.53\ 元/月$$

养老产品的基本定价根据项目的固定成本的计算、项目的边际成本的计算、养老项目补偿性收益三部分的价格计算，本项目基本价格为：

$$P=P_e-P_b=2464.29+575-73.53=2965.76\ 元/月$$

4. 老年人可承受范围的价格

本书定价模式的原理遵守老年人的消费力不超过其家庭的平均收入和其养老金两个部分的总和，以此保障大多数的老年人可以负担起该项目的消费。根据公式（5-13），$P\leqslant(I-E)\times h\times q\times\dfrac{1}{12}+C_p$，$P$（项目的价格），$I$（人均年可支配收入），$E$（人均年基本消费支出），$h$（每户人口均数），$q$（平均每户家庭老年人口占家庭人口总数的比例），$C_p$（老年人平均每月养老金，2017 南昌市人社部门公布 2017 年养老金 2425 元/人），同时，根据南昌市统计年鉴（2018 年），可得，I（37675）、E（24275）、h（2.87）、q（17.72）、C_p（2425），所以，老年人可承受范围的最高价格：

$$(I-E)\times h\times q+C_p=(37675-24275)\times2.87\times17.72\%+29100=35914.76\ 元/年=2992.9\ 元/月$$

综上所述，本项目的价格高于本地老年人可承受范围的最高价格

2992.9 元/月，2992.9 元>2965.76 元，所以，本项目的产品定价符合当地老年人群体的可承受范围。

（二）PPP 模式养老项目的补贴定价

1. 床位等前期设施的一次性补贴总额

依据《江西省人民政府关于加快发展养老服务业的实施意见》赣府发〔2014〕15 号，经依法许可和登记的非营利性养老机构，自建或购买用房兴办 30 张床位以上且运营满 1 年的，按核定床位每张补贴 2000 元，所以，根据公式（5-18），$F = D \times Q$，F（PPP 养老项目政府一次性补贴总额），D（每单位养老设施一次性补贴的金额），Q（养老设施的数量），可得，政府给予床位等前期设施的一次性补贴总额：

$$F = D \times Q = 2000 \times 1700 = 3400000 \text{ 元}$$

2. 基于公正报酬定价法的养老项目产品定价

在 PPP 项目中，采用我国 PPP 项目的平均收益率为项目收益率标准，所以，r_e（社会资本的项目公正报酬率）= 8%。

已知项目的每单位固定成本为 324286.47 元/张，项目的残值按照 40% 计算，那么，项目的单位设施折旧费为：

$$324286.47 \times 0.6 \div 23 \div 12 = 704.97 \text{ 元/月}$$

同时，PPP 模式的养老项目的运营成本即每位机构老年人的边际成本费用 575 元/月，根据公式 5-20，公正报酬定价公式 $P_f = \left[G^1 (1+r_e) + C_o + C_d \right] \times \dfrac{1}{Q}$，$P_f$（公正报酬率下的养老项目定价），$G^1$（PPP 模式的养老项目的动态前期成本），$r_e$（社会资本的项目公正报酬率），$C_o$（PPP 模式的养老项目的运营成本），$C_d$（PPP 模式的养老项目的固定资产折旧），$Q$（养老设施的数量）。

同时，$G^1 = (G-F) \times \dfrac{i(1+i)^N}{(1+i)^N - 1}$，$F$（PPP 养老项目政府一次性补贴总额），可得，$P_f = \left(S - D \times \dfrac{i(1+i)^N}{(1+i)^N - 1} \right) \times (1+r_e) + (C_o + C_d) \times \dfrac{1}{Q}$，$S$（PPP 模式的产品与服务的每单位的固定成本，$S = G/Q$），所以，

$$P_f=(S-D^1)\times(1+r_e)+(C_o+C_d)\times\frac{1}{Q}=（2464.29-168）\times1.08\%+575+$$

704.97＝3759.96 元/月

3. PPP 模式养老项目的运营补贴

根据公式（5-23），O_s（政府给予项目的运营补贴）为公正报酬率下的养老项目定价与项目基本价格的差值，$O_s=P_f-P$，所以，

$$O_s=P_f-P=3759.96-2965.76=794.2 元/月$$

4. PPP 模式养老项目服务的补贴价格

根据公式（5-24），养老服务的补贴价格由 M_s（养老服务的补贴价格）、P_s（生活服务平均价格）、Q_m（生活服务提供的数量）、θ（生活服务的消费率，$\theta<1$）、Q（养老设施的数量）组成，可得，

$$M_s=P_s\times Q_m\times\theta\times\frac{1}{Q}=（50\times1700\times30\times0.5/1700）\times0.2=150 元/月$$

养老服务的补贴价格 150 元/月刚好符合南昌市分别给予失能与半失能老人每月 200 元、100 元补贴的政策。

（三）政府的补贴综合定价

政府的补贴综合定价公式由三部分组成：床位等设施的一次性补贴、项目的运营补贴和服务性补贴，根据公式（5-25）可得，$P_c=O_s+M_s=$794.2+150＝944.2 元/月，床位等设施的一次性补贴为 3400000 元。

本章小结

本章基于项目定价理论构建了 PPP 模式养老项目的投资定价决策模型，我们可以从该模式的项目定价原则和定价方法入手，为 PPP 模式养老项目设计较为普遍适用的定价公式，并结合 PPP 模式养老项目的现状和我国老年人群体的经济水平，采用二部定价法为 PPP 模式养老项目的产品与服务进行定价。通过不完全信息静态博弈理论确定 PPP 模式养老项目的最优定价因素。在 PPP 模式养老项目定价公式中，我们既要考虑

当地的经济发展水平和老年人的支付承受能力，同时，也要考虑到政府给予的项目补贴和项目基础设施的补偿性收益。通过对南昌市象湖老年养护中心 PPP 项目的分析，可以证明 PPP 模式养老项目投资定价决策模型具有可行性。

第六章　PPP 模式养老项目投资
决策的融资方式

通常情况下，PPP 模式养老项目的持续周期为 20—30 年，在这段时期内，项目投资决策中的资金需求贯穿整个项目生命周期，一般而言，PPP 模式养老项目公司自身资本难于支撑项目的整个费用，股权融资几乎贯穿 PPP 项目全过程，如，项目公司成立后的项目建设需要债权融资，项目的运营阶段需要进行资产证券化融资，社会资本方项目移交或退出时需要进行并购贷款、IPO 或新三板挂牌等资本市场融资。PPP 模式养老项目的融资是整个生命周期的融资，因此，寻找合适的融资方式，是 PPP 模式养老项目投资决策的重要内容。

第一节　推动基于新公共服务理论的 PPP 模式
养老项目投资决策融资

一　新公共服务理论给治理带来的积极变化

诞生于 2000 年的新公共服务理论是由美国著名的公共行政学家罗伯特·丹哈特夫妇为代表的一批公共管理学者基于对新公共管理理论的反思，特别是针对作为新公共管理理论之精髓的企业家政府理论缺陷的批判而建立的一种新的公共管理理论（王琦、张静，2020）。新公共服务理论强调要从民主与效率两者内在联系出发，以公共利益的价值导向为基点，形成以民主协商与民主参与为基轴的公共行政坐标体系，同时，要把提供公共服务作为民主价值的内涵，该理论逐渐在世界范围内产生巨大影响（于小强，2019）。新公共服务理论强调了政府为社会提供服务、强调对人的尊重以及公共价值等理念，对我国构建服务型政府具有一定的借鉴作用。该理论的运用有利于推动社会资本方参与 PPP 模式养老项目投资建设。

（一）治理主体上的转变

新公共服务理论主张公共治理主体的多元化，政府部门仅作为重要参与者存在于整个社会治理活动的体系内。但是又同时强调，政府部门作为 PPP 模式养老项目必要的参与者，其组织协调职能应该被重视，并在社会治理主体多元化框架下发挥着举足轻重的作用。新公共服务理论打破了传统的政府治理中心论，而是将社会公民认为是公共行政的中心，强调公民的参与社会治理活动的重要性，同时，新公共服务理论在注重其与市场结合的条件下，要重点关注市民社会以及社区。因为市民以及社区中的成员间合作信任的关系能够衍生出共同的责任感、荣誉感和凝聚力，市民社会以及社区由此成为重要的社会治理主体。作为代表社会公民力量的社会资本也是作为治理主体中的重要一员肩负着参与社会各项活动的任务。

（二）治理理念上的转变

在新公共服务理念中，政府的职能是"服务"而非"掌舵"，政府的权力是有限的，并需要围绕为人民服务这个中心目标而行使权力。与新公共理论"顾客导向"为原则的"企业家政府"相比，公众作为"顾客"只能处于相对被动的地位，但是依然没有获得主动参与社会政策制定和社会治理的机会，因而没有从根本上扭转其公民的地位。（张利涛、苏雪芹，2016）事实上，真正的公民不仅指的是具有法律意义上的合法身份，而且集公民意识和公民权利为一体，合享受权利与履行义务为一身，同时关切自身利益和社会利益。在新公共服务理念中，PPP 模式养老项目中的社会资本方不是被动地参与养老项目，而是以一种社会主体的姿态和身份参与社会的管理、治理和政策制定，在享受其获得的权利同时也履行着社会主体参与者的义务。对于政府而言，要激发社会资本参与 PPP 养老项目的积极性，就不能只是单纯依靠政策扶持，还需要通过治理理念的转变来推动。

（三）价值选择上的转变

新公共服务理念倡导政府部门建立集体共享的公共利益观念，其目标是要求社会全体成员形成共同的利益和责任价值观，以此提高社会的向心力和凝聚力，促进社会利益共同体的形成。与新公共管理理念不同，新公共服务理念是建立在公共利益的观念上，也是建立在公共行政人员为公民全心全意服务的基础上[①]。政府在行政中肩负有经济责任、政治责任、法律责任和社会道德等多重责任。同时，政府部门重视的是"人"而不仅仅是"生产率"这单一目标，政府部门需要超越企业家的身份，更加重视公民权利和公共服务。新公共服务理论认为，政府所拥有的权力和资源都是具备公共性质的，并不属于政府本身，而是由社会全体成员共同所有，是公共资源；通常政府在制定政策和目标时，需要和社会参与者进行协商，政府处于中间人的角色。

新公共服务理论指出，政府部门不需要直接提供社会公共产品服务，而是通过引导社会、企业和第三方部门共同参与社会公共产品服务的供给中，政府的责任是进行社会资源整合和提供有效的参与途径等，鼓励社会成员的参加，最终建立多元渠道的产品和服务供给体系。党的十八大报告明确指出，"推动政府职能向创造良好发展环境、提供优质公共服务和维护社会公平正义转变"。在我国，公共服务从传统的"政府包揽模式"向 PPP 模式的转变，不是简单的技术层面的转变，更是适应了十八届三中全会提出的"转变政府职能，深化行政体制改革，创新行政管理方式"；"构建开放型经济新体制"；"建立公平开放透明的市场规则，完善主要由市场决定价格的机制"的各项要求。

---

① ［美］罗伯特·B. 登哈特：《公共组织理论》，扶松茂等译，中国人民大学出版社 2003 年版，第 207 页。

二　新公共服务理论视角下 PPP 模式养老项目全周期融资管理

一般说来，PPP 模式养老项目的持续周期较长，不同的阶段所持有的项目投资决策理念也有所不同。在项目的识别、准备和招标阶段，需要对项目前期的社会资本方融资水平和融资能力进行客观评估，并不需要实际的资金到位；在项目的建设期，PPP 项目公司需要与融资机构进行谈判以确定资金的投入方式和时机，以此满足 PPP 项目的建设需要；项目的运营期间则需要通过经营收入开始偿还项目前期的融资及其成本，与此同时，根据 PPP 模式养老项目的具体情况，可能需要开展项目的再融资活动；项目的移交阶段，融资活动趋近于完成，此时需要对项目的股权、债权等进行清算，同时开展项目的全面评价工作。以下为 PPP 模式养老项目在各个阶段的融资管理。

（一）立项阶段的融资管理

关于 PPP 项目的立项，即应实行审批制、核准制还是备案制的问题，由于 PPP 的相关法律不健全，实际操作中存在各种不同的做法。在现有的大量 PPP 案例中，既有按照审批流程的，也有按照核准流程的，还有极少数的案例按照备案流程管理。PPP 项目的立项必须基于现行固定资产投资项目立项管理相关的政策文件，并结合 PPP 项目领域的相关规定以及具体实践，才能厘清 PPP 项目的立项问题（朱静，2018）。在 PPP 项目的立项阶段，可行性研究报告需要论证项目的投资融资的可行性，根据项目的背景、参与方、运营模式等结合现代投融资制度，编制 PPP 模式养老项目中资金的筹集方式、资金使用分布、资金融资方案等重要的内容来支撑项目的可操作性和实施性。

（二）识别阶段的融资管理

PPP 项目识别阶段的融资管理工作主要有四项：一是项目发起，二是项目筛选，三是物有所值评价，四是财政承受能力论证（崔武文，2018）。PPP 项目识别阶段的投资管理是基于项目立项阶段的各项材料、可行性研究报告以及 PPP 模式养老项目的具体情况（包括项目的背景、运营模式、项目风险、收益机制和政府承受能力等），对项目的融资方案进行评估。

（三） 准备阶段的融资管理

在 PPP 项目准备阶段的融资，一是确保政府部门充分准备，二是完成整个项目评估活动。项目准备阶段的投资，要对 PPP 模式养老项目的物有所值评价、政府的财政承受报告、项目的实施方案中的投资融资结构、项目资本金额、债务资金占比、股权资金占、商业信誉和融资条件等内容进行全面的分析和评估，同时，对 PPP 模式养老项目的回报机制、财务预算模型和项目收支平衡进行合理地模拟测算，完成项目的可行性融资报告，力求达到科学地规划 PPP 模式养老项目。此外，还需要对有意向采购的社会资本方进行详细评估，对其所具备的条件、融资规模、融资成本和运作方案等进行全面论证。

（四） 采购阶段的融资管理

项目的采购就是要从组织外部或者个人获取所需要的有形物品或无形服务的行为。采购活动的本质是通过商品交易的手段把商品从一方转到另一方，采购以商品交易的等价交换原则为基础。采购活动基于市场经济的公平竞争原理，培育和促进有效的市场竞争是众多国际机构采购指南的一条重要准则。采购的表现形式可以分为购买、租赁、借贷、交换、征用（胡文发，2007）。项目采购阶段的投资管理就是对潜在的社会资本方的项目实力、投融资能力和资信水平进行评估，选择合适的社会资本方开展 PPP 模式养老项目投资方案的谈判。在对潜在的社会资本方考察与谈判时，基于 PPP 项目的标准设具体的 PPP 养老项目的执行标准，将具有可操作性、合理的投标方案进行全面的评估与分析，优先选择具有较强投资融资能力的社会资本方参与项目。最后，与选中的社会资本方就 PPP 项目合同中涉及的投资、融资、增信和违约等条款进行谈判，在不断修改、完善的基础上力求做到完备。

（五）执行阶段融资管理

项目的执行阶段是整个项目的核心，前期的所有工作都是为了使这个过程顺利进行，也是项目实施过程最长的一个阶段。有学者认为，在 PPP 项目执行之前，必须完成环境影响评价、节能评估、可行性研究报告的编制、社会风险稳定性评估、明确合作模式、合同及收益等工作（郑建新，2016）。在 PPP 项目的执行阶段的投资管理，要进行投资融资机构及其渠道的确定、合同的签订、投资方案的评估等，当社会资本方或 PPP 项目公司可以独自完成项目的融资工作，政府方需要提出投资融资方案的修改完善意见；当社会资本方或 PPP 项目公司需要政府提供投资融资方面的协助时，政府部门需要推荐合适的融资机构以及对融资方案合同做出相应的修改意见和建议；当 PPP 模式养老项目运营过程中发生成本超过预算，项目贷款期与持续期错配等情况，政府部门需要对项目的债务、股权等进行再融资活动以确保项目的有效进行。

（六）移交阶段的融资管理

PPP 项目移交通常是指在项目合作期限结束或者项目合同提前终止后，项目公司将全部项目设施及相关权益以合同约定的条件和程序移交给政府或者政府指定的其他机构。PPP 项目特许经营期满后，项目公司便需要将项目的经营权（或所有权与经营权同时）向政府移交。项目移交的过程主要分为移交准备、项目资产评估、项目性能和功能测试、资产交割、项目绩效评价五个阶段。项目移交的基本原则是：项目公司必须确保项目符合政府回收项目的基本要求。项目合作期限届满或项目合同提前终止后，政府需要对项目进行重新采购或自行运营的，项目公司必须尽可能减少移交对公共产品或服务供给的影响，确保项目持续运营（赵琦，2017）。

在 PPP 项目的最后阶段，项目公司进行对项目所剩下的最后资金的使用、项目贷款的还本付息活动评估和对项目的股权转让等事项的安排。在此基础上，开展 PPP 模式养老项目的投资融资活动的评估分析，总结项目投资融资中的优缺点，不断改进投资融资水平。

具体来说，在 PPP 项目公司的组建阶段，政府部门和社会资本双方按照合同约定出资比例入股，引导产业投资基金、风险投资基金、保险资金和股权产品等资金直接认购 PPP 模式养老项目股权。在 PPP 模式养老项目的建设期和运营初期间，资金的投入大但现金流较小，从融资便利性的角度看，银行贷款是 PPP 模式养老项目主要的资金来源；项目的收益债券和 PRN（项目收益票据），以项目的后期产生的稳定现金流为主要的还款来源，项目募集的资金可以进行固定资产投资，由于其存续期较长，因此可以较好地满足 PPP 模式养老项目整个投资周期的融资需求；而保险资金的债券融资具有资金量大、期限较长、成本较低和运用灵活等特点，既适合 PPP 模式养老项目建设时期的融资，也满足项目建设完成后替换其他成本高、期限短的融资。进入项目的运营稳定期后，PPP 模式养老项目现金流逐渐稳定，通过资产证券化、资产支持票据和保险资产支持计划等方式可以突破 PPP 项目公司的融资规模限制，甚至可能获得高于主体评级的更低的项目融资成本，也可以通过公司债、非公开定向债务融资工具、中期票据和永续票据等融资工具，置换项目前期的银行贷款和补充养老项目的流动资金（卢明明，2018）。

PPP 模式不仅限于作为一种单纯的融资模式，其旨在公共服务提质增效、社会群体的福利增进方面。PPP 模式不是无源之水，其目标依然是合理高效地使用政府的公共资源、财政资金，立足点是社会公共服务的公平与效率，落脚于公众的福利改善。PPP 模式作为新型的公共服务供给方式，也是公共治理的新机制，更加注重公共价值选择，共同治理视角。目前阶段，社会公众在项目决策、项目投资、项目管理和项目监督等方面都普遍参与不足，缺乏公共偏好、效用等显示机制。PPP 模式养老项目作为政府和市场合作的桥梁，有利于提高公共服务的竞争性、效率性和多样性，政府方作为监督者和合作者，要遵循"让专业的人做专业的事"的原则，更好地服务公众。PPP 模式养老项目通过引入了市场的竞争激励机制，通过将政府的政策目标、社会目标和社会资本的资金、技术、运营等优势结合起来，缓解了公共服务"公共供给效率低"的问题，形成了多元化、可持续性的公共服务资金投入渠道、绩效付费的机制，充分提高了公共产品的供给质量与效率。PPP 模式养老项目强化了公权力制约方面的要求，治理是基于共同体的多元共治，化解了"单边责任"和"单边义务"

的困境。通过引入了具有项目管理、融资经验的养老企业进入原本属于政府提供的准公共产品养老产品与服务，既化解了政府的资金投入不足的问题，同时优化了养老产品的供给结构。社会资本作为多元共治的重要组成部分，在保证养老产品的质量与效率的同时，自身也获得了相应的收益，最终推动了政府职能的转变和社会的发展。

同时，国家给予了社会资本投资 PPP 模式养老项目财政和金融方面诸多政策上的支持。2016 年 7 月，民政部和国家发改委印发的《民政事业发展第十三个五年计划》（民发〔2016〕107 号）指出：政府部门通过项目补贴、贷款贴息、运营补贴和服务购买等方式，支持社会资本投资运营养老机构，其中，重点鼓励社会资本投资医养结合型养老机构，提供面向失能和失智等养护型床位，并将给予社会资本在资金、税费和土地等方面的优惠政策落实，鼓励和支持境内外资本在国内兴办养老机构以及对现有厂房、商业设施等资源进行改造和修缮用于养老业。此外，政府加大了对金融服务的支持力度，为了满足社会资本投资 PPP 模式养老项目的需要，支持符合条件的企业发行养老产业专项债券，债券募集的资金用于 PPP 模式养老项目的建设和服务供给，通过建立合理的"使用者付费"的机制增强对社会资本的投资吸引力。中国人民银行、民政部、银监会、证监会和保监会发布的《关于金融支持养老服务业加快发展的指导意见》（银发〔2016〕65 号）指出，要积极应对我国的老龄化国情，大力推动金融组织机构的发展，鼓励金融产品和服务的创新，改进和完善养老产业的金融产品和服务，促进我国养老金融体系的建设。

据陈青松等学者研究发现，在财政部公布的 PPP 示范项目中，其投融资方式可以归纳为资本金融资模式、债权融资模式和资本金+债券融资混合模式三种：（1）资本金融资模式。由于 PPP 养老项目通常投资金额较大，一般项目的资本金为项目总投资的 20%，因此很多社会资本尝试引入金融机构作为财务投资人补充项目资本金。（2）债权融资模式。包括银行贷款、短期融资券、中期票据、非公开定向债务融资工具、公司债券、企业债券和资产证券化等，一般情况下，资本金融资的方式也可以用于债权融资。（3）资本金+债权融资混合模式。相较于前面两种融资模式，该混合模式较为复杂。该种模式可以发挥债权融资的优势，一是成本低、风险低，二是不会稀释公司股东对公司的股权（陈青松、唐琳、连国栋，2018）。

第二节　构建基于资产证券化的 PPP 模式
养老项目投资融资决策

PPP 模式和资产证券化均属于市场上近年来出现的新兴事物，二者具有诸多方面的契合性。中国证监会 2014 年发布的《证券公司及基金管理公司子公司资产证券化业务管理规定》将基础设施等不动产纳入资产证券化的基础资产范围中，该规定为 PPP 模式项目资产证券化提供了政策支持。在准经营性质的 PPP 模式养老项目中引入资产证券化这种融资方式，不仅增加了项目资金的流动性，也使得社会资本方可以较为快速地收回 PPP 模式养老项目中的投资成本，提高了社会资本参与投资养老项目的积极性。

一　PPP 模式养老项目资产证券化的背景

在目前的 PPP 项目中，国企在项目投资中占有绝对的比例。2017 年，项目中标金额在前五名的国企累积中标额达到 2.5 万亿元人民币，与国企和外资企业相比，社会民间资本存在不少不足之处：一是包括 PPP 模式养老项目在内，大多数的 PPP 模式的项目投资规模较大，动辄数十亿元，因此一般的社会资本没有雄厚的资金实力参与；二是 PPP 模式养老项目的融资金额大，社会资本不能像国企一样获得较多的资金支持，因为社会资本获得民间融资的成本较高，同时对于社会资本的资信评级要求也较高，以上的原因造成了社会资本难以承受的融资压力。

当前，在 PPP 模式养老项目的投资结构中，PPP 项目公司对资本金有一定要求。根据《国务院关于调整和完善固定资产投资项目资本金制度的通知》（国发〔2015〕51 号）的规定，不同的行业要求固定资产的资本金比例不同，PPP 模式养老项目要求的资本金一般为 20%。根据财政部的合同规定指南，PPP 模式养老项目或由社会资本全额出资成立，或由公私双方共同出资成立，但是政府持股比例应当低于 50%，且政府部门不具有实际的项目控制权和管理权。PPP 模式养老项目的出资实际安排由于项目涉及的资金数额较大，为了保证项目的实际有效运行，一般对项目公司的股东做出拟定的出资安排，一次性或者分为多次出资。

　　为了破解社会资本融资难题，许多地方政府建立了养老产业引导基金和鼓励企业发行养老产业专项债券。财政部相关文件指出：试点的养老产业基金的 60% 以上需用于居家养老、社区养老、集中养老等养老服务产业，另外 40% 的基金不做具体要求。鉴于我国目前阶段的养老产业整体处于微利状态，养老产业引导基金除了用于养老服务业外，还可以从事于与养老相关的老年用品、食品等利润较高的产品开发，有利于稳定社会资本的投资收益。专项债券是为了筹集养老设施的建设和提供专门的养老服务所需要的资金而成立的债券，其发行主体是养老企业。根据《养老产业专项债券发行指引》（发改办财金〔2015〕817 号）的规定：一是基于养老产业项目投资回收期较长的特点，支持养老企业发行 10 年期及以上的长期企业债券或者可续期债券；二是允许养老企业使用不超过 50% 的募集资金用于偿还银行的贷款和补充养老产业运营资金；三是支持养老企业在计算发债指标时，可以计入发债企业主营业收入，鼓励养老企业积极开展债券品种创新，对于具有稳定收益的养老项目，政府允许其按照项目融资—投资建设—回收资金的封闭运行模式，开展项目收益债券的试点工作。

　　综上所述，在 PPP 模式养老项目中，无论是在项目公司成立期还是在项目的运营期都需要需要社会资本方拥有大量的资金，同时，面对所拥有的巨大资金优势，社会资本并不具有资金优势，而资产证券化是现在国际常见的项目融资手段，政府部门也相应地出台了一些有利于社会资本融资的政策，一定程度上缓解了社会资本方资金不足的局面。

二　资产证券化是 PPP 模式养老项目有效的融资方式

　　"资产证券化"一词最早是由华尔街银行家 Lewis S. Ranieri 于 1977 年提出的，具体是指将缺乏流动性的资产转换为在金融市场上可以自由买卖的证券的行为。有学者认为，资产证券化是近几十年来世界金融领域最重大的创新之一，它的推出促进了商业银行的竞争与发展（丁伯康，2017）。资产证券化是以基础设施未来的收益所得产生的现金流为基础发行债券进行融资的方式，债券的还本付息来源于基础设施未来的收益所产生的现金流。换言之，凡是有可预见性的稳定的未来现金收入的基础设施经过一定程度的结构性现金流重组和信用分级等都可以进行资产证券化。资产证券化实际操作最早出现也是在 20 世纪 70 年代，美国住房抵押贷款市场上出现了以住房抵押贷款为基础资产发行的住房抵押贷款证券，此后，逐渐发展出一般资产支持证券。资产证券化随着社会经济的发展不断被推广和深化，从个人住房抵押贷款证券化产品到商业住房抵押贷款证券，资产的范围也涉及学费贷款、设备租赁应收租金等诸多领域。目前，资产证券化已经跨越国界，成为全球金融市场最为重要的融资工具之一。与欧美成熟的市场相比，我国的资产证券化还处于发展初期阶段。在中国，资产证券化最早出现于 2002 年，并在 2005 年得到政府支持。我国的资产证券化分为信贷资产证券化、资产证券化和资产支持票据三类。在我国现行体制下，较适合以 PPP 项目公司作为发起人的主要是企业资产证券化模式。PPP 项目资产证券化一般有资产汇集、资产转移、证券发行和销售和投后管理四个步骤（丁伯康，2017）。

从 2005 年开始至今，资产证券化的发展可以划分为三个阶段：第一阶段是 2005 至 2007 年，资产证券化试点规模 150 亿元，实际发行了 187.7 亿元；第二阶段从 2007 年开始，试点规模 600 亿元，但由于 2008 年美国金融危机的蔓延，实际发行了 480.1 亿元；第三阶段，从 2012 年开始，首期额度为 500 亿元，2013 年我国政府决定进一步扩大资产证券化的试点。目前，国内资产证券化形成了中国人民银行和银监会主导的信贷资产证券化、证监会主导的企业资产证券化、银行间交易商协会主导的资产支持票据及中国保监会主导的资产支持计划四种模式（宋丁，2016）。

我国城市基础设施项目符合资产证券化的基本特征，可以缓解政府和银行难以承担的长期投资困境，解决大规模基础设施建设融资困难的窘境。2017 年 3 月，国家发改委向证监会提供了首批 9 单 PPP 资产证券化项目的推荐函，其中，包括交通设施、工业园区、水务和固废处理等类型的传统基础设施领域项目，这意味着国内新一轮的 PPP 资产证券化项目正式落地。

　　资产证券化可以解决 PPP 模式养老项目融资利率较高和社会资本项目退出机制的问题。目前阶段，PPP 模式养老项目的融资渠道依然是以银行贷款为主，其他方式的融资渠道较少，而银行部门会根据企业的信用、抵押物等进行风险评估，但是，社会资本方由于不具有政府背景，往往需要承担比基准贷款利率高出 30% 以上的成本才能获得贷款，所以，社会资本方不仅需要承担沉重的贷款压力，还需要面临项目审批过程中较长的时间和更多的精力付出等风险。一般情况，抵押贷款或者是负债对于基础资产的评估上限不超过 50%，社会资本方可能难以获得足够的项目融资所需的贷款（熊毅，2018）。虽然存在以上各种困难，但是可以通过证券商、会计和律师事务所等机构共同协作，将 PPP 模式养老项目设计成资产证券化项目，一定程度可以解决社会资本贷款难的问题。根据国家近年来出台的包括《中国证监会关于推进传统基础设施领域政府和社会资本合作（PPP）项目资产证券化相关工作的通知》和《深圳证券交易所关于推进传统基础设施领域政府和社会资本合作（PPP）项目资产证券化业务的通知》等文件，资产证券化项目可以按照未来现金流的近 80% 进行项目的融资，这可以较大程度地满足 PPP 模式养老项目资金的需求。

　　应该看到，在涉及 PPP 模式养老项目退出机制时，社会资本方有时会面临项目所投入的资金合理调配的问题，因为社会资本对项目的资金投入除了部分是由自有资金构成外，其他大部分资金均由其他渠道而来。在社会资本对 PPP 模式养老项目投资时间长达 20—30 年的周期里，若遇到资金紧缺的情形需要调配项目的投入资金，目前要解决该问题有比较大的难度。在理论上可行的例如公司股票上市融资、项目股权转让等方法在实际操作中难以施行。现阶段绝大多数的 PPP 模式养老项目的盈利情况都处于微利或者亏本的状态，同时还面临市场需求不稳定的结果，所以项目难以满足三年持续盈利的要求，因而目前的 PPP 模式的养老项目不具备股票上市发行的基本条件，而项目股权转让的方式则会暗示政府对项目兜底的含义，政府也难以为项目的债务买单。

　　总之，在资产证券化过程中，我们可以通过预计 PPP 模式养老项目未来的资金收益，设计出不同等级和不同期限的资产证券化产品，通过提前获得项目的大部分收益从而降低了项目的运营风险和投资风险。将 PPP 模式养老项目设计成不同年限的资产信用抵押债券，这种结构化的资产证券化产品对社会资本的合理退出具有较大的吸引力。

三　PPP 模式养老项目资产证券化中信用增级方式选择

有学者研究认为，具备现金流的 PPP 项目之所以可以被证券化，其内在运行逻辑主要体现了资产重组、风险隔离和信用增级三大基本原理（范迪军，2017）。PPP 模式养老项目的资产证券化面临的主要风险是项目未来现金流稳定性的风险，项目发起人通过运用多种方式来保障资产支持证券的资金偿付能力，通过项目信用增级的方式提高拟发行证券的资产信用等级以保证资产支持证券能够达到投资人所要求的信用等级，同时，信用风险的降低也可以降低 PPP 模式养老项目的融资成本，提高发起人的项目投资收益。资产证券化的信用增级方式主要分为项目内部信用增级和项目外部信用增级两种。

（一）项目内部信用增级

现阶段，我国项目内部信用增级的方式发展得较为成熟。内部信用增级是指通过调整证券的结构，重新分配证券的现金流使其达到希望的信用等级，主要包括优先/次级分层结构、信用触发机制和超额担保等方式。

考虑到 PPP 模式养老项目的收益率较低和风险程度较高等特点，可以主要采用优先/次级分层结构，并设定信用触发机制。

优先/次级结构是一种被广泛运用的增级形式。优先/次级结构将发行证券分为两个种类：A 类和 B 类。A 类证券优先债券持有者对从抵押资产产生的现金流和本金拥有第一优先权；B 类证券—次级证券持有者拥有第二优先权，只有当 A 类证券持有者被支付后才能行使。投资者收到的现金流是按照优先顺序进行分配的（林清泉，2005）。

采用优先/次级分层结构的信用增级方式时，对 PPP 模式养老项目的基础资产要求较为严格，需要基础资产达到一定的信用等级。按照本金的偿还优先顺序分别设置优先级、次级等多个层次，在项目本息偿付时，优先级证券享有优先权。该模式的偿付结构使得次级证券投资者比优先级证券投资者需要承担更大的项目风险，因此，次级证券对优先级起到了投资资金保护的作用。优先/次级分层结构的增信成本较低，符合 PPP 模式养老项目融资成本低的特点，因此可以在项目中使用。

信用触发机制是资产证券化产品结构设计中一种常用的交易结构安排，其设置原则是通过改变资产池的现金流支付顺序，从而对风险因素快速做出反应，最大可能地保证优先级证券优先获付利息或本金，减少投资者损失。信用触发机制又可以分为加速清偿事件与违约事件。一般而言，当触发加速清偿事件以后，证券则停止支付次级档证券的期间受益，将各收款期间的剩余收益、违约超额回收款等用来加速偿还高优先级证券本息；而触发违约事件以后，将各收款期间产生的所有现金净收人优先用来偿还高优先级证券本息，其他各档证券利息和本金劣后受偿（冯光华，2016）。

在 PPP 项目中，信用触发机制是指在资产证券化产品中加入条款对项目出现偿付困难的情况时，会造成加速清偿或现金流的重新安排，通过改变项目现金流的支付顺序、补充现金流等措施来保证 PPP 模式养老项目资产支持证券的还本付息。由于 PPP 模式养老项目的存续时间较长存在诸多不确定的因素，可以设置与项目原始权益人信用状况相关的触发机制，但是，产品的信用风险与项目发起人的信用情况相关，所以，项目内部信用增级方式的效果有限。

（二）项目外部信用增级

投资者的投资风险在很大程度上不可能仅通过内部信用增级措施来解决，所以外部信用增级措施显得非常必要。从理论上说，结构信用的安排应该达到投资者通过自己的行为完全可以解决投资风险问题。所以，结构金融的外部信用增级是来补充内部信用不足的一项安排（金郁森，2019）。PPP 收益权类产品主要采用项目外部信用增级的方式。外部信用增级是指通过发行人以外的金融机构提供信用担保来提升证券的信用级别，该方式着重关注外部增信机构的资信情况，资产支持证券的评级对外部增信机构的依赖也较大。外部信用增级主要包括第三方担保、保险和差额补助等方式增级。

第三方担保虽然形式较为简单且费用易计算，但是成本较高；保险作为资产证券化过程中常用的一种外部信用增级方式，发起人为 PPP 模式养老项目的基础资产购买保险或为证券化产品购买保险，保险公司为 PPP 模式养老项目的投资人提供本息担保。由于 PPP 模式养老项目存在可行性资金缺口等问题，所以难以保证项目的当期收益可以支付资产支持证券的本息给付，因此，可以由信用等级高的发起人或关联股东来提供不可撤销的连带责任的差额补足。

PPP 模式养老项目资产证券化主要以项目的信用为基础，通过经营收入来偿还项目本息，但是，由于 PPP 模式养老项目还处于发展初期并具有一定程度的公益性，所以政府在推动项目顺利进行的同时存在政府的隐性担保。由于现阶段国内的外部信用增级机构不多且发展并未成熟，为了保证资产化产品的信用评级，可以同时采用项目内部和外部信用增级的方式，以外部信用增级为主和内部信用增级为辅的方式。内部信用增级可以提高资产证券化的安全性价值，证券发行流程相对简单化、透明化，有利于金融市场的稳定。外部信用增级担保信用度高，可以构造专业化的分层信用增强体系，从而有力地保护融资方和投资方（郭万明，2017）。项目内部增级和外部信用增级两者共同使用有助于推动 PPP 模式养老项目的资产证券化融资。

第三节　推进保险资金参与 PPP 模式养老项目投资融资决策

2017 年，为推动政府和社会资本合作（PPP）项目融资方式创新，更好支持实体经济发展，中国保监会印发了《关于保险资金投资政府和社会资本合作项目有关事项的知》，支持保险资金通过分基础设施投资计划投资于符合条件的 PPP 项目。

一 保险资金参与 PPP 模式养老项目的适合性

保险资金参与 PPP 模式养老项目，有利于解决 PPP 模式养老项目融资难的瓶颈制约，拓展了 PPP 项目的融资渠道。

（一）保险资金的投资期限与 PPP 模式养老项目的投资期限具有匹配性

PPP 模式养老项目的投资期限普遍长达十几年至几十年的时间，并且需要有资金持续不断地投入项目中，传统的银行贷款或者企业发债等方式都难以保证 PPP 模式养老项目可以长期地获得和使用资金。而保险行业中的寿险等产品的期限普遍都在 10 年以上，投保人的初次缴费和最终获得保险公司给付金的时间点相差较长的时间，所以，通过对保险产品的设计，寿险等产品的保险资金投资期限可长达 30 年的期限，这正与 PPP 模式养老项目投资期限的时间相吻合（魏璠，2019）。因此，保险资金具有其他资金无法比拟的优势。

（二）保险资金对于资金安全的要求与 PPP 模式养老项目的低风险性相契合

保险资金由投保人缴费，属于保险公司的负债，若保险投保人发生了保险合同内的事故，保险公司需要赔付给保险投保人，因而保险资金的安全性是保险公司投资时所考虑的主要风险之一。保险资金偏好低风险，而 PPP 模式养老项目一般属于政府部门背书的合作项目，大部分项目获得了政府部门或多或少的项目补贴，有政府信用保障，所以 PPP 模式养老项目的投资收益回报也比较稳定，其项目也相对安全（卢明明，2018）。在低风险性上，保险资金与 PPP 模式养老项目契合度比较高。

（三）保险资金与 PPP 模式养老项目合作可以产生更好的政企关系

保险资金投资 PPP 模式养老项目可以产生其他良好的社会效益。PPP 模式养老项目一般有政府部门背书，保险资金参与 PPP 模式养老项目的融资可以优化政企关系，保险公司开发的险种为 PPP 模式养老项目的建设和运营阶段给予风险担保，分散了项目的各项风险，也为 PPP 模式养老项目各参与方建立了良好的企业关系。

总之，保险资金特别是寿险资金，体量大、期限长、来源持续稳定、与相关产业匹配性好，在实体经济需要补血给养的今天，确实应该用好这股"源头活水"①。

二 政府针对保险行业资金出台的政策

自 2015 年以来，针对 PPP 项目融资问题相关的政策逐渐松绑，政府部门先后出台了多项相关的文件，从而在制度设计上为保险行业的资金运用在 PPP 模式养老项目上提供了政策依据，具体如表 6.1 所示。

表6.1　　　　　政府部门针对保险资金投资基础设施项目出台的政策

政策文件	主要内容
国家发展改革委、中国保监会发布《关于保险业支持工程建设有关事项的指导意见（发改投资〔2015〕2179号）》	要求积极发挥中国保险投资基金作用，探索保险资金参与重大工程银团贷款，降低融资成本。鼓励设立不动产、基础设施、养老等专业保险资产管理机构，支持保险资金进行养老、医疗、健康等相关领域的股权和不动产投资
中国保险监督管理委员会发布《保险资金间接投资基础设施项目管理办法（保监会令〔2016〕2号）》	保险基金投资计划可以采取债权、股权、物权及其他可行方式投资基础设施项目。投资计划采取债权方式投资基础设施项目的，应当具有明确的还款安排。采取股权、政府和社会资本合作模式投资基础设施项目的，应当选择收费定价机制透明、具有预期稳定现金流或者具有明确退出安排的项目
《中共中央 国务院关于深化投融资体制改革的意见（中发〔2016〕18号）》	开展金融机构以适当方式依法持有企业股权的试点。设立政府引导、市场化运作的产业（股权）投资基金，积极吸引社会资本参加，鼓励金融机构以及全国社会保障基金、保险资金等在依法合规、风险可控的前提下，经批准后通过认购基金份额等方式有效参与

---

① 投资基金集团有限公司：《新共赢生态：政信金融投资指南》，中国金融出版社 2019 年版，第 234 页。

续表

政策文件	主要内容
国家发展改革委发布《关于切实做好传统基础设施领域政府和社会资本合作有关工作的通知（发改投资〔2016〕1744 号）》	完善保险资金等参与 PPP 项目的投资机制，鼓励金融机构通过债权、股权、资产支持计划等多种方式，支持基础设施 PPP 项目建设。发挥各类金融机构专业优势，鼓励金融机构向政府提供规划咨询、融资顾问、财务顾问等服务，提前介入并帮助各地做好 PPP 项目策划、融资方案设计、融资风险控制、社会资本引荐等工作，切实提高 PPP 项目融资效率
保监会发布《关于保险资金投资政府和社会资本合作项目有关事项的通知（保监发〔2017〕41 号）》	拓宽投资渠道，明确保险资金可以通过基础设施投资计划形式，向 PPP 项目公司提供融资；取消对作为特殊目的载体的 PPP 项目公司的主体资质、信用增级等方面的硬性要求，交给市场主体自主把握。在积极支持保险资金投资 PPP 项目的同时，《通知》也着重加强风险管控，防范投资风险
保监会发布《关于保险业支持实体经济发展的指导意见（保监发〔2017〕42 号）》	要求积极构筑实体经济的风险管理保障体系。推进保险资金参与 PPP 项目和重大工程建设。支持符合条件的保险资产管理公司等专业管理机构，作为受托人发起设立基础设施投资计划，募集保险资金投资符合条件的 PPP 项目。在风险可控的前提下，调整 PPP 项目公司提供融资的主体资质、信用增级等监管要求，推动 PPP 项目融资模式创新

三　保险资金参与 PPP 模式养老项目建设的方式

PPP 模式养老项目的运作方式常见的有 BOT 模式和 BOO 模式。BOT（Build—Operate—Transfer），即建设—运营—移交模式，是指政府通过授予特许经营权的方式，全部交由社会资本方或为实施该项目而设立的特殊目的公司（丁伯康，2017）。BOO（Build — Own — Operate）即建设—拥有—运营模式，是由 BOT 演变而来，两者的主要区别在于社会资本方是否拥有该项目的所有权。BOO 模式下，项目建设模式和项目融资方式两者是并行的，在我国，这称为"特许权融资方式"，在协议约定的范围内，项目公司拥有投资和建造设施的所有权（丁伯康，2017）。

保险资金参与 PPP 模式养老项目的主要方式有以下四种。

（一）以社会资本方的身份通过股权形式直接入股 PPP 模式的养老项目

若 PPP 模式养老项目可以保证项目建设和运营风险较低，并同时拥有稳定的现金流、项目的内部收益率达到保险资金的要求，该方式符合项目的要求。

股权是商品经济发展的产物，是新型的资本形式和财产形式。对股权的理解可以从纵向和横向两方面进行：纵向来看，股权的取得以股东出资为前提，以取得财产性收益为目的的，最终通过转让股权或者分配公司剩余财产而退出投资；横向来看，股权的内容分为财产性权利和人身性权利两部分，包括"依法享有资产收益""参与重大决策"和"选择管理者"等，体现了股权的复合性特点（赵威，2017）。

通过股权直接入股 PPP 模式养老项目的优点是保险资金可以通过股东的地位选择项目合适的施工单位和运营单位等，有利于控制 PPP 模式养老项目的施工建设、运营成本的控制和提高项目的内部收益率。但该方式的缺点是绝大多数的保险资金公司不具备项目的建设和运营的能力，所以对项目的控制难度高，同时 PPP 项目也具有政策性风险、信用风险、市场运营风险与不可抗力等风险，因此需要保险资金公司要严格挑选、仔细甄别拟投 PPP 项目，全程参与，加强项目监督力度（王彦，2018）。

（二）以优先股的方式对 PPP 模式养老项目公司进行资本金融资

优先股是具有债券特质的股票。与普通股股东相比，优先股股东优先分配股利，而且到期享受固定数额（通常为股票票面价值的一定比例）的股息。优先股价格通常随普通股一起变动，优先股持有者可拥有普通股股东的投票权、在企业破产清算时，优先股有第一次留置权（马伟明、张永冀、黄昊，2021）。保险资金以股权的方式为 PPP 模式养老项目提供资金支持，约定项目投资收益的同时社会资本方需要对保险资金所持有的优先股股权进行差额补足和到期回购的保证。该模式的优点是可以满足 PPP 模式养老项目的融资需求，同时隔离了项目风险对保险资金安全和收益的影响；该方式的缺点是由于优先股是名义上的项目股权但是实际上依然是一种项目负债，而社会资本方一般情况不愿意承担这种明股实债的贷款方式，此外，PPP 模式养老项目规定不能给予项目参与方设定固定收益，所以，该模式存在一定程度的问题。

（三）保险公司与地方政府成立专项资金

保险公司可以与地方政府或政府指定的主体成立项目专项资金，或者保险公司直接参与投资地方政府设立的 PPP 项目引导基金，地方政府为该基金提供增信。PPP 项目引导基金可以采用分级的基金模式，作为优先级的保险资金，可以取得"固定+浮动"的项目收益。该模式的优点是满足了 PPP 模式养老项目的融资需求，基于结构化设计，社会资本方作为劣后级分散了项目的风险；该方式的缺点是地方政府一般并不同意保险资金保证项目固定收益的要求，政府部门更偏向于保险资金获取项目的浮动收益，而且根据相关文件政府部门也不允许给予保险资金收益担保（蒋鑫，2018）。

（四）保险公司与社会资本成立专项资金

保险公司可以与社会资本成立专项资金，由社会资本提供增信。保险资金作为专项基金的优先级出资人，而社会资本作为次级的出资人，同时负责对优先级出资人承担项目差额补足和回购的义务，但是，社会资本方可以指定第三方成为其合伙人。该模式的优点是通过社会资本对项目的差额补足和回购降低了保险资金承担 PPP 模式养老项目的投资收益风险；缺点是愿意且能够提供项目差额补足和回购的社会资本方目前阶段非常少，在财务报表中被认为是负责的差额补足，一般会由社会资本方降低其负债率（蒋鑫，2018）。

四　保险公司参与 PPP 模式养老项目投资融资所遇到的风险

（一）信用风险

PPP 模式养老项目一般属于涉及民生领域的大型基础设施建设项目，大部分都是通过地方政府的融资平台或者依靠地方平台进行显性或者隐性的项目担保，但是，当地政府的财政承受能力或预算机制无法支持 PPP 模式养老项目的持续运行，一旦项目的运营或者资金流出现问题，地方财政收入下降，则会增加项目的信用风险。对于项目资金主要提供者的金融机构而言，规避信用风险主要应放在放贷之前，对 PPP 项目的各合作者的资信情况进行严格的审核。对于由资源短缺而引起的信用风险，金融保险机构可以利用最低资源覆盖率及最低资源储备担保等进行控制，或者通过提供并实施混合融资方案，以达到规避信用风险的目的（胡丽，2013）。

（二）市场风险

据王欣研究发现，PPP 项目市场风险在市场层面，由于项目的周期性，PPP 项目合同也存在一定的风险，这些风险主要是项目唯一性风险、融资风险、市场收益不足风险、市场需求变化风险、收费变更风险（王欣，2015）。PPP 模式养老项目属于新兴的行业，目前阶段受到国家政策的支持和补贴的影响较大，同时，项目的市场需求情况也受到诸多因素的影响，此外，还受到通货膨胀等风险因素的间接影响，PPP 模式养老项目一般持续时间为 20 年以上，而现阶段的保险资金主要是通过股权或债券等方式投资 PPP 模式养老项目，保险资金的投资期限一般均在 10 年期以内，所以项目的期限匹配问题也给保险资金带来了资金周期风险。以上的因素可能导致 PPP 模式养老项目难以获得预期的收益，保险公司的项目投资收益也难以达到预期水平。

（三）流动性风险

PPP 项目流动性风险一般是指由于项目运营收入不足以偿还债务，项目缺少流动资金的风险。对于 PPP 项目而言，在项目建设期，服务以及营收能力尚未发挥，因此容易出现流动性问题。但在进入运营阶段后应该能够表现出能产生足够流动资金以偿还债务以及为项目运营维护提供足够资金的能力，否则，就说明该项目存在很大的流动性风险（项勇、卢立宇、徐姣姣，2020）。

由于 PPP 模式养老项目的建设周期和运营周期较长，大多数项目的完整周期达到 20 年至 30 年，因此项目的投资回收期也较长。项目的时间越长，则项目风险越不确定，同时，较长的周期也可能发生不可抗力的事件，保险公司也承担着巨大的不确定性，其投入 PPP 模式养老项目的资金可能因为项目的持续时间长而无法快速回收资金，从而影响保险公司资金的周转速度和产生较大的流动风险，最终可能产生较大的保险公司运营风险。

（四）增信风险

PPP 增信是指为了规避 PPP 项目跨期运营风险损失，以政府背书形式，对于 PPP 投融资的信用等级评价、特殊经营资质水平等给予信用卡方式的提前支付。PPP 增信风险近年来被学者视为我国公共事业再生产领域投融资风险的"元凶"之 一，是政府举债和政府债务恶化的一个重要根源。但是也有学者对此提出质疑，认为 PPP 增信尽管有风险损失发生，同时也有风险收益的存在（许振宇、陈恒、李清均，2019）。

2015 年 11 月，财政部发布的《政府投资基金暂行管理办法》规定了 PPP 模式项目投资方应当遵循"利益共享、风险共担"的原则，明确约定收益处理和亏损负担方式。投资基金的亏损应由出资方共同承担，政府应以出资额为限承担有限责任。政府部门可以适当地让利，但是不能向投资人承诺投资资本金不受损失或最低收益保证等要求。同时，财政部规定每年度的 PPP 模式项目的资金需求不能超过当年公共预算的 10%。在这个范围内，省级财政部门可以自行确定比例，报财政部备案，同时对外公布。通过财政承受能力论证并经同级人民政府审核同意的，将纳入 PPP 项目目录，在编制中期财政规划时，将项目财政支出责任纳入预算统筹安排①。所以，政府部门为 PPP 模式养老项目提供的增信在政策上存在困难，同时，随着国资委对国企担保程序要求越来越严格，未来在增信问题上难度普遍较大。

五　保险资金参与 PPP 模式养老项目投资融资的方式

保险资金投资养老健康产业有利于协同支持保险保障功能主业的发展，有利于改善保险经营的盈利结构状况，有利于优化保险资金运用中的资产配置结构（曹德云、李全，2018）。

---

① 财政部政府和社会资本合作工作领导小组办公室副主任焦小平：《PPP 项目预算支出不超过一般公共预算支出 10%》，政府采购信息网，2015 年 5 月 6 日。

（一）以保险产品的形式直接投资 PPP 模式的养老项目

2017 年 5 月，中国保监会颁布了《关于保险业支持实体经济发展的指导意见》（保监发〔2017〕42 号），意见指出，要"完善社会风险保障功能，发挥实体经济稳定器作用"，符合条件的保险机构可以作为项目受托人发起设立基础设施投资计划，募集资金投资符合要求的 PPP 项目。在风险可控的前提下，"调整 PPP 项目公司提供融资的主体资质、信用增级等监管要求，推动 PPP 项目融资模式创新"[①]。保险公司的投资计划可以包括股权、债券或股债结合的方式等投资一个 PPP 项目或 PPP 项目组合。

具体来说，保险资金需要严格遵循《中国保监会关于保险资金投资政府和社会资本合作项目有关事项的通知（保监发〔2017〕41 号）》，比如，需要投资已纳入发改委 PPP 项目库或财政部全国 PPP 综合信息平台项目库的 PPP 项目，项目的建设方或运营方必须为主体信用评级对于 AA+ 的行业内龙头企业，项目需要建立合理的投资机制并且预计可以产生稳定持续的现金流（杨建功、刘聪、左进，2018）。

（二）与地方政府合作共同设立省级 PPP 母基金

为促进公用事业 PPP 项目加快发展，国家和地方层面已相继设立了 PPP 产业母基金。特别是省、市级政府，母基金主体较多，参与的空间大（范迪军，2017）。保险资金通过与地方政府合作共同设立省级 PPP 母基金，由保险资金作为优先级资金方，政府部门作为劣后级资金方，在收益不确定的情况下采用"固定+浮动"的收益方式，由地方政府对保险机构的固定收益承担差额不足义务（赵琦，2017）；由保险机构担任基金的管理人，政府部门提供 PPP 模式养老项目的增信。但是，考虑到政府难以提供增信的情况下，可以引入具有政府背景的企业作为劣后级资金方，由企业提供增信。该模式需要保险机构具有较强的政府关系，基于较低的投资风险，一般情况保险机构难以获取较高的项目收益。

---

① 中国保监会：《关于保险业支持实体经济发展的指导意见》（保监发〔2017〕42 号）。

（三）与建筑或运营企业组成项目联合体

国务院办公厅《关于进一步激发民间有效投资活力促进经济持续健康发展的指导意见》（国办发〔2017〕79 号）指出，要"积极采取多种 PPP 运作方式，规范有序盘活存量资产"；鼓励"采取混合所有制、设立基金、组建联合体等多种方式，参与投资规模较大的 PPP 项目。""积极创新运营模式、充分挖掘项目商业价值""鼓励银行业金融机构和全国信用信息共享平台之间的合作等，化解银企信息不对称问题"。

PPP 模式的养老项目主要由建设方、运营方和投资方组成，同时具有三方优势的企业一般均为国企，而大多数的民营企业并不同时具有以上优势。保险资金以 PPP 模式参与基础设施投融资，可以分享地方经济长期持续发展的成果。同时，发挥保险社会管理职能，发挥"稳定器"和"安全阀"作用，从"消化过剩产能、降政府债务杠杆、补基础设施建设短板、提升公共服务质量、增进经济运行效率"等多个维度落实供给侧改革的任务①。因此，保险机构与具有建设或运营优势的企业组成联合体从而形成具有巨大竞争力的联盟参与 PPP 项目，各取所长，优势互补，共同投资经营 PPP 模式的养老项目。

第四节　案例应用——山东淄博市博山姚家峪生态养老中心 PPP 项目

近年来，随着我国经济和社会的快速发展，民众的生活水平有了较大程度的提高，一种新形式的养老方式进入了人们的视野——生态养老。所谓"生态养老"是指老年人群体通过亲近自然与自然接近的一种提高生活品质的全新养老方式。山东淄博市博山姚家峪生态养老中心是生态养老项目的一个代表（陈青松、唐琳、连国栋，2018）。

---

① 国家发展改革委投资司、清华大学 PPP 研究中心：《中国 PPP 专家论道：国家发改委 PPP 专家优秀论文集》，经济日报出版社 2018 年版，第 183 页。

山东省淄博市博山区，2015 年人口老龄化比例高达 24.2%，远超全国平均水平，而该区是依靠煤炭发展起来的独立工矿区，近年来经济总量不足、地方财力薄弱，发展养老产业遇到资金瓶颈。博山区通过调研论证，发现该区的姚家峪村非常适合建设养老中心。姚家峪地处北纬 36°的北温带，平均海拔 480 米，是世界公认的最适宜人居的纬度和海拔高度。该村距离城区仅 10 分钟车程，森林覆盖率高达 97%，具备"离尘不离城"的条件。2015 年 4 月，博山区委、区政府响应国家推广运用政府和社会资本合作模式的号召，提出用 PPP 模式建设博山姚家峪生态养老中心，通过运作，用 8500 万元资本金投入撬动了 19.25 亿元的养老基础设施建设。生态养老中心占地 29 公顷，总建筑面积 61 万平方米，采用区域整体开发模式，园区建设以生态、文化、养生养老为基础，医疗、保健、康复为保障，着力打造康体医疗、生活支持、文化教育、安全保障四大运营服务体系。项目分三期建设，建设周期 5 年，2015 年 10 月开工建设，计划 2020 年 4 月全部竣工。项目全部建成后，可容纳 10000 人养生养老。2015 年 6 月，泰和房地产（联合体）中标，联合体由泰和房地产、上海道联投资有限公司、中国建筑第二工程局有限公司出资组成。2015 年 7 月泰和房地产（联合体）与区民政局签署特许经营协议，同时注册 SPV 公司（特殊目的公司）——山东凯富瑞生态颐养有限公司，负责养老项目具体的融资、建设、运营，经营范围是老年人养护服务，养老产业，养老设施开发、建设等。在项目实施过程中，博山区民政局负责制定养老服务标准，按照标准进行监督和管理。同年 7 月泰和房地产（联合体）的资本金已到位 4.25 亿元，银行贷款 3.8 亿元将投放（程子彦，2016）。

淄博市博山姚家峪生态养老中心项目是财政部第二批示范项目之一，也是其中 10 个养老 PPP 项目之一。该中心采用 PPP 模式下的 BOT 方式运作，回报机制是使用者付费，合作期限为 50 年。可以提供约 5000 人的持续就业，2000 户农民脱贫致富，对整个博山区经济社会的发展会产生积极而深远的影响，因此，该项目体现出操作流程规范、程序步骤严谨、目标指向明确和项目进展迅速等特点，被财政部列为优秀的 PPP 示范项目。项目具有区域文化优势明显、优良的生态环境、区位交通优势明显、物有所值专家评价高、财政能够承受等特点（陈青松、唐琳、连国栋，2018）。

张伊佳研究发现，姚家峪项目经过识别、准备、招标三个阶段以后于2015 年 7 月进入执行阶段。在这个阶段，博山区民政局与泰和房地产（联合体）签订了特许经营协议，凯富瑞公司的一期注册资本为 3000 万元，由四大股东按比例分别出资，其中泰和公司作为第一大股东，持股比例达到 46%，上海道联投资有限公司持股 29%，博山区公有资产经营公司持股20% 的股份，中建二局股份仅占 5%。根据项目建设进程需要，四方股东将进行同比增资，直至到达 4.25 亿元，现已全部落实。而国家开发银行提供的首笔贷款，3.95 亿元将供项目前期使用，包括但不局限于已建设的 335户居民回迁楼，10 公里的施工临时道路，以及处于在建状态的项目南广场和一期福利养老院。姚家峪项目融资总额高达 19.25 亿元，其中由政府与联合体共同提供 4.25 亿元的启动资金，占总投资额的 22.09%，剩余 15 亿元来自银行贷款，占总投资的 77.91%。随后凯富瑞公司抓住国家政策机遇，积极申报了国家专项建设基金，并获得国家发改委以及国家开发银行的大力支持。成功引入国开发展基金有限公司（国家开发银行全资子公司）作为新股东投资进入姚家峪项目，并带来了 2.695 亿元的资本金，极大地缓解了姚家峪项目的筹资压力，为项目如期建设提供保障。可以看出在项目总投资额中，其中 4.25 亿元的启动资金是以股权投资的形式进行融资的，剩余 15 亿元的债权融资是依托银行贷款进行的。债权融资约是股权融资 3.5 倍（张伊佳，2018）。

张伊佳认为，姚家峪项目在我国当前 PPP 养老地产项目中开展较为顺利，且具有一定的代表性，从中可以看到 PPP 进入养老地产以后的优势与局限。PPP 最关键优势在于这种模式整合了政府与社会中多方的优势资源，提高了资源配置效率以及整个项目的养老服务质量和供给效率；局限在于项目合作门槛较高，社会资源整合不足，养老地产缺乏合适的衡量指标。由姚家峪案例引出的 PPP 模式在养老地产中展现出的局限，则与资产证券化的优势体现出了一定的互补性（张伊佳，2018 年）。

朱茜对姚家峪养老机构 PPP 项目风险仿真结果进行了分析。她通过建立姚家峪养老机构 PPP 项目系统动力学风险评价模型，利用 Vensim PLE软件的"Simulate"功能，从而实现对项目风险的仿真模拟，进而得到姚家峪养老机构 PPP 项目政府层面、市场层面、项目层面和参与方层面风险这四个子系统的风险变化趋势图，并就上述四个子系统的风险水平进行了评价与判断，认为姚家峪养老机构 PPP 项目的整体风险位于低风险到中等风险的范畴之中，且政府层面风险>参与方层面风险>项目层面风险>市场层面风险。因此，可以识别得到政府层面风险、参与方层面风险为影响姚家峪养老机构 PPP 项目的关键风险，需要对其进行严密把控与防范，并制定有效的风险应对策略，以保障项目的实施（朱茜，2021）。

本章小结

本章分别从推动基于新公共服务理论的 PPP 模式养老项目投资融资决策、构建基于资产证券化的 PPP 模式养老项目投资融资决策和推进保险资金参与 PPP 模式养老项目投资融资决策三个角度阐述构建全生命周期角度下的 PPP 模式养老项目投资融资决策方式。

新公共服务理论是基于社会共同体的多元共治，政府通过引导社会、企业以及第三方共同参与到 PPP 模式养老项目建设的投资融资中，通过整合社会资源，更加注重社会公共价值的选择并建立政府与社会资本合作的桥梁，引入市场竞争模式，将政府的政策目标、社会目标与社会资本的企业目标相结合，社会资本作为社会活动的参与主体，在获得社会权利的同时也肩负促进社会发展的责任，通过主动积极的态度参与 PPP 模式养老项目的各项融资活动，携手共同提供优质的养老服务。资产证券化为 PPP 模式养老项目解决了银行贷款高额成本和社会资本项目退出机制的问题，通过基础设施的未来收益所得产生的现金流为支持发行债券进行融资的模式，将 PPP 模式养老项目的未来收益提前获得，降低了项目的运营风险，给予社会资本方较多的收益保障。从保险行业视角下的投资理论，我们可以发现保险行业的资金与 PPP 模式养老项目具有契合性。通过对保险资金如何参与到 PPP 模式养老项目中投资融资进行路径分析，为保险资金有效参与 PPP 模式养老项目投资融资提供一些思路。基于新公共服务理论、资产证券化和保险行业融资三个角度对 PPP 模式养老项目的投资融资方式的分析，有助于为后续的政策制定提供决策咨询。

第七章　PPP 模式养老项目的投资收益决策模型

以概率和数理统计原理为基础的蒙特卡罗模拟方法可以有效模拟 PPP 模式养老项目中的投资收益情况，基于政府和社会资本方的风险分担可以有效控制项目中的风险大小。将以上理论和方法运用于 PPP 模式养老项目的投资收益模型中，可以较好地测算出社会资本在不同情况下的收益帮助社会资本决定是否投资或如何投资。将投资收益模型应用于白山怡康医养结合 PPP 模式养老项目具体案例中，有助于我们对上述投资收益模型的理解。

第一节　公私双方的蒙特卡罗模拟

一　蒙特卡罗模拟的理论

蒙特卡罗模拟法（monte-carlo）是随机模拟（random testing）的一种计算方法，以概率和数理统计原理为基础，通过利用随机数进行统计实验得到解的统计特征，模拟事物的形成过程，其本质是从概率分布中重复抽样来获得评价指标的概率分布、期望值、方差、标准值，基于输出变量的分布状况来判断 PPP 模式养老项目投资收益决策是否可行的概率，同时估计项目承担的风险大小。"蒙特卡罗"一词来源于摩纳哥的驰名世界的赌城蒙特卡罗中"轮盘赌"等相关游戏。轮盘赌是一种赌场赌博方式，根据每次赌博的结局，赌博掌盘人或赌场主都可以获得一定份额的抽成。因轮盘赌有着与蒙特卡罗模拟法相同的概率分布和随机抽样原理，该方法在项目投资风险领域和不确定性的评估中逐渐成为重要的评判工具。

二　随机变量的概率分布的确定

在实际问题中，随机试验的结果可以用数量来表示，由此就产生了随机变量的概念（齐小忠，2018）。确定随机变量的概率分布在蒙特卡罗模拟中至关重要。通过对随机变量随机抽样的方法来获取随机变量的观测值，利用满足概率分布的随机变量进行蒙特卡罗模拟分析。

在蒙特卡罗模拟中，概率可以分为主观概率分布和客观概率分布。主观概率分布是指人们对某一风险因素发生可能性的主观判断，用介于 0 到 1 之间的数据来描述。这种主观估计基于人们所掌握的大量信息或长期经验的积累（刘文周，2011）。客观概率分布是指根据历史数据或者实验数据统计获得的并且不以人的主观意志而改变的结果分布，这种基于大量的数据总结分析而得到的判断就是客观概率分布。

蒙特卡洛模拟法是概率分析法的扩展，它不同于敏感性分析，它可以同时随机改变全部的不确定因素，用概率估计的数据输入模式进行分析，来代替敏感性分析，预计变化数据的点估计，因此已成为风险估计中的主要方法之一（刘文周，2011）。

在 PPP 模式养老项目投资决策中，单一地使用主观概率分布和客观概率分布都不可取。通过人们的主观判断获得的概率分布可能会导致分析内容缺乏数据和令人信服的局面，而完全使用历史数据获取到的客观概率分布则可能只是反映过去的情况却不能完全代表具体的项目情况。所以，在 PPP 模式养老项目投资决策中，需要根据项目的具体情况和实际需要来决定使用何种概率分布。在具体的项目中，选择与变量相符合的概率分布必须先确认其所处的环境和其相关信息，通过对比目标变量实际的概率分布和蒙特卡罗模拟法中基本类型的概率分布，选择可以反映目标变量的概率分布。蒙特卡洛模拟方法的原理是将项目目标变量用数学模型表示，模拟模型中尽可能地包含影响该项目目标变量的主要风险变量。每个风险变量的风险结果及所发生的概率都用具体的概率分布来描述，借助数学方法，利用计算机产生的随机数计算得到风险变量的随机值。不断反复进行这种模拟计算，就可得到目标变量的概率密度曲线或累计概率分布曲线，从而对目标变量的可能结果做出较为准确的评估（谭大璐、赵世强，2012）。

在蒙特卡罗模拟法中，无论是历史数据还是经验数据，均可以建立直方图来确定其数据的分布，然后寻找到相应的或近似的概率分布，由于经验数据难以精准地描述变量的真实情况，所以需要确定一个对变量拟合程度较高的概率分布，从而保证它的有效性。

三　蒙特卡罗模拟中的随机变量概率的分布及常见的概率分布

（一）正态分布

正态分布是应用范围最为广泛的一个概率分布，又名高斯分布，通常运用于数学、统计学、物理学等领域，特别是在统计学中有重要的影响力。在概率论中，正态分布是几种连续以及离散分布的极限分布。基于标准正态分布构造的 N（总数）、平均数和标准差三个著名统计量在实际问题中有着广泛影响，被称为统计学中的"三大抽样分布"（刘方、翁庙成，2021）。

如果变量 X 服从一个数学期望为 μ，标准方差为 σ^2 正态分布，该正态分布记作 $N(\mu, \sigma^2)$，其概率密度函数为正态分布的期望值 μ 决定了函数位置，同时，其标准差 σ 决定了正态分布的摆动幅度大小，正态分布的形状呈现钟状，因此也被称为钟形曲线。

正态分布是具有两个参数 μ 和 σ^2 的连续型随机变量的分布，参数 μ 是代表随机变量的均值，参数 σ^2 代表随机变量的方差。在正态分布中，随机变量的大小通常由参数 μ 决定，与参数 μ 相邻的值的概率大，距离参数 μ 较远的值的概率较小；参数 σ 决定了概率分布的密度程度，参数 σ 的值越小，分布越集中于 μ 值附近，参数 σ 的值越大，函数分布越分散。正态分布密度函数的特点是：关于 μ 对称，并在均值 μ 处取得该函数的最大值，在正（负）无穷远处时的取值为 0，此外，正态分布函数在 $\mu\pm\sigma$ 处有拐点。其形状是中间高两侧低，位于 X 轴上方的钟形曲线，当 $\mu=0$，$\sigma^2=1$ 时，此时的随机变量被称为标准的正态分布，记作 $N(0, 1)$。当 μ 维的随机变量具有相似的概率分布时，此随机变量遵循多位正态分布。正态分布的概率密度函数公式为：

$$f(x) = \frac{1}{\sqrt{2\pi}\,\sigma} e^{\frac{(x-\mu)^2}{2\sigma^2}} \qquad\qquad (7-1)$$

（二）均匀分布

数学中有六种常用的分布：二项分布、泊松分布、几何分布、均匀分布、指数分布和正态分布（徐友鹏，1987）。均匀分布是用来描述函数最小值和最大值之间所有的结果等可能的随机变量的特征。若连续型随机变量 X 的分布函数为：

$$F(x) = \frac{x-a}{b-a} \qquad a \leqslant x \leqslant b \qquad\qquad (7-2)$$

则称随机变量 X 服从 $[a, b]$ 上的均匀分布，记作 $X \sim U[a, b]$。如果 $[X_1, X_2]$ 是 $[a, b]$ 内的任一子区间，则：

$$F\{x_1 \leqslant x \leqslant x_2\} = \frac{x_1 - x_2}{b-a} \qquad\qquad (7-3)$$

该公式表明 X 落在 $[a, b]$ 的子区间的概率只与子区间的区间长度有关，而与子区间所处的位置无关，X 落在 $[a, b]$ 中长度相等的子区间的可能性是相等的，均匀分布指的就是这种相等的可能性。

（三）三角分布

三角分布亦称辛普森（Simpson）分布，常用于定量风险分析。三角分布是由最小值、最大值和可能值三个参数定义的分布，函数的最小值记为 a，最大值记为 b，可能值记为 c，三角分布函数为：

$$F(x) = \begin{cases} \dfrac{2(x-a)}{(b-a)(c-a)} & a \leqslant x \leqslant c \\[3mm] \dfrac{2(b-x)}{(b-a)(b-c)} & c \leqslant x \leqslant b \end{cases} \qquad\qquad (7-4)$$

在三角分布中，当可以确定一个数据可能存在区间 $[a, b]$ 中时，若可以判断 a 与 b 之间有一个 c 值比其他的值更可能出现，就可以判断为三角分布函数。三角分布函数一般用于优先采样的信息，特别是已知变量之间的关系。但是由于数据的采集成本过高从而难以采样的场合，通常是根据最小值和最大值来推测合理的常见值，建立在最小值和最大值之间的事件发生的可能性模型。

（四）频率分布

频率分布是指在统计分组的基础上，将总体中各单位的变量按组归类并整理，按照一定的顺序排列，最终形成总体中各单位的变量在各组间的分布。频率分布表可以清楚地反映数据的分布规律。频率分布的实质是在各组按照顺序排列的基础上，列出每个组的总体单位数，形成数列，比如，根据专家调查法获得的有关风险因素的发生概率对项目的影响，基于专家调查法获得的风险影响程度表，通过在 $[0, 1]$ 之间的随机数与调查表的累积概率比较，处于某区间的概率，对应于该区间所对应的项目影响程度。如果模拟的次数数量足够多，模拟的结果将会呈现统计规律。

第二节　PPP 模式养老项目投资收益决策模型的构建

一　确定 PPP 模式养老项目投资决策模型的变量

（一）基本养老人数

老年人自身的身体欠佳需要有人看护，而老年人的子女可能由于各种原因难以在老年人身边提供长时间的照顾和护理服务，所以，将老年人安排进入养老机构是较为合适的选择。在该项目的规划初期，PPP 模式养老项目设置基本的养老床位数量，但是基本的养老人数也不是固定不变的，它服从相关的概率分布。

（二）临时托管人数

由于 PPP 模式养老项目中的老年人人数和身体情况等因素的不确定性，项目中属于临时托管的人数也具有不确定性，因此，政府部门需要分担社会资本方的投资风险，在双方的合同特许经营协议中规定临时托管的最低需求人数，若实际的临时托管人数低于合同中的预期人数，政府部门将需要按照合同中最低的预期人数给予 PPP 模式养老项目一定的补贴，以此保障项目公司的持续性经营。假设在第 t 年的每日平均临时托管人数为 Q_t，特许经营协议中政府部门保证的最低临时托管人数为 Q_{min}，具体的临时托管人数公式如下：

$$Q_t = \begin{cases} Q_{min} & 0 < Q_t < Q_{min} \\ Q_t & Q_{min} \leqslant Q_t \end{cases} \qquad (7-5)$$

（三）医养结合人数

医养结合由于能够为老年人群体提供基本的养老服务和及时的医疗服务的项目从而受到老年人广泛欢迎。医养结合的养老方式还为长期需要医疗服务的适龄养老人群免去了经常去医院或者诊所的周折，因为其子女若是上班外出的情况则无法在家给予老年人及时的协助。医养结合的人数需要根据项目的具体情况设定。

（四）养老项目运营收入

PPP 模式养老项目是由基本养老收入、临时托管收入和医养结合收入三部分组成的，运营收入中通过对各部分收入的计算可以得出项目的总收入，假设项目总收入为 TR_t，基本养老收入为 P_1R_t，临时托管收入为 P_2R_t，医养结合收入为 P_3R_t，具体如下：

$$TR_t = P_1R_t + P_2R_t + P_3R_t \qquad (7-6)$$

其中，基本养老收入 P_1R_t 由项目第 t 年的老年人数量 N_1 和第 t 年的月均养老费用 P_1 组成，同时，月均养老费用按照特许经营协议中的每 K 年同样的增长比例 α 的方式进行调价，所以，基本养老收入 P_1R_t 的公式为：

$$P_1R_t = \begin{cases} N_1 \times P_1 \times 12 & \text{当 } t \leq k \\ N_1 \times P_1 (1+\alpha)^B \times 12 & \text{当 } k < t \leq 2k, \ \beta = 1 \text{ 当 } 2k < t \leq 3k, \ \beta = 2 \cdots\cdots \end{cases}$$

$$(7\text{-}7)$$

临时托管收入为 P_2R_t 由托管人数 Q_t 和托管服务费 P_2 组成，托管服务费基于当地的老年人家庭收入和平均养老金收入而制定，同时，根据物价上涨水平，按照特许经营协议中的每 K 年同样的增长比例 α 的方式进行调价，具体如下：

$$P_2R_t = \begin{cases} Q_t \times P_2 \times 360 & \text{当 } t \leq k \\ Q_t \times P_2 (1+\alpha)^\beta \times 360 & \text{当 } k < t \leq 2k, \ \beta = 1 \text{ 当 } 2k < t \leq 3k, \ \beta = 2 \cdots\cdots \end{cases}$$

$$(7\text{-}8)$$

医养结合收入为 P_3R_t 由需要医养结合服务的老年人人数 Y_1 和月均医养结合费用 P_3 组成，月均医养结合费用按照特许经营协议中的每 K 年同样的增长比例 α 的方式进行调价，具体如下：

$$P_3R_t = \begin{cases} Y_1 \times P_3 \times 12 & \text{当 } t \leq k \\ Y_1 \times P_3 (1+\alpha)^\beta \times 12 & \text{当 } k < t \leq 2k, \ \beta = 1 \text{ 当 } 2k < t \leq 3k, \ \beta = 2 \cdots\cdots \end{cases}$$

$$(7\text{-}9)$$

（五）PPP 模式养老项目运营成本

PPP 模式养老项目运营成本由每日为老年人提供的餐饮费用 C_1、日常每天的水电煤气费用 C_2、每月职工工资 C_3 和每月项目各项管理费用及维护费用 C_4 组成。项目的各部分费用服从概率分布，所以 *PPP* 模式养老项目的第 t 年的运营成本为：

$$C_t = (C_1 + C_2) \times 360 + (C_3 + C_4) \times 12$$

$$(7\text{-}10)$$

二　构建 PPP 模式养老项目投资决策模型

通过对 PPP 模式养老项目进行风险因素的识别，基于前面章节的模糊分析法获得养老项目主要的风险因素，同时，将项目的主要风险因素确认为确定性风险因素和不确定性风险因素，对不确定性的风险因素进行定义并运用蒙特卡洛方法进行概率分布的模拟，将以上的数据代入 PPP 模式养老项目投资决策模型中从而获得项目决定收益决策的关键指标，为项目决策提供帮助。具体的项目收益公式如下：

$$NPV\mid_{T_c}=\sum_{t=1}^{T_c}-\frac{O_t}{(1+i)^t}(1\leq t\leq T_c)$$

$$NPV\mid_t=\frac{R_t-C_t}{(1+i)^t}\ (T_c<t\leq n)$$

$$NPV\mid_T=NPV\mid_{T_c}+\sum_t^T\frac{R_t-C_t}{(1+i)^t}\ (T_c<t\leq T)$$

$$\sum_{t=1}^n\frac{R_t-C_t}{(1+IRR)^t}=0(1\leq t\leq n)$$

$$D_{t=z}=T_{z-1}+\left(1-\frac{NPV\mid_T}{NPV\mid_t}\right) \tag{7-11}$$

在上述的公式中，T_c 为 PPP 模式的养老项目的建设期，O_t 为项目的第 t 年的投资金额，$NPV\mid_{T_c}$ 为该 PPP 模式养老项目的建设期间的累积投资折现额，$NPV\mid_t$ 为项目的第 t 年的净现值，$NPV\mid_T$ 为项目的第 t 年的累积净现值，IRR 是项目的内部收益率，i 为项目的折现率，$D_{t=z}$ 作为项目的动态回收期，T_z 为项目的开始出现累积净现值为正的时间。

第三节 案例应用

一 吉林白山怡康医养结合 PPP 模式养老项目概述

2019 年 10 月，历时两年多的建设，国家级 PPP 示范项目——白山怡康医养结合养老综合体·白山第二社会福利院项目正式投入使用。该项目作为采用 PPP 模式的养老项目，旨在为吉林省白山市的老年人提供一个

"老有所依、老有所养"的医养结合场所,不仅可以保障老年人的晚年颐养需求,也能积极促进和谐社会的构建。通过 PPP 模式的运作,白山市政府可以减轻债务负担,减缓融资平台的压力,有助于实现政府的职能转变;企业也可以拓展发展空间,积极参与公共领域项目,从而进一步激发非公有制经济的活力。通过"让专业的人做专业的事",提高公共产品的供给效率,最终实现多方共赢的宏观效益①。

(一) 项目概况

白山怡康医养结合养老综合体项目位于吉林省白山市浑江区青松路 357 号,其所处区域环境优美、空气清新、日照充足、交通便利,同时附近没有大型企业,周边均为住宅区和商业区,综合来看,该区域是养老机构项目的良好选择。白山怡康医养结合项目总计投资 33977.64 万元,其中,社会资本的自由资金为 8977.64 万元,银行贷款为 25000.00 万元,全部用于该 PPP 项目的建设投资②。项目占地面积 22741.11 平方米,总建筑面积为 61755.63 平方米。该项目的建设内容包括医疗康复楼、综合楼、颐养中心(老年养护楼)、地下建筑及附属设施,主要建筑中心为一片可以供老年人休闲放松娱乐的室外绿地,项目计划设计老年人养老床位 796 张,医院床位 260 张③。白山怡康医养结合项目的实施机构为白山市民政局,合同中规定特许经营期为 25 年,从 2016 年 12 月至 2041 年 12 月,其中,建设期为 3 年,运营期为 22 年,该项目为公开招标的方式采购社会资本④。

---

① 《白山怡康医养结合养老综合体·白山第二社会福利院 PPP 项目物有所值评价报告》,第 3 页,财政部政府和社会资本合作中心。
② 《白山怡康医养结合养老综合体·白山第二社会福利院 PPP 项目财政能力承受报告》,第 15 页,财政部政府和社会资本合作中心。
③ 《白山怡康医养结合养老综合体·白山第二社会福利院 PPP 项目物有所值评价报告》,第 19 页,财政部政府和社会资本合作中心。
④ 《白山怡康医养结合养老综合体·白山第二社会福利院 PPP 项目物有所值评价报告》,第 1 页,财政部政府和社会资本合作中心。

（二）项目合作范围

白山怡康医养结合项目是一个具有区域内领先示范作用的综合型、医护型的高品质医养结合综合体。政府部门依法划定经营权和收益权，制定项目建设规模、发展目标等内容，并监察项目的核准、规划调整为符合本项目公共服务所需求的相关用地性质、土地修编和落实建设用地指标等工作；社会资本方按照项目的合同约定收回其投资成本并获得投资回报收益，并对本项目实施过程中进行组织、指导和协调①。

（三）项目性质和回报机制

白山怡康医养结合综合体作为一个医养结合的养老服务新建 PPP 项目，项目既有公益特征，也包含营利性质，属于准经营性项目。因此，该项目的投资回报方案采用"使用者付费+可行性缺口补足"的方式，使用者付费主要营业收入包括医院的租金收入、养老服务收入和其他衍生收益等组成。项目的合作期在 25 年的条件下，项目投资收益率为 4.69%，白山怡康医养结合项目在拟定的回报机制基础上可以通过科学的运营实现既定的收益水平和满足社会资本方的利益诉求②。

该项目采用影响因素调整机制，设定影响因素实现项目回报方案的动态调整，以此反映经济发展变化和物价波动、年运营成本（生活成本、经营费用、管理费用和维修费用等）变化因素对项目付费的影响。在重点考虑宏观经济基础、市场供求环境等影响后，政府部门负责制定经营性收费标准，项目公司负责具体落实，科学、合理地构建公共产品及服务付费的制定、调整和补偿机制体制，确保社会资本方可以获得合理的收益，实行上下游付费调整联动机制③。

---

① 吉林省白山市怡康医养结合养老综合体·白山第二社会福利院（编号：22060000031640），财政部政府和社会资本合作中心。

② 《白山怡康医养结合养老综合体·白山第二社会福利院 PPP 项目物有所值评价报告》，第10页，财政部政府和社会资本合作中心。

③ 《白山怡康医养结合养老综合体·白山第二社会福利院 PPP 项目财政能力承受报告》，第10页，财政部政府和社会资本合作中心。

（四）项目运营方式

根据该项目运作的决定性因素分析，在符合国务院关于加强地方政府性债务管理的相关规定和 PPP 项目政策规范框架内，基于项目回报机制与投资收益通过使用者付费及可行性缺口补助的形式实现，同时综合考虑该项目的实际融资需求和资产权属的情况，选择以 BOO 的方式运作[①]。通过招标方式确定了社会资本方后，白山市政府部门授权白山市怡心养老服务有限公司作为政府方出资代表，由社会资本方与怡心养老服务有限公司共同出资组建 PPP 项目公司，项目公司负责养老项目的设计、融资、建造和运营等工作。在项目的合作期满后，项目公司将继续拥有并可以自主选择是否持续运营本养老项目，因此，社会资本方不涉及向政府有关部门进行移交[②]。

二　白山怡康医养结合 PPP 模式养老项目的投资决策因素

根据项目的背景可知，项目的主要投资决策因素包括：项目建设期投资 $O_c = 33977.64$ 万元，项目建设时间 $T_c = 3$ 年，养老项目运营收入 $P_1 = 3000$ 元/月，临时托管收入 $P_2 = 150$ 元/天，医养结合收入 $P_3 = 4000$ 元/月，项目调价周期 $k = 3$，项目调价比例 $\alpha = 5\%$，项目折现率 $i = 6\%$。通过对白山怡康医养结合 PPP 模式养老项目的规划分析，预测出养老项目的老年人数量 N_1 近似服从正态分布 $N_1 = \begin{cases} 500 & N_1 < N_{min} \\ N_1 & N_1 \geq N_{min} \end{cases}$，其中，基本养老项目的老年人数量 N_1 的均值为 500 人，标准差为 50 人；托管人数 Q_t 近似服从三角分布，最大值为 296 人，可能值为 250 人，最小值为 200 人；医养结合服务的老年人人数 Y_t 也服从近似三角分布，最大值为 260 人，可能值为 250 人，最小值为 230 人。另外，白山怡康医养结合 PPP 模式养老项目的运营

---

① 《白山怡康医养结合养老综合体·白山第二社会福利院 PPP 项目财政能力承受报告》，第 7 页，财政部政府和社会资本合作中心。

② 《白山怡康医养结合养老综合体·白山第二社会福利院 PPP 项目物有所值评价报告》，第 4 页，财政部政府和社会资本合作中心。

成本中每日为老年人提供的餐饮费用 C_1 呈现正态分布，均值为 12800 元/天、每天的水电煤气费用 C_2 正态分布均值为 1380 元/天、每月职工工资 C_3 为 30 万元/月以及每月项目各项管理费用及维护费用 C_4 为项目总运营收入的 2%。

三　政府部门不同风险因素分担条件下的投资决策变量模拟

（一）政府部门不分担土地费用条件下的投资决策模拟

白山怡康医养结合 PPP 模式养老项目的占地面积为 22741.11 平方米，当地的土地费用为 6000 万元人民币，政府部门假设不分担土地的使用费用，需要社会资本方承担该费用，通过 Crystal Ball 软件对其项目进行 20000 次的模拟，结果如下。

表7.1　　　　　　　　政府部门不分担土地费用的投资收益模拟

项目特许期（年）	累积净现值（万元）	每年净现值（万元）
1	−16818.61	−16818.62
2	−27152.63	−10333.92
3	−37023.52	−9871.03
4	−34914.73	2108.89
5	−32900.24	2014.42
6	−30976.15	1924.17
7	−29015.21	1961.07
8	−27141.82	1873.21
9	−25352.53	1789.29
10	−23530.74	1821.79
11	−21790.52	1740.17
12	−20128.35	1662.21
13	−18437.56	1690.83

续表

项目特许期（年）	累积净现值（万元）	每年净现值（万元）
14	−16822.42	1615.08
15	−15279.77	1542.73
16	−13711.74	1567.95
17	−12214.21	1497.71
18	−10783.41	1430.62
19	− 9330.54	1452.85
20	−7942.78	1387.76
21	−6617.18	1325.59
22	−5271.97	1345.21
23	−3987.03	1284.94
24	−2759.65	1227.38
25	−1514.96	1244.69
26	−326.04	1188.93
27	809.63	1135.66
28	1960.57	1150.94

根据表 7.1 可得，在政府部门不分担土地费用的情况下，该项目在第 26 年时的累积净现值为 −326.04 万元，在第 27 年时净现值出现的正值为 809.63 万元，所以社会资本方需要在项目的第 27 年才能获得正收益。

根据图 7.1 至图 7.2 可得，在政府部门不分担土地费用的条件下，项目的内部收益率平均值为 11%，远大于项目预期的 4.69% 收益率，这表明该条件下可以达到项目的预期收益率，项目的各项成本与项目内部收益率呈负相关，而项目的养老服务人数与项目的内部收益率呈正相关；由图 7.3 和图 7.4 所知，项目投资回收期大于 25 年的可能性为 55.53%，社会资本方有大约一半的可能性难以在项目的特许经营期内完成预期盈利，同时，项目的各项成本与项目投资回收期呈正相关，而项目的养老服务人数与项目投资回收期呈负相关，综上所述，该方案不可行。

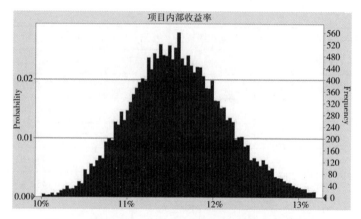

图 7.1　政府部门不分担土地费用的项目内部收益率频率

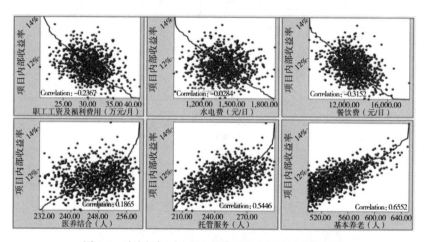

图 7.2　政府部门不分担土地费用的内部收益率散点图

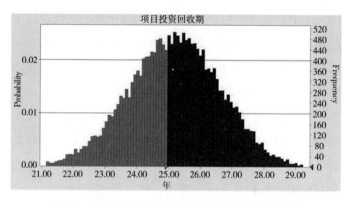

图 7.3　政府部门不分担土地费用的项目投资回收期

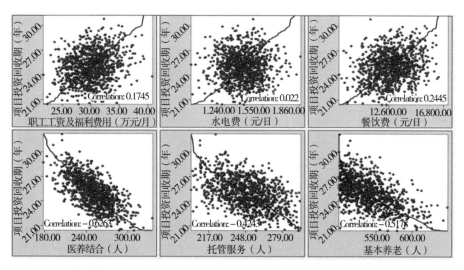

图7.4 政府部门不分担土地费用的项目投资回收期散点图

（二）政府部门不保证养老项目最低入住人数条件下的投资决策模拟

目前阶段，我国运营的 PPP 模式养老项目的养老需求人数存在一定程度上的不确定性，参与项目的老年人数难以有准确的估计值。根据以往的同类项目数据，基本养老项目的养老人数呈现正态分布，政府需要给予社会资本方最低的老年人 PPP 模式的项目合作内容仅限于公共基础设施和公共服务领域，同时，还应该满足以下条款：政府部门和社会资本方的平等合作伙伴关系、长期稳定的运营期限、项目风险共担、项目具有实际的运营现金流和有效的付费机制。根据以上条件对 PPP 模式各类型进行对比分析。

政府部门不保证养老项目最低人数的模拟。通过分析政府部门不对养老项目最低人数的保障来测算该风险因素对项目的影响程度，通过 Crystal Ball 软件对其项目进行 20000 次的模拟，结果如下。

表7.2　　　　　　　　　　政府部门不保证养老项目最低人数的模拟

项目特许期（年）	累积净现值（万元）	每年净现值（万元）
1	−10818. 62	−10818. 66
2	−21152. 59	−10333. 94
3	−31023. 57	−9871, 98

项目特许期（年）	累积净现值（万元）	每年净现值（万元）
4	−28915.63	2107.87
5	−26902.19	2013.44
6	−24978.95	1923.24
7	−23018.83	1960.12
8	−21146.52	1872.31
9	−19358.09	1788.43
10	−17537.18	1820.91
11	−15797.85	1739.33
12	−14136.44	1661.41
13	−12446.42	1690.02
14	−10832.11	1614.31
15	−9290.12	1541.99
16	−7722.92	1567.23
17	−6225.93	1496.99
18	−4796.32	1429.93
19	−3343.84	1452.16
20	−1956.74	1387.14
21	−631.78	1324.96
22	712.79	1344.57

　　根据表 7.2 可得，在政府部门不保证养老项目最低人数的模拟条件下，项目在第 21 年时的累积净现值为−631.78 万元，在第 22 年时净现值出现的正值为 712.79 万元，所以社会资本需要在项目的第 22 年可以获得正收益。

　　根据图 7.5 至图 7.6 可得，在政府部门不保证养老项目最低人数的条件下，项目的内部收益率平均值为 5%，略大于项目预期的 4.69%收益率，同时，该条件下的项目内部收益率有 59.15%的可能性大于 4.69%，这表明在该条件下项目有一定的可能性达到项目预期收益率，项目的各项成本与项目内部收益率呈负相关，而项目的养老服务人数与项目的内部收益率

呈正相关；由图 7.7 和图 7.8 所知，项目投资回收期大于 25 年的可能性为
3.92%，社会资本方有较大的可能性在项目的特许经营期内完成预期盈利，
同时，项目的各项成本与项目投资回收期呈正相关，而项目的养老服务人
数与项目投资回收期呈负相关，综合来看，该条件下的项目有一定的可能
性达到项目投资收益的预期，但是，具有不小的风险。

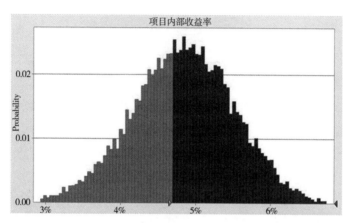

图 7.5　政府部门不保证养老项目最低人数的项目内部收益率频率

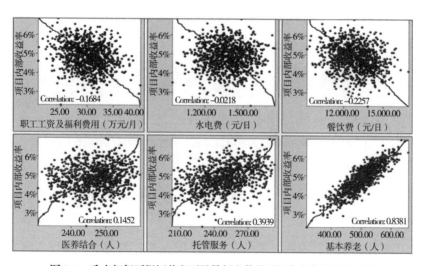

图 7.6　政府部门不保证养老项目最低人数的项目内部收益率散点图

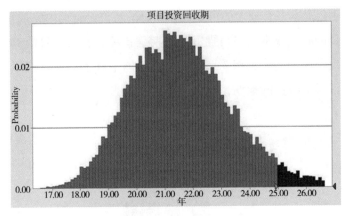

图 7.7　政府部门不保证养老项目最低人数的项目投资回收期

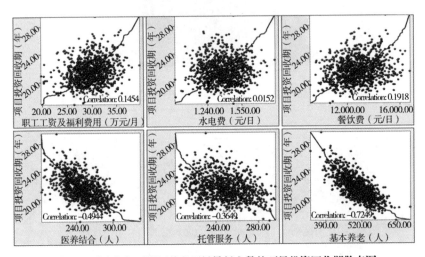

图 7.8　政府部门不保证养老项目最低人数的项目投资回收期散点图

（三）政府部门不保证 PPP 模式养老项目价格调整条件下的投资决策模拟

随着社会经济的发展，人民生活水平的提高，物价水平呈现逐渐上涨的趋势，导致 PPP 模式养老项目的经营成本也有所提高。如果本项目依然保持相同的价格经营则难以维持其日常正常的运行，因此，在项目的合同中按照每 3 年上调 5% 的比例制定该 PPP 模式养老项目的价格是符合市场发展趋势的，但是，如果政府部门不承担调价风险，项目只能按照每 6 年上调 3%的比例制定项目的价格，通过 Crystal Ball 软件对其项目进行 20000 次的模拟，结果如下。

表 7.3　　　　　　政府部门不保证养老项目价格调整条件下的模拟

项目特许期（年）	累积净现值（万元）	每年净现值（万元）
1	−10818. 68	−10818. 67
2	−21152. 67	−10333. 96
3	−31023. 54	−9871. 21
4	−28914. 75	2108. 89
5	−26900. 28	2014. 42
6	−24976. 19	1924. 17
7	−23138. 14	1837. 97
8	−21382. 52	1755. 63
9	−19705. 51	1676. 98
10	−18039. 34	1666. 22
11	−16446. 43	1592. 83
12	−14926. 27	1520. 28
13	−13474. 10	1452. 17
14	−12086. 93	1387. 12
15	−10761. 94	1324. 97
16	−9445. 92	1315. 98
17	−8188. 89	1257. 02
18	−6988. 18	1200. 71
19	−5841. 26	1146. 92
20	−4745. 73	1095. 54
21	−3699. 27	1046. 46
22	−2660. 29	1038. 98
23	−1667. 85	992. 43
24	−719. 88	947. 97
25	185. 63	905. 51

根据表 7.3 可知，在政府部门不保证养老项目价格调整条件下的模拟，该 PPP 模式养老项目在第 24 年时的累积净现值为 -719.88 万元，在第 25 年时净现值出现的正值为 185.63 万元，所以社会资本需要在项目的第 25 年才能获得正收益。

根据图 7.9 至图 7.10 可知，在政府部门不保证养老项目价格调整的条件下，项目的内部收益率平均值为 5%，略大于项目预期的 4.69% 收益率，同时，该条件下的项目内部收益率有 78.32% 的可能性大于 4.69%，这表

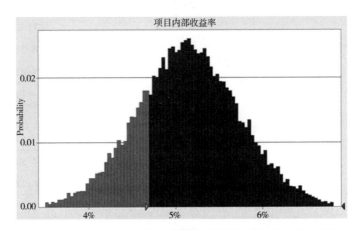

图 7.9　政府部门不保证养老项目价格调整的项目内部收益率频率

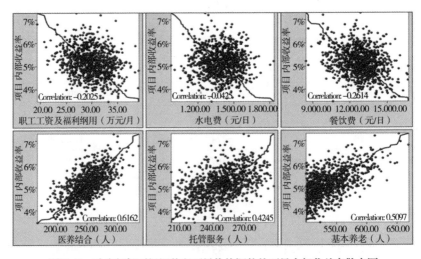

图 7.10　政府部门不保证养老项目价格调整的项目内部收益率散点图

明在该条件下项目有一定的可能性达到项目的预期收益率，项目的各项成本与项目内部收益率呈负相关，而项目的养老服务人数与项目的内部收益率呈正相关；由图 7.11 和图 7.12 可知，项目投资回收期大于 25 年的可能性为 22.08%，社会资本方有一定的可能性在项目的特许经营期内完成预期投资收益，同时，项目的各项成本与项目投资回收期呈正相关，而项目的养老服务人数与项目投资回收期呈负相关，综上所述，该条件下的项目在合约期限内实现预期收益存在较大的风险。

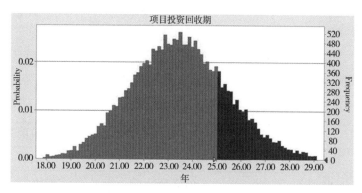

图 7.11　政府部门不保证养老项目价格调整的项目投资回收期

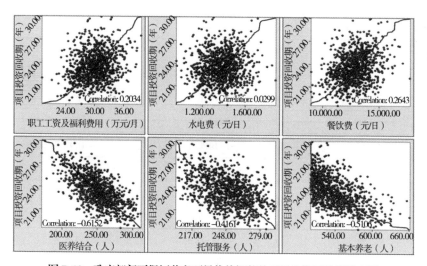

图 7.12　政府部门不保证养老项目价格调整的项目投资回收期散点图

（四）政府部门分担项目风险条件下的投资决策分析

政府在分担项目的土地费用、养老项目最低人数和价格调整风险的条件下，通过 Crystal Ball 软件对其项目进行 20000 次的模拟，结果如下。

表7.4　　　　　　　　政府部门分担项目风险条件下的模拟

项目特许期（年）	累积净现值（万元）	每年净现值（万元）
1	−10818.64	−10818.62
2	−21152.63	−10333.94
3	−31023.55	−9871.21
4	−28914.71	2108.89
5	−26900.23	2014.42
6	−24976.17	1924.17
7	−23015.32	1961.07
8	−21141.87	1873.21
9	−19352.56	1789.29
10	−17530.78	1821.79
11	−15790.59	1740.17
12	−14128.33	1662.21
13	−12437.52	1690.83
14	−10822.44	1615.08
15	−9279.67	1542.73
16	−7711.72	1567.95
17	−6214.01	1497.71
18	−4783.39	1430.62
19	−3330.54	1452.85
20	−1942.78	1387.76
21	−617.18	1325.59
22	728.03	1345.21

根据表 7.4 可知，在政府部门分担项目风险条件下的模拟中，项目在第 21 年时的累积净现值为-617.18 万元，在第 22 年时净现值出现的正值为 728.03 万元，所以社会资本需要在项目的第 22 年才能够获得正收益。

由图 7.13 至图 7.14 可知，在政府部门分担项目风险的条件下，项目的内部收益率平均值为 5%，略大于项目预期的 4.69%收益率，同时，该条件下的项目内部收益率有 90.08%的可能性大于 4.69%，这表明在该条件下项目有较大的可能性达到项目预期投资收益率，项目的各项成本与项目内部收益率呈负相关，而项目的养老服务人数与项目的内部收益率呈正相关，在图 7.15 的政府部门分担项目风险条件下的项目内部收益率敏感性分析图中，基本养老和托管养老服务对项目的内部收益率产生较大影响，每日的餐饮费用、员工工资和医养结合的人数对项目的内部收益率产生较小的影响；由图 7.16 和图 7.17 可知，项目投资回收期大于 25 年的可能性为 0.08%，由此可以判断社会资本方能够在项目的特许经营期内完成预期投资盈利，同时，项目的各项成本与项目投资回收期呈正相关，而项目的养老服务人数与项目投资回收期呈负相关，在图 7.18 的政府部门分担项目风险条件下的项目内部收益率敏感性分析图中，医养结合、基本养老和托管养老服务队项目的投资回收期产生较大影响，每日的餐饮费用和员工工资对项目的投资回收期产生较小的影响，综上所述，该条件下的项目方案可行。

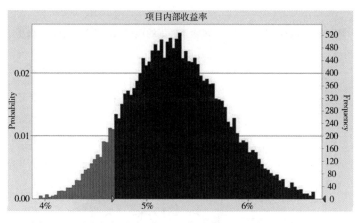

图 7.13 政府部门分担项目风险条件下的项目内部收益率频率

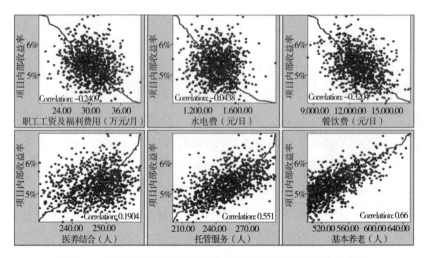

图 7.14 政府部门分担项目风险条件下的项目内部收益率散点图

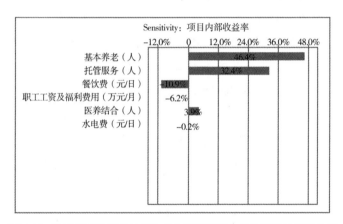

图 7.15 政府部门分担项目风险条件下的项目内部收益率敏感性分析

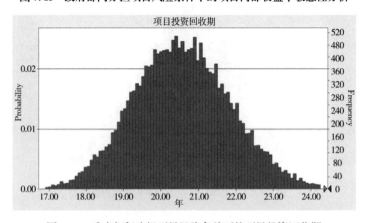

图 7.16 政府部门分担项目风险条件下的项目投资回收期

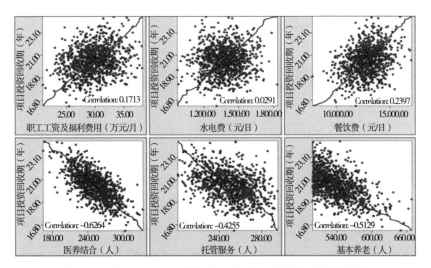

图 7.17　政府部门分担项目风险条件下的项目投资回收期散点图

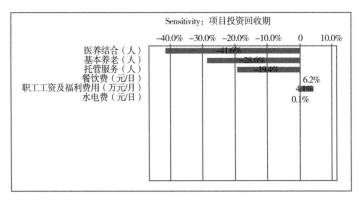

图 7.18　政府部门分担项目风险条件下的项目投资回收期敏感性分析

本章小结

　　本章首先介绍了蒙特卡罗理论、基本思想及其基本的概率分布函数，并建立了 PPP 模式养老项目的投资收益决策模型；其次，通过将投资收益决策模型运用于我国财政部政府和社会资本合作中心全国 PPP 综合信息平台项目数据库的养老项目中进行实证，对政府部门分担和不分担项目的土地风险、调价风险和需求风险情况下的项目净现值、内部收益率及项目投资回收期进行蒙特卡罗模拟，将不同条件下的项目投资收益结果进行对比分析，总结出适合社会资本选择的项目投资方案，以此为 PPP 模式养老项目投资决策方面提供一定程度上的参考。

第八章　国内外 PPP 模式养老项目的特点与启示

近年来，随着我国老龄化程度的日益加深，政府陆续出台了一些有关 PPP 养老项目的政策，有力地推进了 PPP 养老事业的发展。在新时代，如何探索出一条适合我国国情和经济发展的 PPP 模式养老项目的新机制，已成为今天迫切需要面对和解决的问题。本章介绍了国内外一些 PPP 模式养老项目，试图从中总结其特点与启示，为我国 PPP 养老事业发展提供经验与借鉴。

第一节　国内 PPP 模式养老项目的特点与启示

一　国内 PPP 模式养老项目的特点

下面将通过五个案例来介绍国内 PPP 模式养老项目具有的各种特征，这些特征可以为该类型的养老项目提供不同角度的参考和启发。如，北京光大汇晨老年公寓养老项目是北京市最为知名的养老机构之一，是公办民营模式代表，它充分发掘北京市养老市场多层次多元化的需求，以较高的标准和优质的服务吸引市场上中高端老年人群体，以良好的管理服务水平有效地实施了 PPP 模式中公办民营的方式运营养老项目。河南固始白鹭湖温泉 PPP 项目是民建公助模式的代表，它紧紧抓住我国养老方式的升级趋势，打通养老产业和养生产业关联度的老年产业发展模式。福州市晋安区社会福利中心 PPP 项目是公建民营模式的代表，它充分发挥了社会资本方具有的专业人才、运营团队和管理经验的优势，为项目运营及管理水平的提升提质给予支持。湖南省健康养老产业投资基金作为我国第一支省级政府引导型健康养老产业投资基金，有效发挥了政府通过首期资金的注入方式来吸纳社会资本参与投资和运营养老项目的作用，从而将政府的项目兜底优势和社会资本从业经验丰富的特点相结合，在缓解了政府债务压力的同时也优化了 PPP 模式养老项目的结构。我国台湾地区的养老项目也有一些特色，它在继承传统养老服务和文化的基础上，将与养老产业相关的衣食住行行业有机结合，同时给予参与养老项目的社会资本税收减免以此促进养老产业的有序发展，并尽力解决养老项目中面临的多部门交叉管理的一些问题。

（一）北京光大汇晨老年公寓——公办民营模式代表

于 2007 年投入运营的北京汇晨老年公寓是一个位于北京市西三环，由北京市民政局投资建设、光大汇晨养老公司运营的养老项目，是北京市目前规模最大的一座现代模式综合性公办民营的养老机构，曾入选财政部政府与社会资本合作中心 PPP 项目库。该养老项目采用民营的经营方式，分两期建设，已经投入运营的项目第一期占地 147 亩，建筑面积为 3.9 万平方米。北京光大汇晨老年公寓为老年人提供日常诊疗、营养配餐、温泉康复和琴棋书画等服务或活动[1]，是国内最早实现医养融合、养老金融创新的社会化实践型的养老机构。北京光大汇晨老年公寓与北京市第一批老年病医院隆福医院建立合作关系，将医院和养老院结合在一起，既提供优质的养老照顾服务，又提供专业的老年医疗服务，还配备了专业医护人员进行康复指导并制定专属康复计划。

北京光大汇晨老年公寓具有下列特点[2]。

（1）北京光大汇晨老年公寓明确了 PPP 养老项目中合作双方的风险分

---

① 光大养老官网 http：//everbrighthc. com/index. php？ s =/index/department/c1/1/c2/1/c3/1/id/1。

② 《北京东城区光大汇晨老年公寓/北京首家"医养结合型养老机构"》，《安家》2018 年第 7 期。

担和职责。该项目是由政府建设和装修，而光大养老公司进行适老化改造并负责运营。北京光大汇晨养老公司和北京市政府签订了长达 15 年的项目合作合同，在合同中对于项目可能遇到的各类风险和相应承担的责任都有清晰划分，在该项目中政府部门作为项目的提供者无形中要求政府自身提高项目管理水平和执行能力，通过招标形式中标的光大汇晨养老公司则将自身丰富的养老管理经验和优质的养老服务提供给该合作项目。

（2）北京光大汇晨老年公寓项目具有较为完善的项目评估过程和评估能力。项目评估作为 PPP 模式养老项目中重要组成部分，养老项目的经营能力、服务水平和管理方式等对于项目的成功至关重要，评估项目的每个阶段所获得的经验同时也发现运营过程中的问题和需要改进的方面。面对竞争激烈的北京市养老服务市场，北京光大汇晨老年公寓通过较好的评估能力有效地控制项目的进程和及时改进服务，最终为北京本地的老年人提供较为满意的养老服务。

（3）北京光大汇晨老年公寓提供了满足老年人需求的多元化服务。作为公办民营模式代表项目，社会资本方光大汇晨养老公司在诸多方面需要政府提供资金支持，而政府作为公共部门，通过面向社会招标的形式选取了满足提供公共服务要求的养老公司，针对北京市本地的老年人养老多元化需求，养老公司势必提供丰富多元、品质可信的养老服务。因此，从市场竞争中选取的养老公司可以较为有效地满足当地养老需求。

（4）北京光大汇晨老年公寓实施八大运营管理体系和十大专业化管理模块。八大运营管理体系为全面经营预算与目标成本管控为核心的价值管理体系、全面质量管理为核心的经营风险管理体系、"医教研"为核心的学科建设与差异化竞争管理体系、资本化为核心的策略投融资管理体系、全流程优化的客服管理体系、品牌为核心的营销渠道管理体系、零加价下的供应链与后勤保障创新管理体系、新形势下以移动互联技术应用为核心的信息化智能数据管理体系。十大专业化管理模块是供应链管理、医养健装备管理、特色学科与特色业务板块建设管理、人才引进与培训和团队建设管理、机构品牌打造之营销管理、财务和资本化管理、后勤保障体系管理、客服管理、信息化管理、医养健政策与公共关系管理。

（二）河南固始白鹭湖温泉 PPP 项目——民建公助模式代表

白鹭湖温泉 PPP 项目曾经入选财政部政府与社会资本合作中心 PPP 项目库，它位于河南省信阳市固始县武庙集镇锁口村白鹭湖。项目总占地约 213 亩，总建筑面积 75690 平方米，分为白鹭湖国际温泉风情区、白鹭湖老年公寓和养老产业园三大功能区，项目总投资为 3.89 亿元[①]。白鹭湖温泉 PPP 项目总体定位是打造全国健康养生养老休闲度假的首选场所、全国温泉生态养老示范基地和全国智能化养老实验基地[②]。该项目布局原则突出主题与文化内涵的融合、注重人与自然的和谐共生、坚持以人为本的原则、确保区域安全与空间联系的并重[③]。

白鹭湖温泉 PPP 项目为公益性养老项目，即使匹配经营性资源（休闲娱乐、旅游资产）后，项目在 20 年内整体内部收益率仍不足 8%，为了吸引社会资本参与，采用建设—拥有—运营（BOO）交易模式，一方面可以减少政府给予的补贴金额，另一方面可以使得该项目在市场化的管理运营中更加有效率。由于该项目属于非营利性养老项目，仅靠养老资产的收益在合同期内无法覆盖项目投资成本和合理的收益率，因此，通过与其他经营性资产（白鹭湖温泉度假村）捆绑后，项目的整体收益有所提升。项目回报机制采用"使用者付费+可行性缺口补助"方式，由最终消费用户直接付费购买公共产品和服务，收益不足的部分由政府根据床位数进行补贴[④]。

白鹭湖温泉 PPP 项目在建设过程中，强调要着重识别以下风险：一是投资估算风险，二是资金风险，三是社会风险，四是施工技术风险，五是工程风险，六是运营管理风险，七是养老市场风险，八是财务风险，九是

① 《河南固始白鹭湖温泉养老度假中心建设项目可行性研究报告》，第 2 页，财政部政府与社会资本合作中心。

② 《河南固始白鹭湖温泉养老度假中心建设项目可行性研究报告》，第 41 页，财政部政府与社会资本合作中心。

③ 《河南固始白鹭湖温泉养老度假中心建设项目可行性研究报告》，第 43—44 页，财政部政府与社会资本合作中心。

④ 《河南固始白鹭湖温泉养老 PPP 项目评价报告》第 3 页，财政部政府与社会资本合作中心。

专业人才风险，十是政策风险，十一是法律纠纷风险，十二是资本退出风险，十三是不可抗力风险①。

上述十三个方面的风险，按照风险分配优化、风险收益对等和风险可控等原则，综合考虑政府风险管理能力、项目回报机制和市场风险管理能力等要素，在政府和社会资本间合理分配项目风险。项目组织、施工技术、工程、投资估算、资金、市场和财务等风险由社会资本承担，政策等风险由政府承担，不可抗力等风险由政府和社会资本合理共担。政府仅承担法律、政策风险和一部分不可抗力风险，大大降低了政府的风险承担成本②。

河南固始白鹭湖温泉 PPP 项目中较为代表性的特点是：

（1）提高老年人晚年生活质量，满足养生养老需求的需要。该项目依托西九华山景区"茶、竹、禅、山、水、情"天人合一的景观特色和白鹭湖温泉资源，紧紧抓住我国养老方式的升级趋势，打通养老产业和养生产业关联度的老年产业发展模式，构建河南省养生型养老产业示范区，开创全国第三代养老新模式③。

（2）推动智能化养老事业发展，促进养老服务产业升级。该项目在养老基地中广泛设置智能化家居设备系统、紧急救助系统、安全监控系统、防灾系统和智能化电气系统等智能化系统，对提升基地养老的能力和质量具有巨大的作用，推动智能化养老产业发展，促进养老服务产业升级④。

（3）明确风险承担支出责任。该项目采用政府与社会资本共同成立项目公司的方式运作，因此政府按照所出资比例承担项目风险。该项目虽然政府没有股份，但考虑实际情况和项目特点等具有很强的社会公益性，因此政府会相应地多承担一些风险，初步定为 15%⑤。

---

① 《河南固始白鹭湖温泉养老 PPP 项目评价报告》，第 4—6 页，财政部政府与社会资本合作中心。

② 《河南固始白鹭湖温泉养老 PPP 项目评价报告》，第 8 页，财政部政府与社会资本合作中心。

③ 《河南固始白鹭湖温泉养老度假中心建设项目可行性研究报告》，第 18 页，财政部政府与社会资本合作中心。

④ 《河南固始白鹭湖温泉养老度假中心建设项目可行性研究报告》，第 21 页，财政部政府与社会资本合作中心。

⑤ 《河南固始白鹭湖温泉养老 PPP 项目评价报告》，第 21 页，财政部政府与社会资本合作中心。

（三）福州市晋安区社会福利中心 PPP 项目——公建民营模式代表

该项目为财政部政府与社会资本合作中心 PPP 项目，位于福州市晋安区宦溪镇桂湖片区山溪村，山溪村具有独特的天然温泉。项目总用地面积52.5 亩，总建筑面积 2.16 万平方米，总投资达 1.5 亿元，计划于 2019 年底建成并投入试运营，将优先为晋安区老年人提供 600 张养老床位及五星级的养老服务。福利中心园区将引入成熟的智慧养老平台系统，具备门禁识别、园区消费、定位报警、紧急求助、智能护理和医疗等功能。

晋安区社会福利中心 PPP 项目运营内容：拟向社会提供 600 张养老床位以及相关配套养老服务，服务对象优先面向晋安区（含区机关事业单位退休人员）60 岁及以上老人，其中 60 张床位保障项目实施机构用于面向基本养老服务对象（如"三无"老人、低收入老人和经济困难的失能半失能老人等）。以上服务标准依据《福建省养老机构等级评定办法》五星级标准制订。①

晋安区社会福利中心 PPP 项目运作方式：项目公司根据与晋安区民政局签订的《PPP 项目合同》，在经营期内负责项目投融资、工程建设、运营维护和移交。项目公司根据《PPP 项目合同》约定成立养老服务机构。本项目为准经营性项目，采用可行性缺口补助形式，在合作期结束后将项目设施无偿、完好地移交政府或其指定机构，项目公司与金融机构签署《融资协议》，负责项目融资及后续本金偿还及利息支付②。

晋安区社会福利中心 PPP 项目实行使用者付费：指项目公司在合作期内通过运营晋安区社会福利中心项目，产生的由使用者付费所取得的项目公司收入。本项目使用者付费的基础主要包括床位费、护理费、伙食费和其他服务（医疗、代办和特需服务等有偿服务）等主营收入以及停车场、便民点和广告等其他收入，项目公司收入来源还包括床位建设补贴和床位运营补助等财政性补贴。

---

① 《晋安区社会福利中心 PPP 项目财政承受能力论证报告》，第 1 页，财政部政府与社会资本合作中心。

② 《晋安区社会福利中心 PPP 项目财政承受能力论证报告》，第 3 页，财政部政府与社会资本合作中心。

晋安区社会福利中心 PPP 项目公司可以向项目实施机构提出本项目范围内的其他可经营性项目，届时协商具体收入分配机制①。晋安区社会福利中心 PPP 项目比较有代表性的特点是：

（1）晋安区社会福利中心 PPP 项目资金通过股权融资和债务融资获得。股权融资，根据规定，结合金融机构对项目资本金的要求，设定中标社会资本提供不低于本项目投资总额 30% 的项目资本金。项目资本金按建设进度逐步到位。债务融资，除项目资本金外的资金由项目公司贷款，项目自有资本金外建设资金解决方式是通过项目公司申请银行贷款或其他融资方式解决②。

（2）晋安区社会福利中心 PPP 项目相较于养老产业的传统模式具有三大优势：一是多渠道引入社会资本参与养老补短板项目，引导更多社会资本进入养老服务业，促进形成投入多元化、服务专业化的养老服务模式，提升养老服务水平；二是充分发挥社会资本方具有的专业人才、运营团队和管理经验的优势，为项目运营及管理水平的提升提质给予支持；三是充分发挥政府监管职能，着力推动养老服务规范化、标准化，加快促进养老服务业更好、更快发展③。

（四）湖南省健康养老产业投资基金——全国首个省级政府引导型养老产业基金

为落实党中央、国务院关于加快发展养老服务业有关要求，探索以社会化、市场化、商业化方式支持养老服务产业发展的长效机制，作为财政部以市场化发展养老产业的第一批试点省份，湖南省创新财政管理，探索基金模式，从建立制度机制、构建基金模式和规范投资运营等方面，推动以市场化方式发展养老服务业试点工作。基金运营遵循"政府引导、社会

---

① 《晋安区社会福利中心 PPP 项目财政承受能力论证报告》，第 8 页，财政部政府与社会资本合作中心。

② 《晋安区社会福利中心 PPP 项目物有所值评价报告》，第 5 页，财政部政府与社会资本合作中心。

③ 《首例养老领域 PPP 项目福州晋安区社会福利中心开工》，中国新闻网，2019 年 1 月 3 日。

参与、市场运作、科学决策、防范风险"的原则，政府与社会资本共同遵循契约精神和市场规则，使市场在资源配置中起决定性作用。

2014 年，湖南省政府先后出台文件明确了养老（健康）服务产业项目在税收、土地和人员培训等方面的支持政策。2015 年，湖南省已经基本完成了基金募集规划——主要向保险、银行和其他社会资本募集。在居家养老和社区养老服务上，基金投资将不低于其总规模的 80%，主要用于四个方面：第一，投向为失能、失智、高龄群体提供照护服务的专业养老服务企业、养老职业教育培训机构、健康管理专业机构等；第二，投向以 PPP 模式开展的社区养老设施建设、社区及居家适老化环境改造、适老化社区开发与建设、公共环境适老化改造以及乡村医疗卫生设施的标准化改造等；第三，投向智能化养老科技领域的老年辅具及老年用品、智能可穿戴设备、互联网及物联网技术平台、软硬件产品等制造商和服务提供商；第四，投向疾病预防、老年病和慢病的康复医疗，以及老年病治疗手段、药品及健康食品的创新研发生产机构①。该模式可以为当地政府提供更多的发债空间，减轻政府的债务负担，缓解财政压力（刘洋，2016）。该基金具有以下特点：

（1）基金各出资方按照"利益共享、风险共担"的原则签订合伙协议，明确约定收益处理和亏损负担方式。对于归属政府的投资收益，除明确约定继续用于基金滚动使用外，应按照财政国库管理制度有关规定及时足额上缴国库。基金的亏损应由出资方共同承担，政府以出资额为限承担有限责任。为更好发挥政府出资的引导作用，政府可适当让利。

（2）基金投资方式与投向。基金以股权投资为主，辅以债权投资、参股子基金等其他方式投资。基金所募资金应投向健康养老及相关联产业，重点支持建设居家养老、社区养老服务体系、健康医疗等，培育有竞争力的品牌养老服务企业，发展有活力的中小养老服务企业，研发养老服务产品，推动养老服务与家政、医疗等生活性服务产业融合发展。

（3）基金限制条款。一是投入居家养老、社区综合服务、健康医疗、

---

① 湖南省财政厅：《湖南：市场化运作开创"夕阳产业"的朝阳前景》，《中国财经报》2015 年第 6 期。

大众化集中养老等健康养老服务及相关产业的比例不得低于 60%；二是基金主要投向注册地或项目实施地在湖南省内的关联项目；三是在股权投资项目中，控股性投资（指占股比超过 50%）比例不超过基金规模的 30%；四是对单一项目累计股权投资额不得超过基金规模的 20%（收购上市公司除外）[①]。

（五）台湾地区的多元化养老服务

台湾地区的养老产业发展起步较早，自从 1993 年步入老龄化社会以后，逐步将发达国家的养老发展经验成功本土化，顺应市场推出众多颇具特色且实用的养老服务，建立起多层级的长期照顾体系。

台湾地区的长期照顾体系经历了四个阶段：第一个阶段为 1998 年以前，这一时期，台湾养老产业发展主要建立在社会保险体系和社会救助体系基础之上；第二个阶段为 1998 年至 2007 年，通过成立跨卫生和社政体系的工作小组，引导公立医院部分床位转型护理之家，引导民营资本投入；第三个阶段为 2007 年至 2015 年，重点针对失能者及其家庭需要，提供照顾、居家护理、复健、辅具、餐饮、喘息、交通接送及长照机构八项服务，并遵照弱势优先的施政原则，由台湾当局负担至少 70% 的服务费用，引导民间资本以有关主管部门购买服务方式参与长照资源建设；第四个阶段为 2015 年以后，建立以社区为基础的连续性长照体系，实现长照服务资源的因地制宜和优化配置，形成多元专业投入合力推动长照服务资源发展，为民众提供优质平价、普及密集、弹性多元和连续整合的服务。

台湾目前的养老机构主要分为 5 大类。最多的是"长期照顾机构""养护机构""安养机构"，前两者主要都是以非自立老人为主，数量上占绝大多数的是养护机构，接近 1000 家，第 4 类是"护理之家"，大概有 400 多家，主要针对需要长期疗养的慢性期老人，失能程度也比较高，丰荣护理之家就是这类的代表性机构，第 5 类严格说来不是传统意义上的养老院，而是"养老住宅"，主要服务自理老人，长庚养生村中的一部分针

---

① 《湖南省财政厅湖南省商务厅关于印发〈湖南省健康养老服务产业投资基金管理办法〉的通知（湘财建〔2017〕11 号）》，湖南省人民政府网站，2017 年 5 月 5 日。

对自理老人的住宅就是其代表①。

台湾地区养老机构有公费和自费两种，一般的区分是以经费来源为依据，前者主要的经费来源为政府补助或社会福利基金；后者是向安养高龄者收取保证金。台湾地区针对健康老人和失能老人设计了较为合理的服务业制度框架（张荣、赵崇平，2019）。

一是健康老人服务网络。健康老人服务涉及 6 个政府职能部门，其职责分别是：社会局负责老人权益、社会参与和长期照顾；交通局负责老人乘车优惠、敬老爱心车队、低地板公车、系统智能型站牌设置；卫生局负责老人健康检查、市民健康生活照护、高龄友善医院、失智症筛检；警察局负责老人协寻、独居老人通报；体育局负责运动中心优惠长者措施；教育局负责乐龄中心社区大学和祖孙节的推广。

二是失能老人服务网络。失能老人服务涉及 7 个政府部门，其职责是：社会局负责长期照顾、喘息服务、家属支持；交通局负责敬老爱心车队；卫生局负责长期照护、高龄友善医院；消防局负责 119 救护车 24 小时服务；劳动局负责外籍看护工管理、照服员训练；住建局负责无障碍环境、社会福利用地；警察局负责老人及家属协寻、独居老人通报（王建武，2019）。

台湾地区参与养老服务的民间机构以非营利组织为主体。非营利组织成为提供养老服务的主体，有助于维持养老服务的公益性，取得更大的社会效益。作为台湾养老第一品牌的台湾恒安照护集团，就是一家财团法人类非营利组织，其出资人以慈善态度经营企业，该集团参与了台湾很多社会养老服务的 PPP 项目，利用企业的资金、技术、品牌和管理等优势把养老机构服务做得有声有色（周迪雯，2016）。

台湾地区为了满足日益增长的养老服务需求，将 PPP 模式运用于养老项目中，设计出多元化的养老方案，其具有以下特点。

（1）养老机构和养老模式的传承性。台湾地区的养老水平和机构管理水平较为先进，在基础设施建设和养老服务传承了"人性化养老"和"身

---

① 以上资料转引自《台湾养老模式知多少？台湾地区养老产业发展的经验及借鉴》，腾讯网，2022 年 4 月 6 日。

心灵"全方位照顾的理念，此外，台湾地区的养老服务理念和服务水平也代代相传，在公司第二代接班人接班后，绝大多数养老服务都保留了父辈们的管理理念和管理方式，同时养老服务的专业化水平及标准化程度较高。

（2）养老产业链的完整性。不同于我国大陆地区将养老业当作是社会福利机构来对待和运营，在保证了公益性的同时也存在供不应求或服务水平较为单一的局面，台湾地区的养老产业分工较为精细，涉及医、食、住、行、育和乐六个方面，具体包括家庭服务、卫生健康、社区服务、旅游娱乐、金融保险和地产等行业，由于各个行业竞争较为充分，所以相关行业发展也较为成熟。政府也鼓励民间资本参与养老产业，私人机构投资养老机构可以享受免税优惠，将养老项目从福利事业转为产业化发展，同时，台湾地区的产学研之间互动频繁，有效实现研用结合、以用促研和以研利用。

（3）注重顶层设计和制定养老方面的规定。养老产业涉及多个行业，台湾地区注重养老产业的顶层制度设计，将老年人长期照护体系、社会福利体系、医疗保障体系、社会保险制度等进行了整合和衔接，有效解决了体系之间碎片化的问题。在台湾老人福利的有关规定发布后，从 1998 年至 2007 年，当地政府先后颁布了中低收入老人的收入办法和补贴金额等规定。此外，对于社会资本参与养老项目，政府提供了税收优惠并且对养老行业进行监督与管理，具体在土地使用、项目规划和项目运营等方面给予支持①。

二　国内 PPP 模式养老项目的经验与启示

养老服务业 PPP 项目涉及各种利益主体，政府希望减轻自身的财政压力，利用社会资本发展基础设施和养老服务业，而社会资本则更加关注政策风险与收益保障，所以如何平衡双方的利益，利用自身优势更好地分担

---

① 以上资料转引自《台湾养老模式知多少？台湾地区养老产业发展的经验及借鉴》，腾讯网，2022 年 4 月 6 日。

风险，成为 PPP 模式应用于养老服务业能够成功运营的关键所在（丁伯康，2017）。

（一）转变对养老产业传统看法，打通 PPP 养老产业链

要全面认识 PPP 养老在缓解人口老龄化的重要作用。对于养老机构的性质，传统意义上较多定性为公益事业，由政府财政支持，这种观念较大地束缚了我国养老产业的发展。因此，必须转变发展理念，在保证养老机构公益性的基础之上，引入产业化的理念，吸引社会投资者，打通 PPP 养老产业的产业链，扩大养老市场规模，实现养老产品与服务的有效供给（王丽佳，2019）。

（二）提升政府部门在 PPP 养老领域的专业能力

要加快政府职能的转变，提升政府实施 PPP 养老项目的专业能力。一是提升对各地 PPP 养老项目的研发能力；二是提升对 PPP 养老项目的管理能力；三是加快转变政府观念；四是对 PPP 养老项目进行严格的考核督察；五是政府在 PPP 项目的运营中不能忽视私营企业的合理利益（曾嘉，2019）。

（三）发展多元化的融资模式

养老服务 PPP 项目具有公开、透明、规范化的特点，这有利于其采用多元化的融资方式。一是由政府创投引导基金或养老产业基金；二是完善信托方式，为养老项目筹集资金；三是发行养老债券，用于养老设施的建设、养老服务的提供以及收购现有的养老设施；四是互联网金融融资，获取低成本、快速的资金支持（厉以宁、程志强等，2018）。

（四）完善养老项目应用 PPP 模式的协调机制

一是建立有效的项目协调机制；二是完善 PPP 模式养老项目的实施机制，重点完善其审批机制、责任分担机制和监管机制等；三是完善 PPP 模式养老项目的运作机制；四是完善 PPP 模式养老项目的绩效评估机制（刘洋，2016）。

（五）健全 PPP 养老项目的市场体系

2019 年，国家发改委等十八部委联合印发《加大力度推动社会领域公共服务补短板强弱项提质量 促进形成强大国内市场的行动方案》。方案鼓励地方政府依法合规采取政府和社会资本合作（PPP）等方式，吸引更多社会力量参与建设、运营和服务，要调动社会力量参与 PPP 养老项目的积极性，就必须健全 PPP 养老项目的市场体系。一是充分利用竞争机制的作用来加快完善 PPP 养老项目的市场价格机制，创造良好的 PPP 养老市场环境；二是从加强 PPP 金融调控体系、PPP 金融组织体系、PPP 金融监管体系、PPP 金融市场体系、PPP 金融环境体系等入手，着力完善 PPP 金融市场体系建设；三是拓宽融资渠道，降低运营风险，制订有效的融资风险分担方案，健全 PPP 养老产业融资风险防范预警机制。

（六）完善有关 PPP 养老事业的法律法规

一要制定法律层级较高的更为严谨的关于养老 PPP 模式的法规政策；二是制定概念清晰内容统一的 PPP 法规政策。只有逐步健全 PPP 模式的相关法律政策，使养老服务 PPP 项目真正做到有法可依，确保各方利益不受损害，这样才能使养老服务 PPP 模式更好 更健全地发展（肖康康，2018）。

第二节　国外 PPP 模式养老项目的特点与启示

一　国外 PPP 模式老养项目的特点

（一）美国

美国在 20 世纪中期 65 岁及以上老人数量占比为 8.1%，超过了老龄化的标准 7%，标志着美国已经进入了老龄化时代（李俊、王红漫，2018）。

受到自由文化的影响，美国主要采用社区养老和机构养老两种方式。美国现有三类主导型养老模式：公寓型养老、社区型养老和护理型养老，这些模式各具特点：公寓型收费高，但提供优质的养老服务；社区型普及程度高，基本能满足普通老年人的基本养老需求；护理型主要针对身体情况较差的老年人，配备有治疗和护理功能（许白玲，2017）。

美国是最早建立起成熟 PPP 养老模式的国家之一，其养老服务产业融资主要依赖市场。美国政府并未成立专门的机构对 PPP 项目进行管理，而是由一个非营利性组织 NCPPP（美国政府社会资本合作理事会）发起 PPP 项目，然后推进社会资本参与项目。美国 PPP 项目的前期主要通过政府发行市政债券的手段进行融资。在 PPP 项目后续管理阶段，一般由非政府机构接管运营（王金希，2021）。

目前为止美国新建的 PPP 项目大多为使用者付费项目。美国的公共服务建设比如养老服务、保障房建设大多数为使用对象付费，只有少量的政府付费。虽然在 PPP 项目中政府没有过于干预，但是仍然与私人投资者建立了长期的风险分担与合作伙伴关系，保障了社会资本的合理回报（魏冬丽，2018）。

在美国发达的市场环境下，政府引导社会资本参与养老产业，期待社会资本方提供多种养老产品和服务来满足老年人养老需求，因此，美国 PPP 模式老养项目呈现以下特点。

（1）政府主导与市场结合。美国作为世界第一大经济体，养老服务产业融资主要依赖市场，在政府的主导下，为鼓励社会力量参与养老事业，构建多层次和立体化的养老模式，将福利化与产业化进行有效的融合，充分发挥市场机制的作用，政府与私营部门在养老领域的合作水平较高，构建了完备的法律体系，使得市场力量能够大量引入美国养老机构中。为了吸引非政府组织和民间资本参与养老事业，政府大力推行 PPP 模式，为养老机构融资开辟渠道，培育市场力量（刘耀东等，2019）。美国应用 PPP 模式推进养老事业的模型主要有三类：一是私人投资或者团体组织投资，政府或者公共部门负责管理运营；二是政府全部投资，由私人或者社会团体负责管理和运营；三是资金方面由政府、私人和社会团体三方共同出资，由私人或者社会团体进行管理和运营（许白玲，2017）。

（2）政府的职能明确，在 PPP 模式养老项目中占据主导地位。在政府和社会资本的合作中，政府承担法律和政策风险，这决定着 PPP 模式养老项目是否可以成功运营。从财政方面说，美国政府采取较大幅度的优惠政策，给予财政补贴以支持 PPP 模式在养老事业领域的应用。在法律方面，政府有较为完善的法律体系，为 PPP 模式提供较完善的法律保障，整体环境有利于 PPP 模式的运用与实践，有助于吸引社会力量的广泛参与（王丽佳，2019）。此外，美国政府出台了《老年法》《多目标老人中心方案》等法律政策，为社会资本参与养老项目给予了政策上的支持，同时，美国在各级政府层级设立了专门的机构来管理养老项目的建设和运营等方面：在联邦政府层级，在卫生部和公共部门下属九个管理部门来负责养老产业；在州政府下分设公共服务部，此外还建成老年事业代理机构。老年人服务中心遍布全美，目的是建设完整的服务网络体系（李振，2018）。

（3）社会资本的积极并广泛参与 PPP 模式养老项目。美国在政策和财政上都对养老服务给予了一定力度的支持，但政府不直接参与各项养老服务业务，而是由美国的非营利组织来衔接各项养老服务事务（徐宏等，2021）。社会资本在美国 PPP 模式养老项目中是重要的参与力量，在政府各方面鼓励和支持的基础上，涌现出越来越多的专业化养老公司，在美国激烈竞争的养老市场上为老年人群体提供优质多元化的各项医疗养老服务。此外，在美国推行了以房养老的政策后，老年人通过抵押房产来获得养老资金的形式也促进了美国社会资本更多地从事于 PPP 模式养老产业，随着老年人在养老服务领域支付能力的增强，市场上也推出层次丰富的养老服务产品满足老年人需求。

（4）PPP 模式的养老项目服务分类精细。美国的 PPP 项目根据不同老年人的需求制定了一系列相关方案，形成了专业化差异化的养老服务体系，对于多层次的个性需求，PPP 模式养老项目逐渐发展成为专业化的养老服务市场供应（王寅，2018）。如，美国太阳城是目前世界上最大的退休社区，人口高达 4.6 万人，有 2.5 万座老人住宅（卡佳，2004）。以太阳城养老服务为代表的美国养老项目，通过采用精细化管理服务模式，针对完全健康的老人、半护理的老人和全护理的老人提供不同的住宿、医疗等养老服务。太阳城养老项目并非完全针对高端养老人群，而是通过设置在郊区的土地建立养老项目，配套设施全面，不仅提供医疗健康服务，还有各项旅游娱乐度假设施，在面向多元群体的基础上，更加注重老年人身心健康（杨心怡、樊伙玲、张家敏，2019）。

（二）英国

英国是世界上较早运用 PPP 模式的国家，有着较为完善的制度体系和丰富的实践经验，并在 20 世纪 90 年代，就将私人部门参与公共服务活动的 FPI 模式正式运用于医疗保健体系中，是世界上最早进行该领域探索的国家，在 2000 年以后，正式引入 PPP 模式，并且成立了私人融资委员会（Private Finance Panel），为此，医疗保健领域的 PPP 机制建成并进入实施阶段，其公私伙伴关系的模式被许多国家模仿和借鉴。

但是，在英国的 PPP 模式中，私营部门并不介入医疗、护理等核心服务，私营部门参与或合作的项目仅是核心服务以外的项目，如医院的设计、建设和融资等（牟春兰，2018）。PPP 项目按照融资规模的大小，可分为民间主动融资和地方融资信托改善两类，前者一般面向 2000 万英镑以上的项目（张继胜，2018）。

起初英国施行的 PPP 项目为建设—运营—移交的 BOT（1972—1992）模式，该模式有两个重要规定，一方面是为了防止地方政府过分依赖 PPP 项目而逃避中央的监督；另一方面是为了提高了私人部门参与基础设施的准入门槛。在逐步废除莱利法则后，演变为 PFI（1992—1997）模式，后发展为 PF2 模式。PF1 项目的代表模式为设计—建设—融资—运营，即 DBFO 模式，通常由私人企业进行全部的项目运作，私人部门是项目的核心，其准入门槛相应降低（王寅，2018）。与其他国家不同的是，英国在养老领域 PPP 模式运作中，私人力量只负责养老机构的外在项目，即机构的设计、建设和集资，具体的养老服务提供还是由政府公共机构负责，保证服务提供的公共性和福利性（伍自强、程媛，2020）。在管理方面，英国政府成立了专门的管理机构实行三级管理。英国财政部设立的基础设施局全面负责 PPP 相关工作，财政部负责制定政策纲领，合伙经营机关负责提供专业知识及资源，公私营机构合作署负责对 PPP 项目的问责和支持，同时，引导英国的金融机构为 PPP 项目提供优化的资金支持（王寅，

2018）。

在 PPP 养老项目方面，英国体现出以下特点。

（1）物有所值的指导原则。2003 年英国政府制定的《绿皮书：英国财政部公共项目投资手册》，是英国 PPP 项目物有所值评价细则及办法，2006 年的《物有所值评估指导》基于绿皮书进行了针对性的汇总。它从定性和定量的角度将 PPP 项目分为三个阶段进行评估，分别从行业性质、项目性质和项目本身评判可行性、有益性来决定是否有必要采用 PPP 项目。物有所值的评价体系较好地把控了英国 PPP 项目的质量（王寅，2018）。

（2）立法管理体系成熟完善。一是法律制度完备。英国政府没有直接针对养老 PPP 模式的立法，主要依靠 2006 年出台的《公共合同法》和《公共事业单位合同法》这两部法律以及《政府采购法》和其他多个规范性文件运作养老 PPP 项目。二是政府管制机构独立。英国政府设置了专门性的监管机构，可垂直化开展管理工作。基础设施局是英国统一的全国性的监管机构，负责全面的 PPP 项目工作，并在各地各个产业都设置了分支监管机构（孙昊，2020）。

（3）采用限价政策，创建公平竞争环境。采用多种监督管理方法进行管理，如特许招投标、价格监管、区域间竞争等。并按照通货膨胀率以及养老项目的收益情况对养老 PPP 项目进行限价，在项目运营阶段，允许社会投资方在规定的标准价格范围内定价，使企业采用正规方法开展竞争活动，利用不断提升服务品质的方式获取更高的收益，同时也可以避免养老 PPP 模式项目企业独占市场的行为（孙昊，2020）。

（4）采取项目的可用性付费。作为典型的高福利国家，英国 PPP 养老模式仍然采取政府付费的模式，而且 95% 的项目采取项目的可用性付费。可用性主要是用于考核运维期间项目的绝对使用性，如基础设施等。PF2 标准合同不建议建设期支付任何费用，而是在项目运营后开始付费。这种做法的主要目的是将施工完成风险交给社会资本方，但也会增加社会资本融资额和融资成本，从而增加了项目的总投资（魏冬丽，2018）。

（三）日本

日本是世界上老龄化程度最高的国家。早在 2011 年，日本 65 岁以上老年人口比例就超过 23%，与欧美一些发达国家相比，日本的老龄化程度更为严重。日本的养老事业为非营利性质，由政府主办；日本的养老产业为营利性质，多是由社会资本主办的，两者共同构成了日本的养老体系（郭郁茜，2017）。日本政府为缓解个体化的服务所带来的供需矛盾，不断发动志愿者组织参与到社区养老当中。此外，日本还积极推广 PPP 项目，让更多的企业投资社区居家养老领域（刘耀东等，2019）。

日本 PPP 养老模式的起源于 20 世纪 80 年代中期。此时，由于老人医疗费用剧增，日本政府被迫取消免费医疗制度并鼓励民间资本参与社会福利。为保护民间资本利益，1986 年日本制定了《关于活用民间事业能力促进特定设施建设的临时措施方法》（简称"民活法"）。在养老机构方面，为应对日益加剧的老龄化，日本政府修改相关立法并向民间老龄机构提供低息贷款。1987 年福利关系第三审议会提交的报告中提出：第一，鼓励民间企业投入老龄化产业，但政府要注重对养老机构健康发展的引导；第二，重视民间企业的创新和效率，但政府要监督，以谋求养老机构的健康发展。1989 年福利关系审议会报告书进一步强调了对民间养老机构的保护，包括完善政策以保护收费形式的老人指教、引导而非限制民间资本进行服务，各地方政府成立了养老机构振兴协会以支持民间养老机构的发展。1992 年，日本政府制定了一系列与养老产业相关指南手册；1994 年制定新黄金计划——老人保健福利 5 年计划，将重点放在居家护理之上，增设大量照护中心、居家护理支援中心，建设特别养护老人之家。1997 年提出设立运营收费的老人之家。此阶段的养老产业 PPP 项目主要以政府为主导。1992 年日本政府制定政策指导民间资本的参与养老产业（王寅，2018）。

1997 年，日本政府设立了第一个专门研究公私合作的机构——"民间资本主导型公共项目开发研究会"，主要研究英国的 PFI 模式，思考如何吸收本国的社会资本进行基础设施建设、提供公共产品服务，并发布了《21 世纪紧急经济政策》，在全国范围内探讨 PFI、BOT 模式在日本应用的可能性，于是，政府部门和各党派纷纷投入到 PFI 模式的研究之中，极大地促进了日本公私合作事业的发展（李博文，2019）。

2001 年，日本全面放开民间资本和非营利组织在养老产业的权限，使更多的市场主体参与养老产业，特别是在护理服务领域，相关的企业和团体数量急剧增长。1999 年，日本 PPP 项目的数量仅有 3 个，2000 年开始，由于政府的支持，2008 年，日本 PPP 项目达到 397 个，2015 年增长到 527 个。在这些日本 PPP 项目中，健康福利及医疗设施领域的项目数量排在第二位，健康福利项目大部分为 BOT 范式，政府在项目周期内拥有大部分所有权；医疗领域项目全部为 BTO 范式，政府在项目周期内最大限度地拥有了所有权，以防范风险。虽然政府放宽了对民间资本的限制，但主动权及统领权仍在政府的把控范围内（王寅，2018）。

日本 PPP 养老项目具有以下特点。

（1）强调政府责任。日本政府在利用政府和社会资本合作提供公共服务，建设基础设施的 PFI 模式时，结合日本自身的历史背景和经济特点，逐渐将这种模式发展壮大，形成 PPP 独有的 PFI 框架体系。采取"事业推进→资金支持→事业监督→专业咨询"的监督模式对 PFI 项目进行管理。日本的 PPP 立法，带有强烈的国家主导色彩，这与日本的历史文化影响密不可分（李博文，2019）。

（2）PPP 项目市场化程度低，具有较小的竞争性和独立性。在日本，设立养老机构的权力属于县级政府（相当于中国省级政府）。一个地区要增加养老机构，需要提前到县政府申报，每三年可以申报一次，一旦养老金申报获得批准，政府将开始安排与商业有关的投标。许多养老金相关企业将参与投标，最后，政府将根据公司的实力和资质确定哪个招标方能够中标。1990 年日本金融危机之后，逐渐尝试由民间资本提供公共产品及服务，供给主体逐渐由政府等公共主体向市场缓慢转变，但日本的 PPP 养老项目试行之路相对谨慎，目前政府仍大部分掌握着 PPP 项目的所有权和控制权（王寅，2018）。

（3）允许社会资本或私人资本参与盈利。日本养老产业在资金方面是尽量做好前期研究、策划、调研，谨慎而科学地引入社会资本和做出决策等。以介护制度为例，这是日本政府长期推行的一种传统养老制度，其基本内容包括照料老年人日常生活，并对独居且生活困难的老人提供帮扶。在这种制度推广的过程中，日本通过了"介护保险法"，保险对象面向 40 岁以上日本国民，国家和地方政府分别承担保费的五成和四成，参保者自身只需支付一成保费。社会资本和民营资本也被允许参与其中并获利，一方面有助于老年护理市场发展，另一方面也增加了介护制度的透明性与公平性（张腾，2010）。

（四）新加坡

新加坡于 2000 年正式步入老龄化社会，到 2010 年，新加坡人口老龄化比例达到 16%，至 2020 年高达 26.5%。新加坡政府高度重视养老事业的发展，面对日益严重的人口老龄化问题，政府发挥着主导性作用，在法律、政策等方面为养老产业提供支持，制定了专门的法律法规，使养老机构能够做到有法可依，并成立了专门机构（刘耀东等，2019）。

2005 年，新加坡开始在各领域运用并发展 PPP 模式。新加坡由中央公积金（CPF）负责兜底公民的教育、住房、养老和医疗等需求，由财政部负责 PPP 模式的运转，针对养老领域的 PPP 模式成立专门的项目小组。新加坡养老机构的建设由政府统筹负责，但是由社会力量负责养老机构的日常运营和管理，政府颁布配套政策，提供不同程度的优惠政策鼓励养老机构的发展。政府承担集资责任的同时，还负责监管职能，通过相关法律详细规定养老机构和工作人员的权责，设立明确的惩罚机制，对机构进行日常监管，规范机构运营（伍自强、程媛，2020）。

PPP 模式在新加坡养老事业发展中起到了重要的作用。政府和市场有效分工，政府和社会共同促进了养老事业的良好运营。与家庭养老模式、社区养老模式相比，PPP 模式更能提供较齐全的护理、服务等设施，更专业地为生活不能自理的老年人提供周到的照料和护理。PPP 模式作为前两种养老模式的补充，创新性地解决了新加坡养老的难题（许白玲，2017）。

新加坡虽然是市场经济国家，但是在 PPP 养老服务产业的规划建设方面并不是完全依赖市场，而是将计划与市场相结合，政府为主、市场为辅。市场化私人筹资方面相对成熟，实现企业融资多元化，养老地产企业在新加坡可以与市场上几乎所有的金融产品相结合。新加坡的金融业越是成熟，市场认可度越高，不可控风险就越小，同时，又反向作用于该行业发展，使之良性循环（郭郁茜，2017）。

新加坡 PPP 养老项目的特点。

（1）政府建立健全相关法律及制度体系，保障 PPP 项目顺利运转。一是为了给相关养老项目提供可遵循的规范条例，制定了具有针对性的法律法规；二是设计多层次的优惠方案，从资金上给予引进 PPP 模式的养老项目一定的财政补贴，实行"双倍退税"政策，以此鼓励社会投资者积极参与养老事业的建设与发展；三是严格监管养老行业的运作，从制度层面严格规定，设立严格统一的准入标准，制定并实施了《老人院法令》，该法令明确规定了养老机构和服务对象各自的权利义务并且设立了严格的惩罚机制，从法律层面保护双方的合法权益，实现相关养老项目的规范运作（王丽佳，2019）。

（2）实现公共部门与非公共部门的分工合作。PPP 养老机构的建设运营主导者为政府，运营主力军为社会力量，由社会力量来承担健康养老服务的具体提供，这既满足了社会老年人的多样化健康养老需求，也使政府得以"脱身"，从而可以从全局进行监管，有效实现了公共部门与非公共部门的分工合作（牟春兰，2018）。

（3）积极引入社会力量参与养老事业的建设与发展。养老产业基金融合了政府财政资金与社会资本，在中央财政引导资金的基础上，充分吸纳民营资本以及银行、保险公司等金融机构的资本。养老产业在养老基础设施建设和改造上，设立 PPP 公司共同投资。养老产业基金通过股权投资的方式，带动了一系列的社会资金投入养老服务业中去，由此推动了养老服务业健康快速发展（陈佳丽，2017）。

二 国外 PPP 模式养老项目的经验与启示

中国 PPP 实践大规模应用始于 2014 年，之后发展速度之快、规模之大远远超过了 PPP 发展较为成熟的世界其他国家（王天义、杨斌，2018）。近年来，政府颁布了一系列大力推进 PPP 模式的相关文件，有力推进了包括养老服务项目在内各种 PPP 项目的发展。我们在看到这些 PPP 项目取得成效的同时，也要看到其不足之处。"他山之石，可以攻玉"。通过对美国、英国、日本和新加坡四个国家的养老 PPP 项目的发展过程和特点的把握，为建设中国特色的 PPP 养老模式提供了一些有益的启示。

（一）充分发挥政府的主导作用

政府的规范与大力支持是发达国家 PPP 养老项目得以发展的重要条件。政府应该发挥主导作用，为 PPP 模式创造良好的政策环境，与私人部门合理分担风险，共享收益（黄佳，2016）。如英国 PPP 模式治理方式从一度完全市场化变为现在的以政府为主导，有力推进了该国养老 PPP 模式的发展；新加坡虽是市场经济的国家，但在养老服务产业的规划建设是政府为主、市场为辅，较好地解决了该国养老的难题。从以上国家 PPP 养老项目发展历程看，充分发挥政府的主导作用在推行养老机构的 PPP 模式中具有重要作用。各国政府发挥主导作用的主要体现是为 PPP 模式养老项目的发展创造良好的监管、制度和政策环境（刘耀东等，2019）。

（二）建立养老 PPP 项目的专门管理机构

专门机构的指导与管理是 PPP 养老项目成功运作与推行的重要保障。为了构建覆盖全国的老龄服务网络，美国在全国各社区成立老龄服务中心。联邦政府的卫生与公众服务部下设了九个区域性办公室和老龄局；公共服务部则设立于州政府；老龄代理机构设立于州以下政府。新加坡政府于 1998 年设立了人口老龄化跨部门委员会。这些专门的管理部门，有利于发挥其综合协调作用，对 PPP 模式的具体实施起着保障的作用（刘耀东等，2019）。我国在 2014 年成立了财政部政府和社会资本合作中心，发挥了项目研究、国际交流以及咨询沟通的作用，但并不能起到监督管理的作用（王金希，2021）。因此，我们可以考虑建立养老机构 PPP 模式的专门管理机构，综合协调各方面力量，对养老 PPP 项目的评估、设施的产权归属、剩余资产的控制权、合同管理、权益机构设计、付费模式、风险管理等多方面加以监督管理，从而实现对养老机构 PPP 模式的有效管理。同时，也可以借鉴他国经验合理设置流程，对 PPP 项目的全过程实施公开化、透明化的监督（罗传钰，2018）。

（三）制定完善的法律法规

法治是市场经济的内在特征，养老机构的发展对法律一直有着非常强的依赖性，法律是保障 PPP 模式顺利运行的前提条件。发达国家如英国、美国等较早进入老龄社会，社会养老法律机制相对健全，制定了具体的、有针对性的法律法规促进 PPP 养老项目建设。我们在了解发达国家 PPP 养老项目发展特点的同时，也要结合我国具体国情，制定和完善 PPP 发展的法律法规，颁布与 PPP 养老项目相关的金融、财政、保险等方面的政策，为养老 PPP 项目的良好发展创造良好条件。

（四）动员社会资本积极参与

在养老项目建设中嵌入市场化运作方式，在公平的市场环境中由社会资本提供养老服务，这不仅能够减轻政府的财政负担，也可以在很大程度上促进养老机构实现更加高效的运营，同时为社会各界更好地参与 PPP 养老服务提供了更加广阔的舞台。通过 PPP 的合同关系，让社会组织或民营企业等社会力量成为养老机构的运营主体，从而达到共享收益、合理地分担风险的目的（刘耀东，2019）。因此，我们要在保证 PPP 养老机构公益性的前提下，大力吸引社会资本支持养老产业发展，积极参与 PPP 养老项目，并让社会资本逐渐成为养老机构的运营主体。

第九章　研究结论与政策建议

　　上文的 PPP 模式养老项目的投资决策研究立足我国的国情和现状，通过经济学的研究方法和统计学的统计途径进行研究，似乎可以得出相关结论：我国的养老产业由于经济转型和政府财政收入等因素需要引入社会资本参与各类养老项目；现阶段仅有少部分的参与 PPP 模式养老项目的社会资本获得了正向盈利，因此，在社会资本方进行决策和投资 PPP 模式养老项目时项目的收益以及收益分配方式等都是需要着重考虑的地方；由于 PPP 模式养老项目包含了众多影响项目建设和经营的风险因素，而且不同的风险因素对项目的影响大小也不尽相同；虽然 PPP 模式养老项目可以尝试使用多种融资方式，但是基于项目本身的特性，资产证券化和保险业资金是较为符合项目特点的；由于 PPP 模式养老项目属于准公共产品范畴，本身难以完全市场化，所以政府给予的项目补贴或支持的政策尤为重要。PPP 模式养老项目的投资决策需要从土地获取、项目全周期风险管理、完善相关法律法规、实施项目动态定价、融资渠道多元化和政府大力推广 PPP 模式项目养老服务等方面着手，有效推动项目的实施。

第一节　研究结论

　　在我国老年人口总量和比例都呈现快速增长的今天，原本属于政府部门提供的公共服务养老产品无论是从质量上还是数量上都难以满足现在的老年人群体的养老多元化需求。养老服务，家庭难以负担、政府难以全包、企业也难以独立承担。党的十九大报告强调，要"加快老龄事业和产业发展"，因此，努力推进养老产业的健康持续发展是摆在我们面前的重要课题。本书从养老产业入手，结合 PPP 模式，试图探索出一条为我国老年人提供优质养老产品和多元服务的养老道路，但是，PPP 模式养老项目需要吸引社会资本参与，而投资决策是社会资本最为关注的重点。本书综合采用公共品理论、项目区分理论、利益相关者理论和投资决策等多种理论，首先，对 PPP 模式养老项目投资决策中的项目现状进行分析，同时，描绘出目前阶段 PPP 模式养老项目的供求关系，并指出 PPP 模式养老项目投资决策面临的问题，为项目的社会资本方投资者建立清晰的项目投资轮廓；其次，对 PPP 模式养老项目投资决策中的风险因素进行识别与分析，风险研究作为投资者决策的重中之重，通过专家与社会人士的共同协作，基于模糊评价法分析并总结了 PPP 模式养老项目投资决策中关键的风险因素；再次，基于项目风险因素的角度建立了 PPP 模式养老项目投资定价决策模型和投资收益决策模型，对比分析了政府补贴和不补贴情况下的 PPP 模式养老项目投资收益为社会资本方投资者决策做出参考；再其次，从新公共服务理论、资产证券化和保险行业的角度提出全生命周期角度下 PPP 模式养老项目的投资融资方式；最后，基于我国现阶段 PPP 模式养老项目现状，提出了对未来 PPP 模式养老项目投资决策的相关建议。

一　养老产业需要引入社会资本参与 PPP 项目

目前，我国政府的财政收支出现了较为明显的缺口，原本过度依赖土地财政的收支模式也难以持续，经济结构与经济发展模式也处于转型阶段，但是，一方面，我国的老年人口数量和增长率却呈现快速增长的状态，老年人对养老服务的需求也日趋多元；另一方面，我国的社会资本方拥有着雄厚的资金、成熟的管理经验和专业的人才，不仅可以缓解政府部门的财政压力，也可以通过为老年人提供优质的养老服务获得一定的收益。政府部门通过给予社会资本优惠政策并且与社会资本方共同承担项目的风险来吸引社会资本参与 PPP 模式养老项目的建设和运营，最终为我国老年人群体提供满意的养老服务。

二 投资决策中收益是影响社会资本投资养老项目的关键因素

社会资本投资 PPP 模式养老项目是为了在保证项目风险程度较低的情况下稳定地获取一定的项目收益。根据目前的数据来看，大部分投资 PPP 模式养老项目的社会资本并没有取得预期的盈利，约占总数 50% 的养老机构只是维持了养老项目的收益平衡，仅有大约 20% 的养老机构取得了项目利润盈余，而剩下 30% 的养老机构属于亏本的范畴，所以出现了社会上有大量的养老需求，但是很多社会资本企业却不愿意投资养老项目的尴尬局面。当然，这其中有养老产业发展水平的因素、社会资本方自身投资能力的因素和市场环境的因素，同时也有着制度环境的因素。

三 项目风险因素是社会资本投资 PPP 模式养老项目决策中考虑的重点

在社会资本投资 PPP 模式养老项目决策中，融资困难、合作伙伴选择失误、市场需求不足和专业化水平不足等都是项目主要的风险因素，这些风险因素会对项目的收益产生重要的影响。过高的项目风险会造成社会资本难以获得盈利甚至难以收回本金，从而使得社会资本在投资 PPP 模式养老项目面前望而却步，因此，政府部门与社会资本间合理地划分项目风险可以保障各方均承担了最适合的项目风险，由此推动 PPP 模式养老项目的持续运营和服务创新。

四 建立完善的 PPP 模式养老项目投资融资决策方式

基于新公共服务角度下的多元共治思想，政府部门作为 PPP 模式养老项目必要的参与者，肩负协调组织其他社会治理主体的重要责任，社会、企业和第三方部门共同参与到公共产品的服务和供给中，因而，PPP 模式养老项目的社会资本方投资者是由社会多方构成的。建立完善的 PPP 模式养老项目投资融资决策方式，需要在项目全生命周期的各个阶段进行投资管理，将项目融资安全合理高效地运用于养老项目的各个阶段。资产证券化作为目前世界上主要的项目融资方式之一，我们可以借鉴到 PPP 模式养老项目中，既可以解决银行贷款高额成本问题，也可以解决社会资本项目退出机制的问题。保险资金与 PPP 模式养老项目具有诸多相契合的地方，通过将保险资金注入养老项目，从而对养老项目的建设、运营等阶段提供风险担保，同时保险资金也对 PPP 模式养老项目的各个方面提出了更高的要求，所有这些可以进一步优化 PPP 模式养老项目的结构，并提升 PPP 模式养老项目的执行效率。

五 政府部门是否给予 PPP 模式养老项目补贴很大程度决定着社会资本是否投资 PPP 模式养老项目

政府给予 PPP 项目的补贴对于社会资本方至关重要，它一定程度上决定着社会资本投资 PPP 模式养老项目与否。通过一些实证的案例，我们发现，养老项目的补贴会较大程度地影响社会资本方项目投资收益的回收期，若失去了政府的补贴，不少 PPP 模式养老项目将会难以在特许经营期内完成项目的预期收益，或者回收期超过特许经营期限的最大值，总体来说，政府部门给予的项目补贴是鼓励和吸引社会资本方参与 PPP 模式养老项目投资的重要保证。但是，社会资本方不能完全依赖政府部门的项目补贴，而应该通过提高自身的服务水平和优化项目的管理方式等方式提高项目的服务效率和市场竞争力。

第二节 政策建议

根据本书的研究结论，PPP 模式与养老项目的结合相对于政府部门或社会资本单独运营养老项目具有较大的优势。但是，通过理论研究与实证分析，还需要从四个方面完善相关的政策配套才能更好地推动 PPP 模式养老项目的创新与发展，更有效地激励社会资本参与养老项目的投资并为我国老年人提供良好的养老服务。

一 PPP 模式养老项目投资决策的风险因素研究政策建议

根据本书第四章对 PPP 模式养老项目投资决策的风险因素研究可知，养老项目的主要风险因素包括土地获取困难、融资困难、预算不足、设计变更、市场需求不足、定价合理性、专业化水平和项目配套等风险因素。与其他的 PPP 模式项目相比，养老项目既有其他项目相通的风险因素，如融资、预算和市场需求等方面的风险因素，同时也具有养老服务项目自身特征的风险因素，如土地获取、养老专业化和配套等风险因素。目前大多数的 PPP 模式养老项目以 BOT 模式运营，养老产品也以使用者付费和政府补贴模式为主，所以产品的市场需求决定了 PPP 模式养老项目的盈利和可持续性。目前，我国大约占据总数一半的 PPP 模式养老项目勉强收支平衡，勉强维持项目的运营，而只有约 20% 的项目可以达到盈利的状态，这说明我国 PPP 模式养老项目还面临一个比较严峻的现状。因此，社会资本需要根据老年人的市场需求重新调整自己的经营策略和整合自己的优势资源。此外，基于项目风险因素分担表所体现的各种风险因素，PPP 模式养老项目的大部分项目风险都需要政府部门和社会资本共同分担，如项目选址、项目设计、建设延期、市场需求、产品与服务定价、周边配套、利率和通货膨胀等因素，以上的风险因素需要政府部门和社会资本立足项目的实际情况通过双方的协调来逐步化解或减小。针对第四章的内容，笔者提出如下政策建议：

（一）在 PPP 模式养老项目中，土地的获取是其最为关心的问题之一，也是社会资本决定投资 PPP 模式养老项目首先需要考虑的因素

根据我国法律规定，社会资本获得土地的使用权共有三种方式：一是有偿获取，二是无偿获取，三是通过租赁的方式获取。具体而言，有偿获取土地分为招标拍卖挂牌和协议转让两种方式，无偿获取是指政府通过行政方式划拨土地。根据《中华人民共和国土地管理法》第五十四条规定，项目的建设单位使用国有土地，需要以出让等有偿方式获得；但是，以下的建设用地可以经过县级以上的人民政府批准，通过划拨的方式获得土

地：一是国家机关用地和军事用地；二是城市基础设施用地和公益事业用
地；三是国家重点扶持的能源、交通、水利等基础设施用地；四是法律、
行政法规规定的其他用地①。鉴于 PPP 模式养老项目准公共产品属性，一
般可以采取政府土地划拨的形式，究其原因，一是可以降低社会资本的投
资总金额，二是可以降低社会资本的项目投资风险。

（二）需要建立 PPP 模式养老项目全周期的风险监管体系

该体系包括事前准入监管中政府部门对项目立项阶段社会资本方选择
的监管、社会资本的资质和其与项目契合度的监管，社会资本方的资金实
力、运营水平与管理经验对 PPP 模式养老项目的成功具有重要的影响，监
督部门通过招标选择综合实力最强的社会资本方作为 PPP 模式养老项目的
合作方以及公私双方组建 PPP 项目公司；事中执行监管包括对项目的设
计、融资、建设和运营过程的全面监管，主要指监督部门对 PPP 项目公司
是否按照 PPP 项目合同对养老项目的建造标准、价格监管与调节、养老产
品与服务的质量、项目财务情况等方面的监管；事后审核监管包括对 PPP
模式养老项目绩效评价与第三方评价监管等，监督部门对 PPP 项目公司在
对项目进行一定的运营期限后，按照合同中的质量标准将项目完好地移交
给政府部门，该阶段需要对 PPP 项目公司的项目资产评估、债务清偿和收
益分享等工作进行监督。

（三）健全 PPP 模式养老服务相关的法律法规

首先，完善 PPP 模式的立法可以规范相关利益主体的职责，明确各方
利益主体的责任边界与风险分配，保障社会资本的权益并营造有利于社会
资本经营养老项目的法律环境；其次，由于 PPP 模式项目流程比较复杂，
而现阶段我国的法律文件大部分只涉及 BOT 模式的项目，而没有对 PPP
模式进行相关规定，PPP 模式在养老机构建设方面的立法依然处于空白的
状态，比如，1999 年颁布的《中华人民共和国合同法》中没有与养老模式

---

① 全国人大办公厅：《中华人民共和国土地法（最新修正版）》，中国民主与法制出版
社 2019 年版，第 33—34 页。

相关的内容。因此，目前我国需要对现行的法律法规进行梳理，对《中华人民共和国政府采购法》《中华人民共和国合同法》等与 PPP 模式相关的法律进行修订，避免与新的 PPP 法律法规相冲突，其中，新的 PPP 法律需要确定 PPP 模式项目中权责关系、利益分配、运用领域、实施流程以及风险分担等内容，此外，还需要明确 PPP 模式法律的定位，将 PPP 模式立法定位于民商法，以实体法与程序法并重，构建政府部门与社会资本之间的平等合作关系，全面推进 PPP 模式养老项目的发展。

二　PPP 模式养老项目投资定价决策模型的政策建议

本书第五章通过对基于风险要素的角度构建的 PPP 模式养老项目的投资定价决策模型研究发现，养老项目的定价机制实际上扮演了一个重要的角色，因为偏离老年人可承受范围的过高项目定价难以吸引老年人群体的消费，而过低的项目定价则导致社会资本难以弥补其基本的支出从而降低经营和维护养老项目的意愿，为了使得社会资本最终盈利而不暴利，应该实行动态的定价调节方式和政府对项目的补贴，这样就能够保证 PPP 模式养老项目的定价处于一个较合理的范围之内，并在保证社会老年人福利的条件下能够满足社会资本方收益的要求。针对第五章的研究内容，笔者提出以下政策建议。

（一）　进一步加强政府部门对 PPP 模式养老项目定价的控制

在养老项目中，老年人群体希望价格尽可能地降低使得该群体可以获得较大的社会福利，而社会资本则希望项目价格以垄断定价方式以此获得尽可能大的利润，政府部门则希望全社会的福利效用最大。作为肩负社会责任、远景规划和协调能力的政府对 PPP 模式养老项目定价的控制是必要的。在项目的运营期间，PPP 模式养老项目的定价权是由政府和社会资本共同成立的 PPP 项目公司所有，项目公司的目标是利益最大化，但是，公司的利益最大化又会损害 PPP 模式养老项目的公益性和正外部性等属性，因此，加强政府部门对养老项目定价的控制，可以使得社会的资源得到合理的配置，达到社会整体的效益最大化。

（二）建立良好的 PPP 模式养老项目价格听证制度

听证会制度不仅可以使养老项目的消费者参与到项目的定价过程之中，还可以使得养老项目定价的过程更加公开和透明，有利于促进项目定价的公平性和公正性。具体而言，政府在召开价格听证会前，需要选择有一定相关经验同时具有社会责任的参与者，在其获取项目资料后，可以有效地参与价格听证会并提出切实可行的方案；在听证会中，政府部门、社会资本和老年人代表通过面对面近距离的沟通，交流项目的各项细节，彼此间更好地理解对方的情况，建立友好的合作伙伴关系；最后，通过价格听证会，消除 PPP 养老项目的信息不对称的情况，为项目的参与方解决各自的问题提供更多的协助，在对项目价格不断完善的基础上，最终为项目的参与方的利益均衡提供有效的解决途径。

（三）加快完善 PPP 模式养老项目价格动态调整机制

在 PPP 模式养老项目的运营期间，应当根据人工成本、水电煤气费用、贷款利息和设施的折旧等费用调节项目产品与服务的收费标准与定价，在 PPP 模式养老项目合同中应明确规定价格的调整方案以及价格调整的方法、原则和程序，以此确保项目的回报合理和可持续运营。一般来说，需要通过对项目的各项成本分析并设定一个价格形成权重指标，然后设置项目的调价系数，定时调价，调价系数可以依据经营企业实际发生的成本、第三方审计成本和同行业企业平均水平等制定，保证社会资本方的价格制定合理合法。

三　PPP 模式养老项目投资融资决策的政策建议

根据本书第六章构建全生命周期视角下的 PPP 模式养老项目投资融资决策方式的研究，我们发现，养老项目在较长的项目周期内需要各种融资，无论是项目公司成立时所需的股权融资，项目建设时所需的债权融资，还是在项目运营期间所需的资产证券化融资，PPP 模式养老项目的各个阶段都需要项目融资。PPP 模式养老项目投资融资的核心精髓是，通过在提高权益性资金比例吸引债务性融资和降低融资成本之间寻求最为有效的平衡点。PPP 模式养老项目融资为有限追索的融资，一旦养老项目难以偿还贷款人的本息，贷款人也就是融资机构只能对 PPP 模式养老项目的现金流和项目公司的全部资产进行追索，而不能要求项目公司的股东承担项目全部的融资责任或超出股东的投资额以及项目公司可处置的资产的责任（杨宝昆、刘芳，2019）。如果项目公司采用的贷款为有限追索的融资方式，但是项目公司难以凭自身的信用完成债务性融资，那么，社会资本则需要通过股东贷款或补充性融资担保的方式融资，以此确保债务性融资安全，因此，PPP 模式养老项目的融资现状应当建立以政府部门为引导、社会多元协同参与的融资体系。PPP 模式养老项目不同于普通的企业项目，主流的融资渠道如银行和金融机构因为资金安全等方面的原因对其都具有较高的要求，相比较下，资产证券化和保险行业是为数不多与 PPP 模式项目可以较好契合的资金来源，所以本书提出从资产证券化和保险行业的角度为 PPP 模式养老项目提供融资。笔者提出以下政策建议。

（一）政府部门加大对 PPP 模式养老项目的融资支持

由于我国的 PPP 模式养老项目处于早期的发展阶段，还不成熟，单凭自身能力难以获得大额的资金贷款，因此需要政府通过完善法律法规和财政补贴政策支持 PPP 养老项目，要通过进一步清晰划分项目参与主体责任和利益分配等有效地细化项目运作规则并优化项目的审批制度从而提高项目审批效率。政府作为项目的重要参与方，需要明确自身的定位，作为 PPP 模式养老项目的推动者和监管者，提供具有示范作用的 PPP 模式养老项目奖励和优惠措施，同时，推动我国养老产业基金的建设，引导产业基金支持 PPP 模式养老项目的投资、建设与运营，因地制宜设计各项融资服务。在"营改增"后，政府对于具有营利性的养老项目征收增值税时需要合理科学地制定减免政策。

（二）积极推广 PPP 模式养老项目资产证券化产品

资产证券化是以 PPP 模式养老项目的未来收益所得产生的现金流为支持发行债券融资的模式，社会资本通过证监会等部门出台的政策支持，需要将资产证券化产品的年限适当延长并适度扩大 PPP 模式养老项目资产证券化的规模，为项目获取更多的融资。此外，要及时将项目的相关信息向市场公开，保证资产证券化产品可以真正起到促进 PPP 模式养老项目的发展作用。

在 PPP 模式养老项目资产证券化中，政府的契约精神至关重要。PPP 模式是基于政府和社会资本所签订的合同展开的。参与的各方必须具有契约精神，严格按照合同行事，才能保证项目顺利推进。目前，我国政府在基础设施领域一直处于主导地位，属于项目中较为强势的一方。一旦政府的信用风险发生，项目中社会资本方的损失将是难以弥补的。在 PPP 项目失败的案例中，不少是由于政府违背承诺而致合作方利益损失的，这将会对资产证券化的质量造成重大影响，从而导致资产证券化难以推进。

（三）推进保险资金参与 PPP 模式养老项目投资融资的保值增值

首先，完善我国的保险行业相关制度体系建设，通过立法的形式设立专门的部门监督保险资金的运作并确保其运作安全，同时，需要社会资本及时公开保险资金的收支和运作等信息，为 PPP 模式养老项目的投资者、管理者和监管者提供有效的资金使用信息；其次，通过创新保险资金的投资方式，与建筑或运营方面具有优势的企业组成项目的联合体参与 PPP 模式养老项目的竞标，发挥各自的优势，共同投资经营 PPP 模式养老项目，实现保险资金的保值增值。

四　PPP 模式养老项目投资收益决策模型的政策建议

根据本书第七章基于风险要素的 PPP 模式养老项目投资收益决策模型研究，我们可以发现，PPP 模式养老项目可以通过基于蒙特卡罗理论和基本思想建立投资收益决策模型。该模型将政府部门是否分担 PPP 模式养老项目的土地风险、调价风险和需求风险条件下的项目净现值、内部收益率及项目投资回收期进行蒙特卡罗模拟，通过对模拟结果下的项目净现值、内部收益率和投资回收期进行对比分析，得到适合 PPP 模式养老项目投资决策选择的项目方案。针对该章内容，笔者提出以下政策建议。

（一） 建立合理的 PPP 模式养老项目投资回报机制

虽然社会资本参与养老项目的目标是获得盈利的最大化，但是，由于 PPP 模式养老项目所具有的准公共产品的性质决定了社会资本不能获得暴利。在实际项目中，社会资本方对项目的前期投入成本过高，政府部门可以通过延长项目的合同年限、项目建设补贴和贷款贴息等方式为 PPP 模式养老项目的社会资本方建立合理的投资回报机制。

（二） 通过政府补贴促进 PPP 模式养老项目的高效可持续性运营

政府部门给予社会资本方项目的补贴对于 PPP 模式养老项目的可持续性运营产生重大的影响，单纯地由社会资本方投入养老项目无疑给其带来巨大的资金压力和项目运营风险。而借助双方共同协助的 PPP 模式，政府部门可以给社会资本方提供税收优惠、各项补贴和水电优惠等措施，从而降低社会资本方的建设和运营成本，保障其持续运营。

（三） 加大对养老服务市场需求的关注

PPP 模式养老项目的市场需求是项目成功的决定因素。有效的市场需求可以使养老项目在合同期限内完成项目的预期收益，但是，大多数的 PPP 模式养老项目的市场需求或处于不稳定或需求较小的状态，究其原因，一是养老项目的选址偏离了老年人实际生活需要的便利场所，虽然养老项目本身作为独立的一个商业运营中心具有各项配套设施，但是，老年人依然难以远离市区到城市的郊区或乡村生活；二是养老项目自身的服务水平也是影响老年人是否选择的重要参考因素，老年人需要适合其身体状况和生活方式的养老服务，而不少养老项目只能提供基本的养老服务却难以提供专业化的医疗相关服务，这不符合部分老年人入住养老机构的初衷。

（四） 加大对 PPP 模式养老项目的宣传

在传统的价值观念中，依然有不少人把养儿防老或者家庭养老作为养老的主要选择方式，但是，随着社会的快速发展，传统的观念难以适应现代人的生活需求，年轻人由于工作生活等多方面的压力很难全身心地投入到家庭养老中。PPP 模式养老项目可以根据本地收入水平提供良好的养老服务，即为老年人提供一个舒适的老年生活环境和及时的医疗服务。现阶段，大多数的老年人甚至是年轻人对 PPP 模式养老项目依然是处于不了解的状态，只有将其优势向公众宣传并让老年人群体切实感觉到参加养老项目的必要性，PPP 模式的养老项目才能获得长足的发展。

第三节　研究展望

在我国老年人口数量和老年人口增长率都呈现快速增长的今天，社会养老需求在国民经济保持迅速增长的同时也由简单基本的养老需求逐步转变为日趋多元的养老服务需求，但是，我国提供养老服务主要资金来源的地方政府由于财政收入来源的改革难以负担日益增长的老年人口的多元化养老需求，逐渐提高的养老服务边际成本决定了引入市场化是构建和完善我国养老服务体系的必然要求，PPP 模式养老项目作为结合了政府的社会责任、远景规划、协调能力和社会资本的资金支持、技术经验和管理效率的创新合作方式，为满足我国老年人的多元化养老需求提供了一条解决的路径。

本书通过公共物品理论、项目区分理论、利益相关者理论、新公共管理理论、产业经济理论和投资决策理论等，结合 PPP 模式养老项目的特征和现状，对影响 PPP 模式养老项目投资决策的风险因素进行总结与分析，在基于项目风险因素的角度构建 PPP 模式养老项目的投资定价决策模型和投资收益决策模型，政府部门和社会资本通过基于以上模型对 PPP 模式养老项目的投资决策可以进行较为全面的分析，选择一些具有满足老年人养老需求、保障老年人福利并且可以为社会资本带了一定收益的养老项目，从而推动我国 PPP 模式养老企业的发展。但是由于笔者能力、时间和专业水平的局限，有些问题并未深入研究，未来在与 PPP 模式养老项目投资决策相关的研究中，以下的方面值得进一步探讨和研究：PPP 模式养老项目中不同运营模式的风险因素对项目投资决策的影响程度大小；PPP 模式养老项目投资决策定价与融资方式的关系；PPP 模式养老项目中投资融资方式的创新研究等；PPP 模式养老项目投资收益模型中同时变动三个参数形成多维立体的函数图像，将可以形成更多条件下的投资收益决策选择。

参考文献

习近平:《决胜全面建成小康社会 夺取新时代中国特色社会主义伟大胜利——在中国共产党第十九次全国代表大会上的报告》,人民出版社 2017 年版。

《中共中央关于坚持和完善中国特色社会主义制度推进国家治理体系和治理能力现代化若干重大问题的决定》,人民出版社 2019 年版。

《国务院办公厅转发财政部、发展改革委、人民银行关于在公共服务领域推广政府和社会资本合作模式指导意见的通知》(国办发〔2015〕42 号),2015 年 5 月 19 日。

国家发展改革委关于印发《服务业创新发展大纲(2017—2025 年)》的通知(发改规划〔2017〕1116 号),2017 年 6 月 13 日。

工业和信息化部 民政部 国家卫生计生委关于印发《智慧健康养老产业发展行动计划(2017—2020 年)》的通知(工信部联电子〔2017〕25 号),2017 年 2 月 6 日。

《国务院办公厅关于推进养老服务发展的意见》(国办发〔2019〕5 号),2019 年 4 月 16 日。

徐友鹏:《概率论与数理统计》,上海交通大学出版社 1987 年版。

[美] 罗伯特·B. 登哈特著:《公共组织理论》,扶松茂等译,中国人民大学出版社 2003 年版。

林清泉主编:《固定收益证券》,武汉大学出版社 2005 年版。

倪叠玖:《企业定价》,武汉大学出版社 2005 年版。

胡文发编著:《项目采购管理》,同济大学出版社 2007 年版。

高华:《我国 BT 模式投资建设合同研究》,天津科技出版社 2013 年版。

胡丽：《城市基础设施 PPP 模式融资风险控制研究》，重庆大学出版社 2013 年版。

贾康、孙洁：《公私合作伙伴关系理论与实践》，经济科学出版社 2014 年版。

蓝裕平：《投融资策划理论与实务》，广东经济出版社 2015 年版，第 79 页。

王增忠主编：《公私合作制（PPP）的理论与实践》，同济大学出版社 2015 年版。

曹远征：《PPP 政府和社会资本合作的制度经济学分析》，对外经济贸易大学出版社 2016 年版。

许江平：《中国养老产业投资潜力与政策研究》，经济日报出版社 2016 年版。

丁伯康：《PPP 模式运用与典型案例分析》，经济日报出版社 2017 年版。

范迪军：《城市特许经营权风险》，国家行政学院出版社 2017 年版。

纪晓岚：《社会化养老服务模式研究》，中国社会科学出版社 2017 年版。

刘飞：《PPP 项目合同系列谈》，经济日报出版社 2017 年版。

赵琦：《中国 PPP 理论与实操》，企业管理出版社 2017 年版。

崔武文编：《PPP 模式政府采购操作指南》，中国建材工业出版社 2018 年版。

陈青松、唐琳、连国栋：《医疗与养老 PPP》，企业管理出版社 2018 年版。

国家发展改革委投资司、清华大学 PPP 研究中心：《中国 PPP 专家论道：国家发改委 PPP 专家优秀论文集》，经济日报出版社 2018 年版。

卢明明：《PPP 项目运作与资产证券化》，中国铁道出版社 2018 年版。

厉以宁等：《中国道路与人口老龄化》，商务印书馆 2018 年版。

吕敏容：《PPP 模式在中国养老业中的应用研究》，吉林大学出版社 2018 年版。

齐小忠主编：《概率论与数理统计》，天津科学技术出版社 2018 年版。

仲利娟：《老龄化背景下社会养老服务问题研究》，吉林大学出版社 2018 年版。

吴维海：《PPP 项目运营》，中国金融出版社 2018 年版。

徐姣姣、徐炳生、邵卫国：《PP 投融资模式下的操作流程的合规性分析》，中国经济出版社 2018 年版。

杨志银：《养老产业的理论与实践》，经济科学出版社 2018 年版。

朱静：《政府（实施机构）PPP 项目实务操作指南》，知识产权出版社 2018 年版。

金郁森：《货值信用交易理论与实务》，海天出版社 2019 年版。

张荣、赵崇平：《"互联网+"居家养老体系建设研究》，光明日报出版社 2019 年版。

曾嘉：《养老事业创新研究》，吉林文史出版社 2019 年版。

王建武：《养老服务》，山东科学技术出版社 2019 年版。

王明吉、崔学贤：《PPP 项目财务管理问题研究》，河北人民出版社 2019 年版。

宋映忠等编：《PPP 项目融资实操指南》，中国市场出版社 2020 年版。

孙智慧：《中国养老产业投资的商业模式研究》，电子科技出版社 2020 年版。

项勇、卢立宇、徐姣姣主编：《建设工程项目投资与融资》，机械工业出版社 2020 年版。

王琦、张静编著：《数字政府》，北京邮电大学出版社 2020 年版。

白雪华、吴次芳、艾亮辉：《土地整理项目融资 PPP 模式》，《中国土地》 2003 年第 1 期。

杨逢春：《养老产业的区域分工》，《中国青年政治学院学报》2004 年第 6 期。

孙建平、李胜：《蒙特卡洛模拟在城市基础设施项目风险评估中的运用》，《上海经济研究》2005 年第 2 期。

尚长风：《PPP 模式在农村养老保险制度中的运用》，《审计与经济研究》 2006 年第 2 期。

杨琴、胡辉：《基于 Crystal Ball 的项目管理分析》，《中国管理信息化（综合版）》2007 年第 12 期。

黄腾等：《中外 PPP 模式的政府管理比较分析》，《项目管理技术》2009 年第 1 期。

田香兰：《养老事业与养老产业的比较研究》，《天津大学学报》（社会科学版）2010 年第 1 期。

姜向群、丁志宏、秦艳艳：《影响我国养老机构发展的多因素分析》，《人口与经济》2011 年第 4 期。

胡贵祥、王倩：《PPP 模式应用于养老机构建设的必要性与应用条件分析》，《建筑经济》2012 年第 2 期。

赵卫旭：《运用 Crystal Ball 的投资项目内部收益率多因素敏感性分析》，《财会月刊》2012 年第 8 期。

杨博维、薛晓：《我国养老产业发展的思考与对策》，《天府新论》2013 年第 1 期。

班晓娜、葛稣：《机构养老与政府职能：日本经验及启示》，《大连海事大学学报》（社会科学版）2014 年第 6 期。

蔡今思：《借鉴国际 PPP 运用经验支持公共基础设施建设》，《中国财政》2014 年第 9 期。

贾丽、徐振宇：《在养老服务业中推广应用 PPP 模式的风险与收益分配分析》，《科技和产业》2014 年第 11 期。

王晖：《PPP 模式在云南省养老机构建设中的应用探索》，《科技视界》2014 年第 12 期。

曾祥渭、冯德安：《中外基础设施建设中 PPP 模式应用状况对比研究》，《价值工程》2014 年第 31 期。

孟春、王景森：《借鉴国际经验完善我国 PPP 机制》，《经济研究参考》2014 年第 36 期。

王经绫、华龙：《PPP 机制应用于我国养老机构建设的必要性研究》，《经济研究参考》2014 年第 52 期。

刘旭辉、陈熹：《PPP 模式在新型城镇化建设中的推广运用研究——以江西省为例》，《金融与经济》2015 年第 2 期。

姚东旻、李军林：《条件满足下的效率差异：PPP 模式与传统模式比较》，《改革》2015 年第 2 期。

温来成、刘洪芳、彭羽：《政府与社会资本合作（PPP）财政风险监管问题研究》，《中央财经大学学报》2015 年第 2 期。

胡祖铨：《养老服务业领域政府投资规模研究》，《宏观经济管理》2015 年第 3 期。

陈志敏、张明、司丹：《中国的 PPP 实践：发展、模式、困境与出路》，《国际经济评论》2015 年第 4 期。

孟佳娃、韩俊江：《我国 PPP 模式养老机构运营风险的 PEST 分析》，《现代经济信息》2015 年第 8 期。

周正祥、张秀芳、张平：《新常态下 PPP 模式应用存在的问题及对策》，《中国软科学》2015 年第 8 期。

《我国养老机构应用 PPP 模式建设与管理研究》，《价格理论与实践》2015 年第 10 期。

胡改蓉：《PPP 模式中公私利益的冲突与协调》，《法学》2015 年第 11 期。

屈志：《PPP 模式在养老项目建设中的应用探讨——以长春市为例》，《吉林工商学院学报》2015 年第 12 期。

孙慧、李磊：《博弈视角下 PPP 项目定价与特许权期决策模型》，《武汉理工大学学报》（信息与管理工程版）2016 年第 1 期。

王巍：《PPP 模式在社区居家养老服务中的应用探索——以上海市为例》，《改革与开放》2016 年第 1 期。

王天义：《全球化视野的可持续发展目标与 PPP 标准：中国的选择》，《改革》2016 年第 2 期。

巢莹莹、张正国：《上海市养老服务业供给侧改革路径选择——基于 PPP 模式》，《经济论坛》2016 年第 4 期。

任春玲：《运用"PPP"模式推进我国"医养融合"养老机构建设》，《长春金融高等专科学校学报》2016 年第 5 期。

崔晨丹：《PPP 模式下养老机构建设问题研究——基于河北省唐山市的调研》，《河北企业》2016 年第 6 期。

刘金金、马瑛、余炜：《PPP 模式在临沂市社区居家养老中的应用研究》，《环境与可持续发展》2016 年第 6 期。

张昊：《加快推动我国养老基金通过 PPP 模式投资基础设施项目》，《社会保障研究》2016 年第 6 期。

桂雄：《PPP 应用于我国养老服务业的政策分析》，《中国财政》2016 年第

7 期。

桑培东、陈晓蓁：《基于 PPP 模式的我国养老地产发展模式》，《工程建设
　　与设计》2016 年第 7 期。

吴萍、吴珊珊：《养老机构地产 PPP 项目合作伙伴选择研究》，《建筑经
　　济》2016 年第 7 期。

赵欢：《我国养老机构应用 PPP 模式建设与管理研究——以陕西省为例》，
　　《中国商论》2016 年第 7 期。

马光德等：《PPP 模式下的养老地产战略联盟研究》，《项目管理技术》
　　2016 年第 8 期。

王培培、李文：《PPP 模式下社会养老服务体系建设的创新与重构》，《理
　　论月刊》2016 年第 8 期。

刘娇、李红艳：《PPP 模式在上海养老机构建设中的可行性分析》，《上海
　　工程技术大学学报》2016 年第 9 期。

苗阳：《PPP 模式应用于养老机构的风险分担研究》，《价值工程》2016 年
　　第 10 期。

刘莉、耿军会：《养老基地怎样对接 PPP 模式——以京津冀区域为例》，
　　《人民论坛》2016 年第 11 期。

张利涛、苏雪芹：《继承与超越：从新公共管理到新公共服务》，《决策与
　　信息》2016 年第 12 期。

梁舰：《PPP 模式如何与养老服务产业对接》，《中国建设信息化》2016 年
　　第 16 期。

黄佳：《PPP 模式建设养老机构的国际经验与对策研究》，《改革与开放》
　　2016 年第 19 期。

郝涛等：《PPP 模式下养老服务有效供给与实现路径研究》，《经济与管理
　　评论》2017 年第 1 期。

冀晓敏、刘星悦：《PPP 模式应用于河北省养老机构建设的研究》，《地方
　　经济》2017 年第 1 期。

景婉博：《PPP 模式的日本经验及启示》，《中国财政》2017 年第 2 期。

周海珍：《保险资金参与 PPP 项目的风险及控制》，《中国保险》2017 年第
　　2 期。

陈华、边玉晶：《借力 PPP 解决养老服务产业融资难题》，《中国财政》
2017 年第 3 期。

李文琴、史元茹、李玲：《养老机构 PPP 项目风险》，《中国金融》2017 年
第 4 期。

罗煜、王芳、陈熙：《制度质量和国际金融机构如何影响 PPP 项目的成
效——基于"一带一路"46 国经验数据的研究》，《金融研究》2017
年第 4 期。

闫秋利、孔夏宁：《PPP 模式下的养老服务业供给方式探讨》，《中国集体
经济》2017 年第 4 期。

王媛媛：《互联网金融与 PPP 结合在养老服务业的应用分析》，《新金融》
2017 年第 4 期。

仲熠辉：《PPP 模式发展养老机构的探索——以安徽省合肥市为例》，《新
乡学院学报》2017 年第 5 期。

王朝霞、曹婉莉：《养老服务业供给侧结构性改革可行性路径探索——基
于 PPP 模式》，《绥化学院学报》2017 年第 5 期。

许白玲：《公私合营（PPP）模式推进中国养老事业发展的路径探析》，
《世界农业》2017 年第 6 期。

李远成、孙穗、覃婧：《基于产业融合视角下的养老地产 PPP 融资模式研
究——以广西南宁为例》，《企业科技与发展》2017 年第 7 期。

郭燕芬：《公私合作伙伴关系（PPP）事前评估——基于中国和澳大利亚
的对比分析》，《当代经济管理》2017 年第 12 期。

胡美玲：《人口老龄化背景下农村养老 PPP 模式探究——以济南市为例》，
《中国老年学杂志》2017 年第 12 期。

谢意浓、谢荣华：《人口老龄化背景下养老产业发展实践路径研究》，《中
国市场》2017 年第 14 期。

刘军林：《PPP 模式运用于我国社区居家养老建设研究》，《中国市场》
2017 年第 16 期。

陈佳丽：《我国养老事业推广 PPP 模式的对策探讨》，《会计之友》2017 年
第 19 期。

李静等：《PPP 模式下养老项目风险化解研究》，《现代商业》2017 年第

30 期。

杨建功、刘聪、左进：《保险资金参与 PPP 的现状及模式研究》，《保险职业学院学报》2018 年第 2 期。

李婧：《养老地产 PPP 项目政府激励机制研究》，《价值工程》2018 年第 3 期。

韩喜平、陈茉：《我国养老产业 PPP 项目运作面临的问题及对策》，《经济纵横》2018 年第 4 期。

沈芷薇、杨浴澄：《基于 PPP 模式的我国养老产业发展的路径研究》，《中国集体经济》2018 年第 4 期。

王彦：《保险资金参与 PPP 项目的风险及防范措施》，《时代金融》2018 年第 4 期。

高嘉华：《应用 PPP 模式推进城市养老服务业发展》，《辽宁工业大学学报》（社会科学版）2018 年第 5 期。

罗传钰：《PPP 合作项目的保险资金模式研究》，《经济体制改革》2018 年第 6 期。

朱凤娇：《我国民营养老产业发展现状及融资路径研究》，《会计师》2018 年第 7 期。

蒋鑫：《保险资金参与 PPP 项目的路径研究》，《经营管理者》2018 年第 9 期。

朱建江：《面向长三角一体化的养老产业发展》，《科学发展》2018 年第 11 期。

杨立雄、余舟：《养老服务产业：概念界定与理论构建》，《湖湘论坛》2019 年第 1 期。

徐宏、商倩：《中国养老服务资金缺口测试及 PPP 破解路径研究》，《宏观经济研究》2019 年第 2 期。

于小强：《新公共服务理论的三重困惑分析》，《四川行政学院学报》2019 年第 4 期。

杨宝昆、刘芳：《PPP 项目全生命周期融资管理研究》，《建筑经济》2019 年第 11 期。

黄靖怡、陈璐：《PPP 模式下养老产业发展的风险研究》，《湖北第二师范学院学报》2020 年第 8 期。

李蕊、陆璐：《"医养结合"养老 PPP 权责配置探究》，《天津法学》2021 年第 1 期。

许莲凤：《养老服务业 PPP 项目运行机制构建——基于股权合作的视角》，《东南学术》2021 年第 1 期。

吴昕扬、李鹜、梅建明：《养老服务业 PPP 项目涉税问题研究》，《财政监督》2021 年第 17 期。

秦长江：《养老服务领域 PPP 模式的政策偏差及其改进》，《行政科学论坛》2022 年第 2 期。

陈懿嘉：《以 PPP 模式进行养老产业投资的研究》，硕士学位论文，苏州大学，2015。

刘洋：《应用 PPP 模式推进国内养老事业发展研究》，硕士学位论文，辽宁大学，2016 年。

白竞：《PPP 模式应用于养老项目的收益分配研究——以重庆地区为例》，硕士学位论文，重庆交通大学，2017。

冯雪东：《基于蒙特卡罗模拟的社区养老服务 PPP 项目投资决策研究》，硕士学位论文，山东建筑大学，2017。

李娜：《PPP 模式下养老机构项目风险管理研究》，硕士学位论文，青岛理工大学，2017 年。

赵明轩：《我国 PPP 模式下养老产业基金运作研究》，硕士学位论文，首都经济贸易大学，2017 年。

赵阳光：《政府和社会资本合作（PPP）项目价格机制研究》，硕士学位论文，中国财政科学研究院，2017 年。

胡安骐：《养老行业 PPP 模式有关风险分担机制的研究》，硕士学位论文，浙江大学，2018 年。

简相伍：《养老机构 PPP 项目风险分担研究》，硕士学位论文，西华大学，2018 年。

康显：《基于 PPP 视角下养老机构建设路径问题研究》，硕士学位论文，河北经贸大学，2018 年。

张蕾：《PPP 模式促进我国养老机构发展的研究》，硕士学位论文，广东外语外贸大学，2018 年。

魏冬丽：《养老机构 PPP 模式社会资本回报机制研究》，硕士学位论文，上海工程技术大学，2018 年。

吴慧之：《养老机构 PPP 项目的风险分担与收益分配》，硕士学位论文，华中科技大学，2018 年。

李瑞雪：《医养结合领域 PPP 项目提供养老服务创新研究》，硕士学位论文，西南民族大学，2018 年。

武晓爽：《PPP 模式养老院项目的政府担保和补贴的研究》，硕士学位论文，青岛大学，2018 年。

潘晓宁：《养老机构 PPP 项目风险分担与利益博弈研究》，硕士学位论文，重庆交通大学，2018 年。

王寅：《境外 PPP 模式及其对我国养老机构发展的启示研究》，硕士学位论文，南京大学，2018 年。

段晓宇：《PPP 养老机构项目风险评价研究》，硕士学位论文，沈阳建筑大学，2018 年。

杨起诚：《社会养老事业发展中 PPP 模式应用研究》，硕士学位论文，中南财经政法大学，2019 年。

朱茜：《基于系统动力学的养老机构 PPP 项目风险评价研究》，硕士学位论文，武汉理工大学，2021 年。

刘欣蔚：《PPP 养老服务项目特许经营权价值评估研究》，硕士学位论文，天津商业大学，2021 年。

李月：《PPP 模式下养老类项目影响因素及对策研究》，硕士学位论文，山东建筑大学，2022 年。

Latham M. *Constructing the Team*: *Joint Review of Procurement and Contractual Arrangements in the United Kingdom Construction Industry*. London: HMSO, 1994.

Sawides, Sawaks, C. "Risk Analysis in Investment Appraisal". *Project Appraisal*. 1994, Vol. 9, No. 1.

John Hall. Private Opportunity, Public Benefit. Fiscal Studies. 1998, No. 2.

Dang, T. Investment and Capacity Choice under Uncertain Demand. European

Journal of Operational Research. 1999.

Michael Gerald Pollitt. The Declining Role of the State in Infrastructure Investment in the UK [R]. Working Paper, 2000.

Ozdoganm, LD., Bigronul, M. T. A Decision Support Framework for Project sponsors in the Planning Stage of Build-operate-transfer (BOT) Project. Construction Management Econ. 2000, No. 18.

Scharle P. PPP in Transport Infrastruction Development as a Social Game. Innovation. 2002, Vol. 10, No. 15.

Grimsey, D. Lewis, M. K. Evaluating the Risks of Public Private Partnership for Infrastructure Projects. International Journal of Project Management. 2002, Vol. 20, No. 2.

Falk B, Wang C H. Testing Long-run PPP with Infinite-variance Returns. Journal of Applied Economics. 2003, Vol. 18, No. 4.

Hart O. Incomplete Contracts and Public Ownership: Remarks and an Application to Public-private Partnership. Economics Journal. 2003, No. 113.

The European Commission: Guidance for Successful PPP [R]. Brussel: European Commission, 2003.

LEVAGGI R. Hospital Health Care: Pricing and Quality Control in a Spatial Model with Asymmetry of Information. International Journal of Health Care Finance and Economics. 2005, Vol. 5, No. 4.

Loosemore M, Raftery J, Reilly C and Higgon D. Risk Management in Projects [M]. London: Taylor & Francis, 2006.

Martinus P. Abednego, Stephen O. Ogunlama. Good Project Governance for Proper Risk Allocation in Public-private Partnership in Indonesia. International Journal of Project Management. 2006, No. 24.

Aziz A M A. A Survey of the Payment Mechanisms for Transportation DBFO Projects in British Columbia. Construction Management & Economics. 2007, Vol. 25, No. 5.

Darrin Grimsey, Mervyn K. Lewis. PPP: the Worldwide Revolution in Infrastructure Provision and Project Finance [M]. Cheltenham: Edward Elgar

Publishing, 2007, No. 4.

Thomas Ng, Skitmore, et al., A Fuzzy Simulation Model for Evaluating the Concession Items of Public – private Partnership Schemes. Automation in Construction. 2007, Vol. 17, No. 1.

Yescombe, E. R. Public–Private Partnership Principles of Policy and Finance [M]. Oxford: Butterworth–Heinemann, 2007, No. 5.

Zhang NJ, Gammonley D, Paek SC, et al. Facility Service Environments, Staffing, and Psychosocial Care in Nursing Homes. Health Care Financing Review. 2008, Vol. 30, No. 2.

S. Newberry. And J. Pallot. Fiscal Responsibility: Privileging PPPs in New Zealand. Accounting Auditing & Accountability Journal. 2009, Vol. 16, No. 3.

Eskildsen M, Price T. Nursing Home Care in the USA. Geriatrics & Gerontology International. 2009, Vol. 9, No. 1.

Iyer, K. C. Sagheer Mohammed. Hierarchical Structuring of PPP Risks Using Interpretative Structural Modeling. Journal of Construction Engineering and Management. 2010, Vol. 36, No. 2.

David Blanchett. Donation Risk and Optimal Endowment Portfolio Allocations. . Journal of Portfolio Management. 2014, No. 1.

Graeme Hodge. Risk in Public – Private Partnership: Shifting, Sharing of Shirking. The Asia Pacific Journal of Public Administration. 2014, No. 1.

Baruah P. Pricing and Financing of Infrastructure Projects: the Challenge Before the Indian Policymakers. Journal of Management & Science. 2014, Vol. 4, No. 2.

Felix Villalba Romero, Champika Liyanage. Implication of the Use of Different Payment Models: The Context of PPP Road Projects in the UK. International Journal of Management Projects in Business. 2016, Vol. 9, No. 1.

刘新颖. 中国高齢者介護市場における日本企業のポジショニング. 商大ビジネスレビュー. 2014, (2).

小笠原祐次. 介護のグレードアップのためにサービス評価基準. ふれあいケア. 1995 (创刊号).

附　　录

PPP 模式养老项目投资决策中风险因素发生的
重要性、概率和分担主体调查

尊敬的女士/先生：

　　您好！

　　我是一位博士研究生，目前正在进行有关 PPP 模式的养老项目投资决策中的风险因素发生频率与重要性，以及政府及社会资本对于项目的风险因素分担情况的调查。恳请您抽出时间完成以下的调查内容，非常感谢您的参与，我们会对您的信息绝对保密，仅用于学术研究。谢谢各位的支持！

第一部分　基本信息

1. 您的受教育程度　（　　）

A. 研究生学历（硕士/博士）　　B. 本科学历　C. 专科学历　　D. 其他

2. 您目前所在单位性质　（　　）

A. 政府机构　B. 国企机构　C. 科研机构　D. 私营企业　E. 其他

3. 您所从事相关领域的年限　（　　）

A.1 年以下　　B.1—3 年　　C.3—5 年　　D.5 年以上

第二部分　PPP 模式的养老项目投资决策中风险因素概率、重要性和分担主体调查表

(1) 风险因素发生的概率大小：基本没有（1分）、比较小（2分）、中等（3分）、比较大（4分）、非常大（5分）

(2) 该风险因素的重要程度：基本没有（1分）、比较小（2分）、中等（3分）、比较大（4分）、非常大（5分）

(3) PPP 模式的养老项目风险因素的责任分担主体划分：选择该风险因素的责任承担主体

(4) 除了列表中的风险因素外，您还可以增加您认为合适的风险因素并评价其作用。

PPP 模式养老项目投资决策中风险因素发生的重要性、概率和分担主体调查表

编码	风险因素	风险因素发生的重要程度					风险因素的发生概率					风险因素分担主体		
		1	2	3	4	5	1	2	3	4	5	政府部门	社会资本	共同承担
R1	项目土地获取困难													
R2	项目审批延误													
R3	融资困难													
R4	项目选址不当													
R5	项目前期预算不足													
R6	合作伙伴选择失误													
R7	项目设计变更													
R8	项目安全施工													
R9	技术更新													
R10	项目工程质量													
R11	项目建设延期													

编码	风险因素	风险因素发生的重要程度					风险因素的发生概率					风险因素分担主体		
		1	2	3	4	5	1	2	3	4	5	政府部门	社会资本	共同承担
R12	适老化设施设计													
R13	项目的市场需求不足													
R14	项目的同质化/唯一性													
R15	政府的补贴													
R16	项目的产品与服务定价													
R17	老年人的意外事件													
R18	服务人员的专业化水平													
R19	项目的配套设施的完善性													
R20	项目移交的完整性													
R21	政府政策的变更风险													
R22	法律风险													
R23	税收政策变更													
R24	利率的变动和通货膨胀风险													
R25	公私双方权责分配不当													
R26	项目的组织协调性													
R27	第三方违约风险													
R28	社会对于机构养老的接受程度													
R29	项目特许期的变更													
R30	项目周边环境													

后　　记

三春花事好，为学须及早。2017 年 9 月至 2020 年 6 月，我有幸在江西财经大学经济学院攻读博士学位，在此期间经历了无数个日日夜夜的思考与学习，既有满怀期待开心的时刻，也有迷惑困顿的瞬间，但最终还是如期完成了学业。回忆在学校的时光，我要感谢学校和学院为我们提供了安静祥和的学习环境和气氛浓郁的学术氛围。在日常的各种科研和博士交流群中，学校和学院及时颁布各种科研讲座信息以及国内外各类学术交流信息，为我们提供了获得知识的平台。对于学校和学院的关心，我的内心倍感感激。

我特别要向我的博士导师廖卫东教授致以最真挚的谢意和最崇高的敬意！导师作为我学术的引路人，从平日的生活小事到论文指导都给了我无微不至的关心。虽然导师平时需要面对繁忙的科研与教学工作，但是导师依然凭借丰富的经验与极大的耐心一次次地给我的论文提出各种建议。在论文选题的过程中也经过了多次的探讨和反复的修改，凝聚了导师大量的心血；在论文的写作过程中导师更是竭尽全力给了我悉心的指导。我还要感谢本书稿即将出版之际，导师为我的书稿作序，不断鼓励我在学术研究道路上努力前行。导师不仅为我传授专业的知识与理论，更是为我树立了作为一个教师、研究人员、学者所应该具备的品格、价值观和对学术追求的态度。

我还要感谢经济学院的王小平、陆长平、张进铭和王展祥等教授为我们博士生提供了精彩的授课，使我们能够尽快掌握学术前沿知识，同时我还要感谢他们对我的论文提出了许多有效的指导与建设性意见，使得我在论文写作中少走了很多弯路。在此，我还要感谢经济学院的辅导员和工作人员为我们博士研究生的学习与生活提供了大量悉心的服务与帮助。

我还要感谢给予我帮助的师兄师弟师妹们，在我有疑惑困难时，是他们及时地为我提供帮助，让我能够迅速地解决问题。此外，他们在论文中给我提供了不少的建议与意见，平日里遇到有关论文的问题时，他们会经常和我一起讨论给我提供思路并不断地鼓励我。在此从心底感谢我的师兄师弟师妹们。

感谢我的父母一直以来对我不断的辛勤培养和教导，他们的鼓励和支持让我拥有信心和决心一次次地面对各种困难。

我还要对我的课题问卷的参与者们表示衷心的感谢！参与者们主要是高校的师生、公务员、事业单位人员和公司里的职员等。

我还要感谢我现在的工作单位南昌航空大学科技处的领导、南昌航空大学经济与管理学院的领导和同事们给予我的帮助。我还要特别感谢南昌航空大学学术专著出版资助基金的鼎力资助，使得我的这篇博士论文得以公开出版。

本书是在博士论文的基础上修改而成。虽然我在论文的撰写和书稿的修改中，花费了许多精力，但由于本人学术水平有限，书稿肯定存在许多不足，恳请各位专家学者给予批评与指正。

廖剑南

2022 年 11 月 2 日